文明通鉴与文化创新研究

第二届饶宗颐文化论坛文集

刘洪一 主编

商务印书馆
The Commercial Press
创于1897

目　录

文明通鉴与普惠文明：人类命运共同体的文明路径 ………… 刘洪一 / 1

文明对话与文化共同体的建构 ………………………………… 景海峰 / 14
深圳文化快速发展的创新路径与精神内涵 …………………… 吴俊忠 / 23

中国和西方传统中"法律"概念辨析
　　fa, *ming*, *lü*, *lex*, *nimos*, *jus* …………………………… 汪德迈 / 28
永朝崖海
　　——宋崖山祠对犹太文明传承的启示 ………………………… 林　艳 / 30
中印"水鸟运鱼"类型故事源流探析 ………………………… 王伟均 / 38
"海外红学"缘起、流变与意义 ………………………………… 张　惠 / 49

身份的焦虑
　　——中国古代对于"文人"的认同与期待 ……… 吴承学　沙红兵 / 63
《周易参同契注解》的丹道易学 ……………………………… 问永宁 / 90
孔孟"孝"论的历史渊源和伦理内涵 ………………………… 郭　杰 / 103
从"性本合"到"仁不离制"
　　——中国哲学视域下的《两界书》"内圣外王"思想 ……… 王顺然 / 116
十三行行商与清代戏曲关系考 ………………………………… 陈雅新 / 130

事实·理论·策略：鲍曼对新自由主义意识
　　形态的批判……………………………陶日贵　田启波 / 146
论后人类理论的生成机制与研究范式………………江玉琴 / 160
香港青少年价值教育再塑造…………………………何汉权 / 169

法国巴黎的"文化大师饶宗颐先生纪念会"追述………李晓红 / 181
互鉴与会通
　　——饶宗颐与汪德迈学术思想比较………………欧明俊 / 188

"文明通鉴与文化创新"
　　第二届深圳大学"饶宗颐文化论坛"综述…………王顺然 / 212

文明通鉴与普惠文明：人类命运共同体的文明路径*

深圳大学　刘洪一

文学是人类的伴侣、文明的精华，她能超越种族、信仰、文化，将人类的精神世界联通在一起。从文学比较走向文明通鉴，从文明通鉴、思想通约走向普惠文明，在当前人类应对超级智能隐忧、生态资源危机、单边主义、贫富差距、物奴现象、后物质主义和异化不确定等各种挑战上，比较文学应能超越文学文本的规限，聚焦人类困境，集合人类智慧，在人类命运共同体的文明演进中肩负起更伟大的使命。

一、文明通鉴：十字路口上的必然选择

纵观人类文明史，可以发现其中隐含着若干重大的历史节点。日本史学家宫崎正胜把八千年人类文明历史极简化地归结为六大转折：文明的起源（四大古国）、文明的形成（轴心时代）、文明的融合（欧亚交流）、文明的探索（大航海）、文明的进击（工业革命）、文明的延伸（信息革命）。[①] 对于我们今天所处的时代，与其说是处于文明的转折点，不如说是处于人类文明发展的"关键点"——之所以用"关键点"而不说"转折点"，是因为实在不能确定人类社会将会往哪里转、怎么转、抑或转不转——即使不转，又会以何样的方式、何样加速的冲力，发生怎样不确定

---

* 本文为在"国际比较文学学会执委会会议暨国际比较文学高峰论坛"（中国深圳·2019.7）上的主旨发言。

① 〔日〕宫崎正胜：《人类文明史》，顾晓琳译，海口：海南出版社，2018年。

的状况？

但可以确定的是，人类从未像今天这样面临着史无前例的挑战，人类命运从未像今天这样紧密地连接在一起，人类文明的车轮从未像今天这样来到了一个极端重要的十字路口：一方面物质和精神成果的累积给人类带来了从未有过的丰裕供养，另一方面文明自身的发展遇到了巨大的问题，日益突显出严重的"文明病"症状——超级智能隐忧、基因技术隐患、生态资源危机、地缘政治与单边主义、文明割裂、思想隔绝、逻辑变异、秩序丧失、物奴现象与后物质主义并存，以及人性的退化、心智的弱化等。人的物奴现象在今天不仅体现为拜金主义、拜物教，也包括手机控、人工智能控等，而随着人工智能、基因技术、生物技术、大数据技术等的突飞猛进，随着万物感知、万物互联、万物智能时代的到来，人越来越附庸化、符号化、条码化，人的主体性、能动性、人文性被快速剥夺、挤压，加之不同文明思想的割裂和极端化，人类未来是走向正面乌托邦还是走向反乌托邦，抑或是在正反两界的困顿中踟蹰前行，都亟须以人类命运共同体的理念做出整体性思考。

一百多年以来，世界各地的文学家就一直在思考这一重大问题。1921年捷克作家恰佩克出版了著名的文学作品《罗素姆的万能机器人》，那个时候机器人还没有成为现实，这部作品先是在文学世界成为一个预言。此外，恰佩克的《鲵鱼之乱》（1936）、扎米亚京的《我们》（1921）、赫胥黎的《美丽新世界》（1931）等，这些被称为"反乌托邦文学"的作品，实际上都是在思考文明的变异、文明的转型问题；这些作品立足现时、远眺未来，体现出对世界、对人类前行前景的关注，显现出现代先知书与启示录的叙事特质。

对于世界和人类的整体性思考，在中外思想史上源远流长。中国古代最有代表性的哲学理念当以道家之"道"、儒家之"仁"为代表。《道德经》有云："有物混成，先天地生。寂兮寥兮，独立而不改，周行而不殆。可以为天下母，吾不知其名。字之曰道，强为之名曰大。"（第25章）《道德经》把"道"和"大道"作为万物之肇始"天下母"，并以"人法地，地法天，天法道，道法自然"之逻辑，演绎呈现了"天人合一"的思想。与道家学说多关注天地自然及其与人的形上关系有所不同，儒家思想更多关注人自身以及人与人的关系，以"仁"为核心，仁、义、礼、智、信、恕、忠、孝、悌等系列思想理念，都深刻地包含了"仁爱""和合""天下一家"

的思想内核,《论语·颜渊》所言"子所不欲,勿施于人"成为中国人倡导的道德底线;孟子"老吾老,以及人之老;幼吾幼,以及人之幼"(《孟子·梁惠王上》)的思想,给出了人人相处的理想方式;《礼记·礼运》所谓"大道之行也,天下为公",蕴含了对道、儒思想的融合要求,不仅建构出家国天下的整体性思维图式,更是试图揭示人类社会应有的普遍规则。

在希伯来犹太－基督教传统中,《创世记》的第一句话是"起初,上帝创造天地"。这里要特别强调的是,《圣经》的原文是用"巴拉"(Bara)这个词来表述"创造"的,这个词不是一般的天地创造,而是包括了人类和人类灵性的创造[①],用我们今天的话讲,不仅包括了硬件的创造,也包括了软件系统的设计和创造。犹太－基督教思想体系具有突出的神学特点,故其对世界和人类的整体性思考是建立在它的一神论思想之上的。希腊哲学从一开始就表现出对世界整体性思考的浓厚兴趣,特别表现在它对世界本原问题的关注,如泰勒斯(Thales)认为水是万物本原;赫拉克利特(Heraclitus)认为火是万物的本原;德谟克利特(Demokritos)则从物质结构的角度提出万物的本原是原子和虚空;毕达哥拉斯(Pythagoras)把万物的本原归为数,认为数的数量与形状决定了一切自然物体的构成和形式。这些先哲无不凭借整体性思维,以具象的物质或抽象的概念来把捉世界本原问题上的整一性特征。

面对现时代人类文明的十字路口、百年未遇之大变局,中国政府提出了人类命运共同体的发展理念。2011年《中国的和平发展》提出,不同制度、不同类型、不同发展阶段的国家相互依存、利益交融,形成"你中有我,我中有你"的命运共同体;2012年中共十八大报告正式提出"人类命运共同体"理念;2013年3月习近平在莫斯科国际关系学院发表演讲指出,"人类生活在同一个地球村里,生活在历史与现实交汇的同一个时空里,越来越成为你中有我、我中有你的命运共同体";2015年9月联合国成立70周年系列峰会上,习近平全面论述人类命运共同体的主要内涵;2016年9月习近平在B20峰会开幕式上呼吁国际社会树立人类命运共同体意识,以全球伙伴关系应对挑战;2017年1月习近平在联合国日内瓦总部万国宫发表《共同构建人类命运共同体》主旨演讲,阐释为什么、什么

---

① 〔美〕沃顿:《古希伯来文明:起源和发展》,李丽书译,上海:华东师范大学出版社,2017年,第183页。

样、怎么做的中国方案。人类命运共同体理念得到国际社会的高度认可，先后载入55届联合国大会决议、安理会决议、联合国人权理事会决议。当然，作为一种整体性思维，人类命运共同体的理念并不是无源之水、无根之木。这个源头活水包括马克思的"自由人联合体"的思想，包括中华优秀文化传统中的"道""和合""大同"思想，也包括西方和世界各地的优秀文化要素。

文明通鉴是人类命运共同体的内在要求和实现方式，文明之病需要文明之药，文明之药只能从文明通鉴中淬炼提取。通鉴者，有其特定内涵：《周易·系辞传》曰，"往来不穷谓之通"，故"通"不是一般简单的比较；鉴，即盛水器，盛水以为镜。文明通鉴是指以文明整体观为认知框架，对不同的文明体系、文明阶段、文明形态和文明思想等要素进行贯通参照，求同存异，集合优质要素，从而构建一种普惠文明的新体系。

文明通鉴有特定的理论要求和内涵，一是文明整体观，即要对不同文明要素实现全方位的贯通和镜鉴，这些要素包括不同文明体系、不同文明阶段、不同文明形态、不同文明价值；二是科际整合与贯通参照的方法论，即强调突破学科边界，综合各学科的理论积累——包括不同学科、流派、方法、理论体系，进行全方位、无界限的贯通比照；三是求同存异的通鉴策略，即充分尊重不同文明的差异化传统；四是集合优质要素的实现路径，即以文化互化、文化采借、文化融合等方式，集合融会异质文明的优质要素；五是构建普惠文明的通鉴目标，这也是文明通鉴的根本宗旨与目标。

二、普惠文明：人类命运共同体的目标路向

普惠文明（Universally beneficial civilization）理想是在尊重文明差异化的前提下，努力消融不同文明间的精神藩篱和相互抵牾，调适不同文明间的界分差异，寻求最大文明公约数，构建全人类共通共享共惠的文明新体系，这也是人类命运共同体的基本路向和目标。

普惠文明的认知基础建立在对世界差异化本质的判断上。人类前行中的分化不仅是几千年文明发展的客观史实，亦在哲学认知上存有必然。对于世界差异化的本质属性，东西方哲学均有不同方式的表述。希腊哲学毕达哥拉斯学派认为："万物的本原是一。从一产生出二，二是从属于一的不

定的质料,一则是原因。从完满的一与不定的二中产生出各种数目"①,这里是从数的角度解说从本原的一到变化的二、再到多样化的各种数目的必然逻辑;希腊哲学还试图从水(Water)、火(Fire)、气(Air)、土(Earth)的"四根说"来归纳世界构成的多样化原理。中国古代哲学则试图用金、木、水、火、土的"五行说"来解释世界从一到多的构成逻辑。笔者在《两界书》中表达了万物以界为本的"界本论"思想,界即界分、差异,认为差异化是世界的本质属性,没有界分和差异就没有世界万物——包括族群和文化,世界之所以存在并有生命力,界分和差异是其根本理据和不竭动力。②

异质文明间的冲突是客观史实,但绝非文明前行的方向和趋势。即使在壁垒森严的宗教之间,亦不乏兼容并蓄的努力。19世纪中叶由巴孛(Bab)和巴哈欧拉(Bahaullah)创立的巴哈伊教(Bahai)试图融合犹太教、基督教、伊斯兰教、佛教、印度教、道教、锡克教、耆那教、巴哈伊教,宣扬"上帝唯一""宗教同源""人类一体",成为迅速兴起的一种新宗教,以信徒分布国家记(约250多个国家和地区)成为世界上分布第二广泛的宗教,信徒约千万,圣典译成800余种文字。③巴哈伊运动的努力有一定成效,但两个明显的局限显而易见:一是巴哈伊试图以一种新宗教涵括其他多种宗教——这不仅不能包含世界上的众多教派教义,而且在理论和实践上都存有明显障碍;二是巴哈伊教力图构建新的世界文明,但实际上并未超越宗教范畴而上升为整体文明的思想和体系。

普惠文明的理想是在尊重文明差异化的前提下,建构一种兼容并蓄、贯通世界、普惠全人类的文明新体系。普惠文明有其特定内涵:一是充分尊重文明差异化的传统,以平等的心态看待不同文明体系;二是消融异质文明间的精神藩篱和相互抵牾,使之成为互通互联、开放共生的文明生态圈;三是以吸纳、采借、融合为方式,集合异质文明间的优质要素;四是寻求最大"文明公约数",即寻求不同文明间的共通性文化因素和文化普遍性,寻求文化的普同模式(universal pattern of cultural);五是建构全人

---

① 北京大学哲学系外国哲学史教研室编译,《西方哲学原著选读》上卷,北京:商务印书馆,1981年,第24页。
② 士尔:《两界书》,北京:商务印书馆,2017年;香港:中华书局,2019年。
③ Alan Bryson, *Seeing the Light of World Faith*, Sterling Publishers Private Limited. 2001. Helen Bassett Hornby, Lights of Guidance, Bahai Publishing Trust, 1988.

类共通共享共惠的文明体系，让全世界不同文明、不同族群、不同发展阶段的人类整体，均能普遍共享人类创造的文明成果。在这里，开放的文化心态至关重要。

文明是人类社会物质与精神发展的历史进程，其中不同文明体系所内含的思想、观念、思维方式及其价值观，是最具核心力的文明要素。因此，相较于物质层面的交流互通，超越既有文明体系尤其是思想体系的惯性制约、盲目模仿和非此即彼的对立思维，沟通、互鉴和融汇人类有代表性的文明成果及其思想智慧，就成为真正超越旧时代、走向普惠文明新时代的关键。

三、思想通约：构建普惠文明的关键路径

在人类文明极其丰富的历史积淀中，不同的文明体系衣钵相传，呈现了迥然有异的形貌、理念和规制，但在对世界的认知、认知方式乃至价值判断上，实际上存有超越了单一文明传统的相通性、互补性的形上精神、思想观念、思维方式，不同文明虽然衣钵有异，但可以殊途同归、相互补充，比如在形上精神上对真善美的共同追求、在思维方式方法上感性与理性的互补等。发现、融汇和建立相通性、互补性的认知思维和形上精神，走思想通约之路，才有可能真正找到应对人类危机的求解方式。

人类创造了丰富和难以尽数的思想宝藏，其中具有关键影响力和代表性的思想理念，简而言之可概括为道观、约观、仁观、法观、空观、异观六大观念，这六大观念和思想方法在人类思想史、精神史和文明的演进中发挥了巨大、无以替代和相互补充的重要作用。

一是"道"的观念，即道观。在认知宇宙万物的本体原理、根本规律和至上规则上，不同文明及其思想体系都有追求一种"道"的思想，"道"代表了贯通世界、至高无上的律则与权威。

《道德经》曰："有物混成，先天地生。寂兮寥兮，独立而不改，周行而不殆。可以为天下母，吾不知其名。字之曰道，强为之名曰大。"（25章）在这里，"道"与"大道"不仅是万物之肇始，且是万物之主宰："道者，万物之奥。"（62章）《道德经》第42章称曰："道生一，一生二，二生三，三生万物。"又称："一阴一阳之谓道。"（系辞上）以此为代表，中国文化坚守"道"的至高无上，并呈现出三个显著特点：一是"道"的至高无上，道的统

纳意义；二是从"天道"到"人道"的延伸和融通，不仅在宇宙自然层面有统摄一切的普遍规则，而且在人类生命中亦有共通性的道德伦常和人情人性，且天道与人道具有内在的合一性、统一性；三是"道"与"技"（术、艺）的层分，道是形上的意识理念，技、艺、术等皆为具体具象的行为，服从于"道"，受"道"的指引，故"志于道，据于德，依于人，游于艺"（《论语·述而》）成为中国人的人生指南和理想范式。

希腊哲学的核心概念是"逻各斯"（logos），赫拉克利特认为有一种隐秘的智慧充斥于世界中，它是世间万物变化的微妙尺度和内在准则，这个隐秘的智慧和内在准则就是逻各斯。柏拉图强调"理念"，其实质内涵与逻各斯有相通之处，也认为宇宙万物之中必定存有一个理性秩序和必然规则。犹太－基督教文化以上帝的言辞（Words）为"道"，这里的"道"显然是神学性的，但它的普遍性、规则性和权威性是明确和绝对的。

无论何种思想体系，道观显示的普遍逻辑是：道为世界至上规则、最高秩序，道统天下，无所不在。

二是"约"的观念，即约观。在认知人类的社会属性、建构人类的精神与社会秩序上，不同文明以不同方式呈现了"约"的重要观念，"约"的思想作为人类文明的一种本质性标识，不仅使人类区别于一般动物群体，也使得人类社会处于有序状态成为可能，可以说，约观是人类文明共同崇尚的社会价值。

人类社会中的一切关系都是特定的"约"和"契约"的关系：夫妻之间、同事之间、上下级之间、各种相关体之间的个体关系如此，群体之间、族群之间、国家之间的整体关系更是如此，所有的际界关系及其活动都是以特定的"约"和"契约"的形式紧密地联结在一起，所有的混乱和无序都是"约"的缺失和失效。

"约"的概念很早就在近中东地区出现，起初应是在原始的贸易交换中被应用。作为一种形上的思想观念，犹太－基督教思想体系中的"约"在世界思想领域具有广泛影响。希伯来圣经对近中东地区很早出现的"契约"观念进行了宗教性的转化，创设了上帝与人之间的订约。犹太－基督教思想以上帝之约为核心，全部神学思想体系乃至文化结构，均建立在"约"的基石之上，即便是基督教与犹太教分离另立"新约"，"约"的思想对西方文化的关键作用和指引意义也不受任何消减。

在美索不达米亚文明中，《汉谟拉比法典》关于"契约"（"riksatum"，阿卡德语）的内容相当丰富，不仅形成了契约法，而且包含了国与国之间、公民之间、家庭成员之间的各种契约，涉及缔结盟约、物品买卖、人力雇佣乃至婚姻等方面，"美索不达米亚的契约法并没有要求任何特定具体的有效格式，相反，契约——尤其是买卖契约——其形式多种多样——然而在特定的历史时期，很多契约包含有共同的元素和模式"①。

在中国、印度、波斯、伊斯兰等文化中，"约"或"信约"的思想不仅有丰富的体现，而且各具特点，呈现出繁复多样的内涵形式，既有物物交换的贸易之约、早期的部族之约，也有演进中的人神之约、集团之约、国家之约、国际公约等，并以盟约、条约、律法、规范、制度乃至社会伦理、道德、乡俗、民约、个人信誉等形式出现，像《论语·颜渊》"民无信不立"之谓，已成为中国文化的核心价值之一。

"约"和"契约"的观念是人类文明共同的社会价值，它对建立公平、正义和通约性的社会规范和社会秩序至关重要。

三是"仁"的观念，即仁观。在人的道德标准和伦理价值上，人类不同文明共同彰显出以"仁爱""仁慈""善"等为内核和要求的价值追求，以此规范人性、调适人际、引导人的正向发展，形成普适性的伦理价值。

东方儒家思想在此方面有重要贡献和影响。《论语·里仁》曰："德不孤，必有邻。"《孟子·离娄下》："仁者爱人。"中国文化格外重视"人"自身和"人与他人"的关系，在仁、义、礼、智、信所谓"五常"之中，"仁"最重要、最有统领意义，有谓"五常仁为首"。《论语·季氏》曰"见善如不及，见不善如探汤"，《国语·周语下》曰"从善如登，从恶如崩"，都是教诲人们要趋善避恶。

西方的仁爱（"benevolence"，仁慈）思想自然有其宗教内涵，如《圣经·新约》所谓"爱心"（Charity），既指爱人之心，更指爱上帝之心（保罗书信等），但两者并不矛盾，反而被认为是内在一致的，并把爱上帝和爱他人作为基督教的两条"最大的诫命"（马太福音22章），"爱邻舍如同自己"——好撒玛利亚人（good Samaritan）的楷模是基督教世界的文化符号，并被视为通往永生的路标（路加福音10章）。在两河流域、南亚等地区，爱和仁慈的思想亦有各种突出的表现。

---

① 于殿利：《巴比伦法的人本观》，北京：生活·读书·新知三联书店，2011年，第216-226页。

《两界书》"教化"篇讲述了一个"双面人"的故事：人有双面，是因身有双心，一心向善，一心向恶，故人要扬善弃恶；"问道"篇详尽讨论了"何为人"的问题，倡导"仁为人所在"，提出"以仁为善，无善不爱，无爱何生家邦"。人类不同的文明体系都对"仁""爱""善"表现出共通性的道德追求，应该看到，尽管不同文明及其思想的逻辑起点、思想依托甚至内涵指向不尽相同，但其基于人性善恶的基点相同、标准相通、取向一致，终极目标都是试图建立友善的社会结构。"仁"作为人类文明基本和共通的伦理价值，应得到充分的张扬和维护。

四是"法"的观念，即法观。法的理念和法的精神是人类文明的重大成果，此处所谓"法观"，不仅指法理逻辑和社会秩序的律法形式，还指各种显性的制度规范赖以建立和存续的理性精神、理性原则，指人类认知世界时以理性、逻辑、秩序为特点的思维方式和思想方法。

法的理念及制度不仅源远流长，而且在世界文明中有不同形式的表现载体。在美索不达米亚文明中，法律文明是其最重要和最显著的特征之一，乌尔第三王朝的《乌尔纳木法典》被认为是迄今发现的人类最早的成文法典，内容涉及社会伦理、婚姻家庭、土地所有、司法诉讼等[①]，实际上美索不达米亚的立法传统可以追溯到苏美尔城邦拉伽什的统治者乌鲁卡基那（公元前2378—2371年）时期。美索不达米亚的法律文明影响了整个古代近东地区，形成了影响广泛的楔形文字法体系，并为古希腊罗马文明借鉴利用，进而还影响了后续的西方法律文明的发展[②]。美索不达米亚法律文明的一个重要特点是与契约文明密切相关，巴比伦《汉谟拉比法典》等都有明显体现。希伯来法显然也与两河文明不无渊源联系，但希伯来法自成体系，其显著特征是以上帝为主导、以神学为依托、以摩西律法为核心，律法内容涵括神学信仰、道德规范、世俗生活的各个方面，包括物业财产、饮食起居、个人卫生等。神学戒律与律法规范的相互嵌入、神性信仰与世俗约束的奇妙结合，是希伯来法的一大特点。

古希腊有着极其深厚发达的法的思想，这与希腊哲学的相关理念有密切关系，尤其是希腊哲学关于"正义"和"秩序"的思想，与希腊法的思想有重要关联。关于世界的本原，哲学家阿纳克西曼德（Anaximander）超

---

① 于殿利：《巴比伦与亚述文明》，北京：北京师范大学出版社，2013年，第288-289页。
② 于殿利：《巴比伦法的人本观》，北京：生活·读书·新知三联书店，2011年，第210页。

越了火、水之说，虽未提出组成世间万物的根本元素是什么，却明确认为所有的元素必然达到一种平衡世界才能存续，这种平衡就是"正义"。毕达哥拉斯学派以数为世界的本原，认为宇宙是一个有内在秩序、内在规律的世界，秩序意味着安排和结构的完善，早期思想家们用"科斯摩斯"(kósmos cosmos)一词表示"秩序"，约公元前五世纪初期后"科斯摩斯"之意更多地被用来表述"宇宙""世界"，故在希腊哲学中，世界和秩序不仅一致，而且存有内在必然。人类社会也是自然秩序的一部分，希腊思想家认为自然的秩序和法则是人类社会的最高法则和普遍尺度，这种法则和尺度和谐适当并应用于城邦，自然正义就会在人类社会中得以体现。可以说，希腊哲学"正义""秩序"的思想，为希腊法的思想奠定坚实基础，并直接成为其沃土。柏拉图强调法律的重要，称"统治者"为"法律的仆人"，并在《法律篇》中说："在法律服从于其他某种权威，而它自己一无所有的地方，我看，这个国家的崩溃已为时不远了。但如果法律是政府的主人，并且政府是它的奴仆，那么形势就充满了希望。"[1]可见希腊时代法的地位和意义。此外，古埃及从习惯法、成文法到法典化，印度的《摩奴法典》等，无不以其特定的方式，呈现特定的法的理念与形制。

中国古代有关法的思想十分丰富，及至春秋战国时期，形成以管仲、李悝、吴起、商鞅、慎到、申不害等为代表的刑名之学、法家学派，经战国末韩非的总结综合（《韩非子》），形成了一整套的法律理论和方法，对秦汉乃至后世的法律体制产生重要影响。不仅如此，中国古代关于法的思想与中国文化的其他核心理念并不隔离，而是形成了兼容性的思想理念，比如"德""礼""刑""治"等观念，不仅蕴藏了丰富的法的思想，也呈现了中国文化特有的内涵。

人类文明史上法的理念或曰"法观"，内涵意义极其丰富，从本质上讲，代表了人类对世界和社会秩序的理性追求，体现了人类的理性精神和理性价值。诚如《两界书》所言：以法为治，无治不理，无理何生伦序？

五是"空"的观念，即空观。"空"的概念源自佛学，与色空、轮回、因缘、顿悟等一系列思想密切相关，在佛学中表现最为集中，且有十分复杂的内涵。但作为对人与世界之关系、物我之关系等问题的一种认知，实质上包含着对个体与世界、有与无、得与失、现象与本体、生命之价值、

---

[1] 柏拉图：《法律篇》，张智仁、何勤华译，北京：商务印书馆，2016年，第123页。

生命之意识等基本问题的认知，其理念内涵、思想方式在儒释道哲学及其他思想体系中，均有某些相似相通的表现。

佛教认为，万物皆有缘起，因缘所生，缘起性空；空是本体本质，色是现象虚妄；世上本无一物，因缘而生，自会因缘而灭，"菩提本无树，明镜亦非台；本来无一物，何处惹尘埃？"①佛教之"空"含义丰富，然化用为对世事万物的具体态度，即认为世界本来就没有什么可得，是因受了外相的迷惑而以为有所可得，身外之物生不带来、死不带去；同时，"空"亦不是"断灭"，不是空无所有、虚无消极，而是要人放下偏见、成见、执着。佛教"空"的观念显然是一种与其他哲学体系有别的世界观，也是一种独特而有代表性的人生观、生活观和修行方式。

世俗人生均要面对物我问题，以及得失、舍得问题。老子曰"圣人不积，既以为人，已逾有；既以与人，已逾多"（《道德经·八十一章》），强调先人后己，看淡得失；庄子曰"君子之交淡若水，小人之交甘若醴"（《庄子·外篇山木》），强调君子淡以相交；诸葛亮所说"非淡泊无以明志，非宁静无以致远"（《诫子书》），强调淡泊可明志；儒释道的"舍得观"是一种关于"得失"的人生观和世界观，佛教以舍为得，得即是舍，舍即是得；道教中的舍有无为之意，得含有为之意；孔子罕言利，儒家强调舍恶以得仁，舍欲以得圣；"舍利成义"，"计利当计天下利"，也都是中国文化所倡导的。

在两河文明、犹太-基督教文化中（如《约伯记》等），对物我关系、人与世界、生命价值等问题，亦有与中国老庄哲学、汉化佛学、禅宗学说相通相似的认知取向或认知方式。《两界书》之"空先"作为六先之一，对生而为何、何为人等根本问题均有系统阐述，并概曰：以空为有，无有不在，无在何生世界？

六是"异"的观念，即异观。在自然界和人类社会中，相较于人们通常习惯和熟悉的物事，始终存有一种"逆逻辑""逆通则""逆惯例"的异类现象出现，表现出形形色色的不寻常和变异。在甲骨文中，"异"是一个戴着面具、手舞足蹈的人，暗喻一个与常不同的变异的人，或人的变异。异、异变、异化，本质上标识了人和世界的多样性、差异性、不定性、无常性和神秘性。"异"之为异，是以相对恒常的框架为参照，而历史地看，

---

① 《坛经》，尚荣译注，北京：中华书局，2013年，第23页。

"异"不仅是自然界和人类社会的"常",还是自然和社会赖以存续发展的一种力量、能量,甚至呈现了自然和社会历史中的一种普遍性原理。同理,在认知世界的方式方法、思想取向上,人类思想史上也存有众多的差异性、非正统的"他者"视角、方式和理论——诸如神秘主义、不可知论、怀疑论以及形形色色的非理性主义认知等,这不仅应对了世界存有的非常态、变异性、未定性,也对弥补人类既有的逻辑思维和理性意识的种种局限,补充人类在宇宙世界威力之下的认知需求和情感需求不无作用。因此,"异观"代表了人类认知世界的差异化价值,在人类应对复杂繁复特别是众多未知领域和不确定因素的物理与精神世界时,其作用、意义应得到足够的重视,这也是人类文明和思想包容价值的应有体现。

《易经》中关于易、化、自化、道化的思想,《庄子》关于"吊诡驱异"的述论,以及《山海经》《淮南子》《搜神记》《世说新语》《太平广记》《聊斋志异》等大量典籍,都以不同形式表现出对"异"的关注;两河文明、埃及、希腊、印度等文明关于神、怪、鬼、魔、巫的演绎,体现了"异"在不同文明中占有的特殊地位;希伯来文化把神、异象的概念运用到极致,其神学体系和神学思想的建构,离不开神、异象的操作;佛教关于无常(anitya)的思想以及各种神秘主义(mysticism)、不可知论(agnosticism)等,包括印度的瑜伽文化,都以特定的形式蕴含了"异"的元素和思想。至于为人熟知的伊甸园的撒旦、但丁的《神曲》、歌德的浮士德和靡菲斯特等,也都是"异"的具体表征、表现。"异"的复杂性还在于它不仅体现在以常规为参照的"他异",还体现在对自身本原的悖逆而发生的种种"自异"。

"异"是世界和人类生活中的一种极其重要的现象,有着巨大复杂的内涵和未知性、不定性,各种"异"的观念和"异"的思想,本质上都是以特定方式对世界和人类社会的感悟和认知,极其复杂、良莠不齐,但它在人类漫长历史中所发挥的重大作用值得高度重视,而且这种作用在人类应对未来的挑战和不确定中,可能会表现得越来越突出。

道观、约观、仁观、法观、空观、异观代表了人类文明史上有代表性和影响力的几种思想认知,当然,在人类精神史和思想史上,有着极其丰富复杂的思想内容和思想方式,难以尽述。就道观、约观、仁观、法观、空观、异观的主要特征而言,道观执着于对宇宙万物的本体原理和根本规律的追究,寻求统摄世界和人类的至上规则,是一种宇宙和世界的本体论;

约观执着于人类精神与社会秩序的建立，试图建立人类通约的价值体系和价值标尺，是一种基于人类群体精神与群体结构而建立契约关系的社会论；仁观旨在规范人性、提升人性修养和调适人际伦理，是一种以道德论为核心的思想体系；法观强调人类和社会的法理逻辑秩序，强调认知世界的理性原则、治理社会的法制精神，是一种典型的逻辑理性主义；空观执着于个体与世界、有与无、本体与现象等生命意识、生命价值的基本问题，以感悟的方式达致对世界和人类本体、生命本质的顿悟通达和认知判断；异观体现了对世界和人类"不寻常"部分和未知领域的特别关注，以灵悟、神秘主义、不可知论、形形色色非理性主义认知等，来探寻"异"的本原，探寻未知世界的隐秘。道、约、仁、法、空、异六观，体现出人类思想史上认知世界的不同视角、不同侧重、不同方式、不同认知逻辑和认知体系，亦即不同的世界观念。需要特别指出的是，每种观念自身皆有其丰富的内涵和复杂的体系，不同观念之间既有显著的差异性也有一定的相通性，从人类思想史的整体来看，不同观念的差异性正是其互补性所在，这也正是思想通约的根本要求、根本理据和文明价值所在。

　　人类文明发展至今，思想观念的差异和界分不仅是客观事实，而且有本质意义，并将存续和成为文明发展的动力。但这并不意味着观念隔绝、思想对立的绝对必然性和历史永续性，人类必须认识到，极端化的观念隔绝、思想对立，是文明危机问题的根源所在。思想通约是不同观念间的互通兼容，是形上观念价值的优化集合，是思维方式、思想方法的相互补充，是人类思想宝藏智慧结晶的融会共享，是对差异化思想价值进行的必要调适，是文明通鉴的核心内容和关键要素。《礼记》曰："万物并育而不相害，道并行而不悖。"克服思想的隔绝、观念的傲慢、文明的偏见，人类才有希望，未来才有前途。显然，萧伯纳说的交换思想远比交换苹果重要，这个简单的道理由于狭隘的阻滞尚未得到广泛认同。

　　总之，在以差异化为本质特征的文明碰撞中，在历史性的大变局面前，应对"文明病""文明危机"，文明通鉴是当前文明处于十字路口的必然选择，构建全人类共通共享共惠的普惠文明新体系，是人类命运共同体的目标路向，而融汇全人类的思想智慧、努力达致人类文明的思想通约，则是调适文明界分、构建普惠文明的关键路径和关键所在。文明通鉴、普惠文明、思想通约三位一体，构成了人类命运共同体的实现方式、目标路向和关键路径，也昭示了人类命运共同体作为文明进程的内在要求和历史必然。

文明对话与文化共同体的建构

深圳大学　景海峰

人类命运共同体是一个多维的概念，其中文化共同体是其最为重要的基础，如果没有相近的文化观念和文明意识，就很难设想有牢固的共同体的形成。就像滕尼斯（F. Tönnies）所说的，由血缘、地缘等物理时空的因素所结成的统一体必然要向精神的共同体过渡和发展，而"精神共同体意味着人们朝着一致的方向、在相同的意义上纯粹地相互影响、彼此协调。……因而精神共同体在自身中结合了前两种共同体的特征，构成一种真正属于人的、最高级的共同体类型"。[①] 这一精神的共同体就是以文化理念和价值取向作为其核心的，它在人类文明发展的过程中，逐渐形成了相同的或者近似的道德观念、爱憎原则与是非标准，成为人们之间相互交往与情感沟通的基础。正是有了精神的交流与凝聚，人类文明才有了共同的形式，才能产生类群意义上的社会结构，也才有了一个个的文化共同体。在人类发展的历史上，在不同的时空条件下所形成的文明系统，都经历了各自独特的成长过程，都有自身的特点，但作为精神共同体的具体形式，它们在人类文明的普遍意义上又是相通的。所以，文明对话的开展和消弭文明之间的排斥性与紧张性的努力才有必要，而达致更为广泛意义的精神共同体的建立也才是有可能的。就中国而言，历史上的儒家文化发轫于中原大地，播撒于华夏诸邦，影响及于周边的民族和地区，构成了中华文明源远流长、植基深厚的组成部分，在一定程度上也代表了中国文化的主体内容。宋代以还，其思想学说更是走出国门，泽被四邻，深刻影响到日本、

---

① 〔德〕斐迪南·滕尼斯：《共同体与社会》，张巍卓译，北京：商务印书馆，2019年，第87页。

韩国、越南等国家，逐渐成为整个东亚地区所共有的精神财富和文明共同体的基础。和南亚地区的佛教文化、印度教文化，以及中西亚区域的波斯文化、阿拉伯文化相比，儒家文化在历史上所表现出的现实关怀和生命意识，形成了一种强烈的"入世"风格，不祈求来世的想象和外在的超越，而注重人生此在的境况和道德存有的完善性，并与现实政治和日常生活紧密地结合在一起，拥有鲜明的世俗化特征。与我国周边的各大文明相比较，儒家文化所表现出来的特点虽不是一种宗教形式，但它同样寄寓了终极关怀的情愫，充盈着精神性的色彩，依然扮演了中国人之信仰世界的核心角色，它的现实取向和实践理性决定了吾族的人生态度，从而引导着华夏文明走上了一条追寻德性的道路，形成了一套独特的道德文化，而没有偏向于宗教一途。

一、"天人合一"的独特意义

儒家文化的入世性特征，首先表现在它对于世界的独特理解上，即强调"天人合一"。和人与神二元对立的宗教意识不同，儒家思想中历来缺少对于来世的想象，孔子说："未知生，焉知死？""未能事人，焉能事鬼？"(《论语·先进》)其"敬鬼神而远之"的人生态度，从根本上便拒斥了宗教的向度。宗教所要解决的是人生价值的安立问题，以超越性的架构形式呈现出生命的永恒意义。而与这一外在超越的形式和上帝之信仰系统不同，以儒家为代表的中国文化更注重于人生的内在价值和生命意义的过程性。就其终极意义而言，儒家的"天人合一"思想实际上容含了信仰的对象与信仰者之间究竟取何关系的问题解答，即通过与天之外在形式的交互作用与融通，确证了人自身的主体意义和德性本质，从而获得了生命价值之永恒性的肯认。这种将信仰对象完全内敛化而"摄体归用"的做法，可能是中国文化中缺乏制度性宗教安排的主要原因，但这并没有影响到中国人的信仰世界，其安身立命的根基反而在高度世俗化的现实当中得到了稳固，从而构成了一条绵延不绝并且特别悠长的文明脉流。在一定程度上，"天人合一"就是中国人的终极追求，它包含了相当多的宗教意味，但更多展现的又是落实在实存感受上的人生信念，从而将超验性和现实性有机地统一了起来。

所以我们说，儒家虽然不是严格意义上的宗教，但它的内核又不缺乏终极关怀之情实,其思想归宗于人文性,但同时也包含了丰富的宗教性内容。从源头上来看,儒家植根于宗周礼乐文明的"天命"观,后来演化成为影响深远的"天人合一"理念,即蕴含了丰厚的终极性意义,很好地呈现了华夏文明独特的宇宙意识,对人与自然的关系做了理性化的理解和解释。相对于原初文化形态而言,儒家人文精神的觉醒与突破,即是"天"的意象的重大改变,德性之天和自然之天的观念同时被强化和系统化,逐步形成了一种新的宇宙观。与之前的巫祝文化相比,此德性之天和自然之天的新型维度,是先秦儒家思考天人关系的全新起点。从整个儒学发展史来看,天人合一理论,就其自然意涵而言,《易传》表达的较为突出,而《中庸》则非常集中地阐发了其中的德性含义,这也可以视之为是后续儒家接踵汲泉的两大源头。汉代的天人感应学说虽然内涵十分丰富,但也面临着歧出之危机,所以到了唐代三教合流之后,特别是宋儒在批判消化佛教思想的基础上,重返先秦儒家之重视德性的路线,将天人合一的人生境界及其终极性意义发挥到了极致,从而完善了儒家的"天人合一"思想。

二、以"五常"为核心的德性文化

本于"天人合一"的理念,儒家不看重来世,而寄望于当下,所以特别重视如何做人的问题,由此发挥出了一套伦理道德学说;而这其中,尤以儒家历代先贤大哲所言之"仁义礼智信"为重要,实为其思想学说的核心。仁、义、礼、智、信,又称为"五常",自两汉以后即是作为一个合成词被普遍使用的。从历史上来看,儒家对于人的本质的认识和理解是从两个基本线索出发的:一个是人的自然性,主要表现为以血缘关系为纽带的人际网络;一个是人的道德性,体现出人之为人的根本价值来。人首先是一种关系的存在,这种关系的天然依据就是其血缘性,血缘本来是个自然之理,但它一旦处于人的有意识和有目的的活动之中时,这种自然性也就同时具有了社会的意义。从"五伦"到"三纲六纪",原本是依存于人的血亲联结,是个自然的状态,也是天然的关系,但一经有目的的叙事和创作之后,这种关系便变成了某种外在的架构形式,成为一个复杂的社会系统,也就变成了政治文化的基础。除了自然的线索之外,儒家一开始就把人视为一种道德的存在,它是人不同于万物的根本缘由,所以就更具有人之为人的本质的意义。道德性存在决定了人之为人的主体性,这个主体性就是孔子所说的"仁",孟子所言的"四善端"(恻隐、羞恶、恭敬、是非),和汉儒所谓的"五常"之道。人之所以为人的根本,不在于其外在的属性,而在于其内在的本质,这是从人的特质来着眼的。人何以"最为天下贵"?这不是一个自然之序的叙述问题,而是直接地抓住了人的本质来讲人性,是从哲学上来解释人与万物之间的关系。儒家对于人的理解的这两条线索在历史上是交互为用的,早期主要是从自然性向社会性和道德性的过渡,后来又往往夹杂着社会性反向自然性的回环。这中间的主轴便是教化的观念,因为人是可以塑造的,人的完善性和高贵性就是在不断的道德实践活动之中来实现和完成的。

一旦"五常"成为人自身存在的本质性的概念,它就脱离了时空等具体的条件性,而具有了某种普遍的和永恒的意义,成为一种普适的和超越的价值。在中国历史发展的长河中,正是因为有了像"五常"这样的价值理念,才使得中华文明的凝聚力无比的强固,具有很大的包容性和适宜性,可以容纳不同的文化元素,将不同生活习俗和社会环境乃至于文明背景差异极大的众多族群融合在一起,共聚于一个极富弹性的文化结构之中。

我们可以从三个层面来看"五常"作为一种核心理念,是如何在中华文明发展史上起到根基性作用的。一是从本土文化内部的多元性张力来看,除了儒家之外,其他诸子各家在这个问题上也是有共识的。譬如与儒家最为势不两立的法家,对于伦理纲常的这套本不赞成,而且事实上,儒、法对立与斗争,于此表现得最为突出和激烈。但两千余年的帝国政治,不管是"阳儒阴法",还是法家的附体,"五常"理念从来没有被动摇过。朱子对此有个解释,认为虽衰乱无道之世,毕竟有个伦常关系在,譬如焚书坑儒的秦朝,始皇为君,李斯等为臣,始皇为父,胡亥为子,仍然变不了。所以"秦将先王之法一切扫除了,然而所谓三纲五常,这个不曾泯灭"。[①]二是从中原汉人与周边少数民族,或农耕文化和游牧文化之间的关系来看,这是一个很重要的融合的基点。历史上,强大的游牧部族曾多次入主中原,"五常"这一套伦理对他们来讲,可能既是陌生的,也并非是必要的,所以早期往往有些冲突。但经过一个长时间的接触和了解之后,特别是当他们的生活环境和观念习俗悄然发生改变之后,儒家伦理的根本价值便很快被接受了。《元史·窦默传》载:忽必烈在潜邸数召默,窦默躲避不过,往

---

① 《朱子语类》卷二十四,北京:中华书局1986年版,第二册,第598页。

见，出口即以"五常"为对，曰："入道之端，孰大于此，失此则无以立于世矣。"到了仁宗时，这个异族皇帝便已口中常常念叨："儒者可尚，以能维持三纲五常之道也。"(《元史》卷二十六）三是从中华文化和异域文化的交往来看，"五常"价值往往是个"硬道理"，是华夏文明的底线。佛教传入中国之后，围绕着儒家伦理所引起的冲突至为剧烈。儒生排佛，往往祭起三纲五常的大旗。较早如《广弘明集》所载荀济语，谓释氏毁坏三纲六纪，致君不君、子不子，纲纪紊乱。[①] 后来朱子也说："佛老之学，不待深辨而明，只是废三纲五常这一事，已是极大罪名，其它更不消说。"[②] 而佛教徒则以调和的姿态来应对之，或者将"五常"曲解为如释氏"五戒"一般的律法，或者把出世与入世拿来"交济并用"，又各司职分，以化解两者之间的紧张。反过来，像明朝末年的耶稣会士，如利玛窦等人非要在"五伦"之上另加一个"大伦"，以显天主之尊贵，结果就遭到了普遍的抵制，耶教因而难以流行。由此可见，"五常"的价值观念自汉代以来就是儒家思想的柱石，是儒家伦理形而上的重要根基，也是中华文明的标志性元素之一。

三、儒家文化是一种"软实力"

从"天人合一"的独特宇宙观到重视人伦价值与生命实践的"五常"思想，儒家为人类文明社会提供了重要的德性范式。它立足于现实生活，没有偶像崇拜和来世想象，更没有严格一神教的那种排他性，因而能够平等地对待与容纳各种异质的学说，具有天然的包容气度和最大的普世性。到了近代，随着西学东渐，中国毫不困难地接纳了西方先进的理念，整个社会都迅速地融入现代性的氛围之中，变成了一个现代化的国家，这又与儒家思想之世俗化的基底不无关系。与西方文化的强权意志相比，儒家思想的柔韧性和包容度倒是更适合于拿来思考当前的文化软实力问题，这也将会为文明间的理解与互融提供有益的借鉴。

---

① 荀济谓："今僧尼坐夏，不杀蝼蚁者，爱含生之命也。而傲君、父，妄仁于蜫虫也；堕胎、杀子，反养于蚊虻也。夫易者，君臣、夫妇、父子，三纲六纪也，今释氏君不君，乃至子不子，纲纪紊乱矣。"引见《广弘明集·辩惑篇》卷第七，上海：上海古籍出版社，1991年影印本，第136页。

② 《朱子语类》卷一百二十六，北京：中华书局，1986年，第八册，第3014页。

进入新世纪以来，世界格局发生了深刻的变化，西方长达数百年横绝天下的力量遭遇顿挫，有了所谓"软实力"（soft-power）的话题。"Power"一词在西方语境下，暗含着主体性、个人主义、征服意味和控制力等。"soft"和"power"本来就难与相谋，"soft"不"power"，"power"便不"soft"，将二者组合在一起，与其说是内涵上的勉为相容，倒不如说是外缘边际方面的一种巧妙的修饰。软实力观念的浮现明显是和硬实力的问题域联系在一起的，福山（F. Fukuyama）在申述"历史的终结"主张时，实际上已经检讨了硬实力所带来的仄逼性和其穷途末巷的结局。按照福山的分析，硬实力的理念基础和价值源泉，在于近代的理性化过程和自然科学的不断成长，"自然科学使历史发展既有方向性也具普遍性"。这一普遍价值所高度凝聚的人类欲望，主要是通过两种途径或手段来实现的，一个是军备竞赛，一个是经济发展。首先，科学的普及为世界的统一性奠定了基础，但这种统一性在近代的民族－国家形式中，又往往是通过国际体系中的战争和冲突来完成的，这也是"掌握科学的欧洲人为什么能在18世纪和19世纪征服绝大多数第三世界国家的根本原因"。[①] 其次，现代科技通过不断地征服自然以满足人的欲望，从而使历史发展按照一定的技术轨道向前滑行。工业化不仅在生产过程中密集地应用技术和不断发明新的工具，而且把人类理性运用于社会组织的创造方面，带动社会结构的大规模变革，产生新的社会系统以及形态。上述两种手段所蕴聚和发挥出来的力量，支配了近代历史的方向性，也在一定程度上形成了今天人类的普遍价值。但福山已经认识到："迄今为止，我们对现代自然科学规定的历史方向性，尚没有给予任何道德或精神的价值。"[②] 所以他不得不承认西方的现实是强权支配了精神，理性与欲望同谋，而不是理想中的有自由的道德选择能力的理性的历史。"20世纪的人类经历，极大地动摇了人们对科学技术是社会进步基础这一主张。技术能否改善人类的生活，关键在于人类道德是否能同时进步。没有道德的进步，技术的力量只会成为邪恶的工具，而且人类的处境也会每况愈下。"[③] 这就意味着他所谓的"历史的终结"，只不过是传统的硬实力观念的终结而已。

[①]〔美〕弗朗西斯·福山：《历史的终结及最后之人》，黄胜强等译，北京：中国社会科学出版社，2003年，第82页。

[②] 同上书，第92页。

[③] 同上书，第7页。

正是在检讨以往历史发展进程的前提下，软实力理念才得以浮现。约瑟夫·奈（Joseph S. Nye）对"软实力"做了细致的分类和探讨，他首次明确地把实力分为软实力和硬实力这两个方面，软实力用以指文化形态、生活方式、意识形态、国民凝聚力和国际运作机制等，相对于国家机器、民族构成、领土与疆界、生产方式及其手段等"硬权力"而言，这些软性的力量，主要是通过隐性方式和潜移默化的作用，以吸引力、感召力、同化力来影响和说服他人，以达到异质者甚或是自己的对手最终相信和同意已有的状态，或者是为我认可的行为准则、价值观念、制度安排等，从而获得有利于己的结果，以达致原初的目的性。[1] 这种非强制性的屈人之力，与西方成就几个世纪以来君临世界的霸业之固有的方式是格格不入的，换句话说，这并非是他们自身的传统，于其而言很可能是陌生的途径。西方熟悉的是"power"，而不是"soft-power"，对于他们的历史记忆而言，欲望的实现就是依靠征服，社会的发展只能诉诸强力，人类的进步就是要凭借一往无前的精神。有鉴于此，在中西方文化比较的视野之下，我们来思考儒家文化的特质，特别地提出其对于未来人类社会所可能有的独特意义和贡献，就不是一种简单的历史叙述，而是面对当代社会的现实之有所感而发。

四、通过对话走向新的文化共同体的形成

儒家文化非宗教的世俗化特点所造就的包容性和普世性，在今天的文明对话与交流中，具有重要的价值，也将扮演独特的角色，对新的文化共同体的形成也将会起到积极的作用。在过去的几百年间，西方伴随着工业化的进程和科技的日新月异发展而大踏步地前进，将其他古老的文明远远地甩在了身后，甚至一度傲视全球，成为唯一的发展模式，现代化就等于是西方化，向西方文明看齐也就成了各国的不二选择。在此大势下，文明的多样性逐渐地消失了，趋同化成为时代的潮流，儒家文化在很长一段时间内也被视为是阻碍现代化发展的包袱，遭到了彻底的批判。最近几十年来，随着世界格局的变化，特别是西方霸权的衰落和新兴国家的崛起，全球文明的版图和色块正在发生快速的改变，西方中心论的理念已经失去了

---

[1] 参见〔美〕小约瑟夫·奈：《理解国际冲突——理论与历史》，张小明译，上海：上海人民出版社，2002年，第323-324页。

说服力，文明的多样性问题重又浮现出来，并且日渐的突显，成为我们理解和解释当今世界之纷繁复杂局面的一个重要的认识论基础。近些年来，国际潮流一步步从西方化走向文明对话，这是全球格局的一个重大转变，而打破独占性和唯一性，也成为人们普遍的意愿和共识。所以，全球化并不是寻求文明形态的一律化，更不是用一个统一的意识形态或者单一化的宗教训诫形式来统领人类；而是要在充分了解各文明形式之间的种种分歧之后，找到一些最低限度的共识，以作为展开对话与商谈的基础，从而走向新的融合。也就是说，西方文化的强势并不能说明它具有天然的合理性，而只是历史发展所造成的短暂结果，曾经的事实并不能代表某种必然性，所以西方的核心价值不能简单地视为是人类社会的普遍价值。当然，历史发展总有它的惯性，作为长久强势的一方，西方文化之现实的巨大影响和支配力量又是不容低估的，我们应该充分认识到这一客观的境况，而不能简单地拒斥之。

虽说文明对话是立足于文化的多样性，但在全球化的时代，人类道德所面临的困境却是越来越相像，这是因为相同的物质生活环境、社会制度的相互借鉴与穿透性、知识的普及化，特别是高度发达的通讯传媒技术和以往难以想象的便捷交通条件，把世界的每个角落都紧密地联系在了一起。以往传统社会的封闭性和各个民族与国家之间各自为政的旧有状况被彻底地打破了，每个文化系统的合理性不再是完满自足的，而是需要经过检验和论证，不同文明之间的文化与行为的独特性，必须要在相互的关照和比较之中才能够确立其合理性的依据，而那些不能够兼顾到或者融会于人类道德普遍性之中的独特道德法则和道德行为，也就变得越来越难以为继了。在这种情况下，道德的重建就不只是对原有系统的修补或者改善，更不是要回到封闭性的历史幻象中去，而是在经历过一番大开大阖之后，来认真地考虑人类道德的普遍价值问题，重新建构一种适应于全球化格局之要求的普遍性伦理。这种普遍伦理是以世界的同一性作为其哲学基础的，它以人类的生存法则和全球的普适境况为最高原则，取最大的公约数，而不是以任何一种文明形式为其独有的标志。这就需要世界各大文明体系的共同参与，在协商和对话中来寻找最大公约数，经过融合之后，形成全球共有的伦理价值原则。所以，今天在全球化时代来思考普遍伦理的问题，与其说这是一项道德复兴或文化重振的运动，还不如说它是一种道德的重构和新系统的创造工程。在文明对话与全球伦理的建设中，首先要有认同普遍价值的参与感,有贡献力量的自觉性与自信心,取得"入场"的正式身份,然后才能有效地与他人展开对话与讨论,从而形成良性互动的基础。

　　作为中华文明之主干的儒家文化,在历史上曾经以它包容的气度和敞亮的胸怀不断地接纳其他异质文化和域外文明的优长,在对话中形成了相互尊重、彼此交融的风格,为文明之间的交流做出过重要贡献。在今天,我们都在思考人类命运共同体的问题,更需要挖掘这一份历史上的宝贵遗产,以促进文明之间的相互借鉴和相互融通,为形成新时代精神共同体的最大公约数而努力。只有有了文化上的相互理解和共通性,才能够消除隔阂,建立共识,建设人类文明间相互包容的共有家园。文明对话的展开,一方面使外部的世界能够更好地了解我们的想法,获得更多的理解与尊重;同时在对话的过程中,也不断地促使我们能更好地反观"自我",更深刻地省视我们的传统,以增强文化自信。在人类命运共同体的建设过程中,儒家思想必然会激发出新的活力,发挥它应有的作用,在新的时代再创辉煌。

深圳文化快速发展的创新路径与精神内涵

深圳大学 吴俊忠

深圳特区建立四十年来,"创造了世界工业化、城市化和现代化史上的奇迹",成为中国改革开放的代表作和精彩缩影。一个充满活力的特区新兴城市,以令世人惊叹的发展速度和现代形象屹立在中国的南端,成为当今世界关注和研究的对象。

四十年来,深圳不仅经济发展速度和发展成就堪称奇迹,而且文化也超常快速发展,塑造了全新的城市文化形象,呈现出鲜明的文化创新特色,实现了从"文化沙漠"到"文化绿洲"的历史演变,开创了一条社会主义市场经济条件下新兴城市文化建设与文化发展的新路径,影响遍及全国乃至世界。联合国教科文组织授予深圳"设计之都""全球全民阅读典范城市"等荣誉称号;世界知识城市高峰会议评定深圳是"杰出的发展中知识城市";深圳城市文化竞争力在全国大中城市排名第一;获得全国文明城市、全国文化体制改革先进单位、全国文化资源共享工程示范城市等荣誉称号。在一定程度上,深圳已成为我国现代化进程中文化繁荣发展的样本,成为具有相当文化影响力和文化辐射力的文化重镇,进入了"中国文化发展的第一方阵"。

深圳四十年文化超常快速发展的成就,使世人开始以文化的眼光重新打量深圳,发现深圳的文化形象独特新颖,"文化角色非常可爱"(余秋雨语)。人们不禁要问:深圳特区只有四十年的发展历史,文化何以能超常快速发展?深圳文化又有哪些基本形态和精神内核?

一、建构与深圳的"双重身份"和特殊地位相匹配的文化形象

深圳既是作为中国改革开放的排头兵、窗口和试验场的经济特区，又是一座计划单列的副省级现代化新兴城市，具有独特的"双重身份"。作为经济特区，她不仅要证明"创办经济特区的政策是正确的"，而且要为探索中国特色社会主义道路先行先试，提供经验；作为一座新兴城市，她又肩负着建设国家创新型城市、国际化城市、全国经济中心城市和中国特色社会主义示范市的重任，需要有国际视野、世界眼光，需要建设高品位城市文化。这种"双重身份"表明，深圳的文化建设与文化发展，事关特区形象，事关改革开放和现代化建设的大局，深圳必须建构与其特殊地位相匹配的文化形象，必须超常快速发展。因此，无论是深圳特区建立之初不惜成本建设"八大文化设施"，还是后来提出建设"现代文化名城"、实施"文化立市"战略等一系列文化发展理念，进一步加强文化发展的"软件"与"硬件"建设，大力发展文化产业，都是为了加快深圳文化发展，形成与深圳的经济发展和特殊地位相适应的文化特色、文化形象和文化地位。换言之，深圳的"双重身份"在客观上形成了深圳文化发展的内在动力，推动着深圳文化的超常快速发展。

二、不断更新文化发展理念和战略思路，引领深圳文化超常快速发展

文化发展，理念是关键。深圳文化四十年快速发展的一个重要原因，就是始终坚持以先进理念引领文化发展进程。文化发展的基本理念和战略思路不断更新、与时俱进，既符合深圳文化的发展实际，又具有超前意识和创新特色，引领深圳文化向更高层次快速发展。

早在20世纪80年代中期，在深圳文化基础还比较薄弱、文化事业发展刚刚起步的情况下，深圳就提出了"创造有深圳特色的社会主义文化"的新理念。这是非常有远见的战略思路，它把深圳文化建设引向创新轨道，奠定了深圳文化的发展方向，规定了深圳文化建设的根本任务，激发了深圳特区的文化创新功能。

20世纪90年代初，深圳进入了增创新优势的发展阶段，确定了建设

多功能、现代化国际性城市的发展目标。与此相适应，深圳及时提出了建设"现代文化名城"的战略思路，把塑造深圳城市文化形象的新理念展现在世人面前，激发深圳人的文化想象力，自觉地增强文化创新意识和文化发展意识，为深圳文化的加速发展奠定了社会思想基础和群众基础。

进入新世纪以来，深圳的经济社会发展进入了全面创新的新阶段。与此相对应，深圳进一步认识到文化建设对于增强城市文化软实力、提升城市综合竞争力的重要作用，自觉地把文化发展战略与城市发展战略有机地统一起来，做出了实施"文化立市"战略的重大决策，确定了建设"图书馆之城""钢琴之城""设计之都"的发展目标，大力发展文化产业，全面体现出加快推进文化创新、建设高品位文化城市的新思路和新举措，有力地推动了深圳文化的快速发展。

党的十九大以来，深圳按照建设中国特色社会主义先行示范区和创建社会主义现代化强国的城市范例的总体要求，明确了建设区域性文化中心城市的发展目标，进一步加大了文化创新与文化建设的力度，呈现出文化建设繁荣发展的新气象。

三、充分利用经济特区的综合优势，激发推进深圳文化快速发展的精神动力

深圳作为改革开放起步较早的经济特区，客观存在着有利于文化建设与文化发展的综合优势。

首先，深圳毗邻香港，受香港文化乃至西方文化影响的渠道较多，具有对外文化交流的区位优势。这有利于深圳形成国际视野和世界眼光，形成比较开放的文化心态，积极主动地汲取外来文化的优秀成果，接受外来先进文化的积极影响，从而增强文化创新与文化发展的内在动力，按照人类社会先进文化的发展方向来确定深圳文化的发展路径和发展目标，形成中外文化相互交融的现代文化结构。

其次，深圳改革创新的文化氛围和现代气息较浓，市民文化心态开放，文化观念现代，具有明显的观念优势。这有利于激发文化创新意识，增强文化创新活力，推动深圳文化快速发展。无论是深圳特区创建之初提出的"时间就是金钱，效率就是生命""空谈误国、实干兴邦"等口号，还是后来在深圳发展进程中自然形成的"鼓励创新、宽容失败""送人玫瑰，手有

余香"等流行话语,都反映出深圳人增强主体意识,强化时间观念,自强不息、锐意创新的新思想和新观念。而这些新思想和新观念无疑会成为文化创新的思想基础和精神动力。

此外,深圳经济发展速度快,经济实力较强,具有一定的经济优势。深圳经济的快速发展为文化发展和文化创新创造了雄厚的物质基础,设立了具有促进保障作用的宣传文化基金。正是依靠物质基础和经济实力,深圳音乐厅、中心书城、深圳少年宫等一批高档次、标志性文化设施在短短几年内快速建成;读书月、市民文化大讲堂、"美丽星期天"等一系列公益性文化活动广泛开展,惠及广大市民;《春天的故事》《走进新时代》《走向复兴》等一大批文艺精品在深圳不断涌现;国际设计论坛、世界知识城市高峰会议等一系列高层次、国际性文化活动先后在深圳举办。所有这一切都表明,深圳文化之树植根于养分充足的经济沃土,深圳经济快速发展带动文化快速发展,已是不争的事实。

还有,深圳是移民城市,文化流动是推进深圳文化快速发展的重要因素。深圳对外开放程度高,与内地省市联系渠道多,流动成为一种常态。无论是文化观念、文化产品的流动,还是作为文化载体的人的流动,都给深圳的文化创新和文化发展增添了源源不尽的动力。移民深圳的每个人,都为了各自的梦想来到这里,对过去生活的不满足,对未来的憧憬和希望,让这个城市汇聚了巨大的文化能量,孕育着文化的创新和巨变。可以毫不夸张地说,文化流动使缺乏文化积淀的深圳变劣势为优势,自强奋发,后来居上,成为文化创意勃发、文化发展超常快速的现代化新兴城市。

四、深圳文化的形态特征与精神内涵

经过四十年的建设和发展,深圳已客观形成了创新型、智慧型、力量型和包容型现代新型文化,具有丰富的现代精神文化内涵,不仅促进了深圳经济社会的快速发展,也对全国的文化建设与文化发展产生了广泛的影响,形成了"以一城影响全国"的文明示范效应。深圳文化的精神内涵集中体现为开放、现代、青春、活力这四个方面。

开放,是指深圳文化的结构开放和深圳人的文化心态开放。前者体现为多元文化相融并存,各种文化成分都有其存在的合理性;后者表现为深圳人能接受、认同多种文化观念,尊重人的个性特征和文化选择,宽容大度，兼收并蓄。

现代，是指深圳文化具有现代气息、现代观念和现代氛围，反映出现代文化世俗化、技术化、市场化和多元化的大趋势。

青春，是指这个城市具备青春文化的所有特征，文化现象多姿多态，文化观念不断更新，文化选择各有所重。

活力，是指这个城市不断涌现新事物、新现象、新思想和新观念，创新、求异、求变是深圳普遍存在的社会文化心理，敢闯、敢试、敢为天下先是深圳人的共同特征，竞争意识、闯荡意识、开拓精神、创造精神，是深圳人普遍具有的思想意识和精神动力。

深圳文化的现代精神内涵既体现在市民文化大讲堂、社会科学普及周、读书月等公益性文化活动中，也体现在本土艺术家创作的各类文艺作品中，更体现在深圳人的日常生活中。正是深圳文化的这种现代精神内涵，使深圳人明确自己的人生价值取向，寻找人生追求的目标，排解生存与发展的困惑。那种"崇尚英雄，拒绝平庸"的豪迈，那种高呼"你不可改变我"的自主和独立，那种"无约不访、有约守时"的信诺，让你真切地感受到：这就是深圳人的精神境界，这就是深圳人建构的精神家园。深圳人正以高昂的精神状态，阔步前进在中国特色社会主义的康庄大道上。深圳文化正以强大的精神动力，推动着深圳社会的现代化和人的现代化进程，充分展现出深圳这座先锋城市的现代性特征。

中国和西方传统中"法律"概念辨析
fa，ming，lü，lex，nimos，jus

法兰西学士院　汪德迈（Léon Vandermeersh）

拉丁文中"法"意为在社会上应履行的正确规则，即正义的定律。在西方传统理念中，"法"指的是"天和地之女神，在社会层面和宇宙层面，监督规则的实施"。在古罗马时代，"天和地之女神"就是"法"的化身。

中国上古时代字词发展的规律则完全不一样。"法"（"法"的古字"灋"）的概念就是受国家强制力保证下的一种行为执行准则。从字源上解释，"法"（"灋"）由三部分组成：一、"水"代表执法公平如水；二、"廌"（zhì），"獬豸"（xièzhì），是一种能辨明善恶是非的神兽；三、"去"是去除坏人的意思。而"令"或"命"的字源，指对跪或坐的人下命令，"令"是动词。"刑"是对犯罪嫌疑人进行体罚。"聿"指手持笔，左边的"彳"表示正在写字。于是"律"就是用手写字。古字"灋"变成简体字"法"，指的是执天命之法，而这上天的命令就是遵循阴阳五行形而上之道。

中国最重要的"法律"理念源自《周易》。这个理念以一年四季春夏秋冬运行为基本。中国原始的萨满教，通过占卜，派生出形而上的宇宙概念。他们的传统行为方式就是依靠宇宙万物和阴阳五行的运行，指导外在的个人层面，即人与人之间的关系。这种关系重视的是礼仪，讲究礼貌，体现了阴阳五行的理论[①]。

中国中古时代的经济当时在逐步发展。在这趋势下，中国也诞生了类似西方"权理"的系统，这就是行会。手工业者们为了保护其个人利益不

[①] 汪德迈先生介绍："礼仪"概念体现了阴阳五行的理论，这是他的新观点——编者注。

受侵犯，为了限制本地同行业手工业者之间的竞争，同时阻止外来手工业者的不正当竞争，于是一种城市手工业行业组织——行会就这样建立起来了。行会在开始阶段起了积极的作用，但是后期的种种规定却限制了自由竞争，限制了商品的大量生产，甚至限制了新生产工具的运用。中国古代商业发展得不太好的原因，是它不被代表封建士大夫阶层利益的政府所重视，因此商人们得不到"合同式"的"权益"与"权理"的保障。西方源于合同法的"权理"理念并没有在中国得到发展，但礼仪方面的模式却发展得很好。"礼仪"成为统治阶级的上层社会人士调节人与人之间关系的唯一准则。权理直接规范经济行为，而礼仪则影响伦理。伦理就是通过阴阳五行学说实施的礼貌，比如马王堆《五行》文中所论的"仁义礼智信"与"金木水火土"的匹配。

"权理"，拉丁语是"*Jus*"，指社会各集体间的规范和准则，是整个罗马法制的骨架。最古老的12罗马法典中含有：教会法、程序法、民法、刑法、税法、行政法、合同法等分部法典，其中最重要的就是合同法，本文谈到的"权理"概念正源于此。地中海周边所有国家，以古罗马为例，在古代历史上一直有发达的对内商业和对外贸易。因此，在当时的社会关系中，买卖双方的关系尤显重要。他们之间讲究的是合同法。合同的原则就是双方始终保持平等。不仅经济，在政治上，政府的权利与人民的权益也要保持平等，并在合同法里体现。合同法的原则就是整个西方法律范畴内最核心的思想。我们通常所说的"人权"就来源于西方古代"合同法"里政府人民平等的理论。

要促进社会的和谐，我们既需要"权理"，又需要"礼貌"，两个因素必不可少。权理规范社会关系（尤其是经济关系）；礼貌规范社会内人与人的交往与接触（尤其是与没有关系的个体间的交往）。"权理"好似机器，"礼貌"则像是防止摩擦的油。西方人应该学习中国传统中的"礼仪"概念，而中国人应该学习西方传统中的"权理"概念。

李晓红译 欧明俊审定

永朝崖海

——宋崖山祠对犹太文明传承的启示*

深圳大学　林　艳

引言

公元1279年3月,今天的广东省新会市崖山海面爆发了一场震惊世界的宋元海战。蒙元率领2万水军包围驻扎在崖山的南宋行朝,经过七日血战,南宋两千艘战舰沉没,二十万军民殉难,大臣陆秀夫背着只有8岁的小皇帝昺蹈海殉国,杨太后绝望跳崖。至此,统治中国319年的赵宋王朝宣告终结,华夏古典文明也由此走上另一条发展道路。

无独有偶,世界另一隅的耶路撒冷在相当于中国春秋时期也经历了山河破碎的国耻族仇。犹大国首都耶路撒冷被巴比伦王尼布甲尼撒围困,犹大王约雅斤和皇太后、臣仆、首领、太监一同出城,投降巴比伦王,后者将他们掳到巴比伦。以色列历史上唯一的封建王朝就此灭亡,犹太人重启了外邦为奴的苦难历程。①

崖山海战与耶路撒冷围困终结了两个辉煌的王朝,它们在历史上曾经创造了璀璨绚烂的文明。王朝终结,遗民尚在。当国权无存时,如何以边缘、遭排挤、受欺压的身份和地位存立于世?当自上而下的权力运行机制失去根基,如何从民间社会来一场自下而上的文明传承逆袭运动?当现代文明冲击着古老的遗民生活,遗民精神如何在全球化浪潮中焕发新的生

---

* 本文是广东省哲学社会科学规划项目之一般项目(批准号:GD18CWW04)的阶段性成果,项目名称:"希伯来经典与中国古典文学女性群像的跨文本阅读"。

① 大约公元前1876年,犹太人首次在外邦埃及为奴。

机？这些都是考验一个文明和文化内生动力与适应能力的艰巨问题。中华文明与希伯来文明在各具代表性的王朝终结后，绵延传承了千百年之久，也都在近现代社会的裹挟冲击下获得新生。文明通鉴知兴衰，文明互鉴知发展。中希文明的对观与比较，启示了文明传承的别样路径。

一、崖山祠与圣殿山的故国怀想

杨太后殉国时，将士们也只能以蚝壳砌成的墓简单掩埋。无数赵宋将士蹈海的尸体更被海水冲刷，无人掩埋。限于当时严酷的政治环境，附近的村民只能暗中祭祀英烈。及至明代，社会环境相对宽松，百姓才敢在此建祠设堂。崖山祠就是明代百姓为了纪念宋朝忠烈修建的祠庙群落。后世由于战乱、老旧等原因，崖山祠数度翻修重建。如今的崖山祠已经成为爱国主义教育基地。崖山祠供奉着包括文天祥、陆秀夫、张世杰的三忠祠、杨太后议政的慈元庙、民间旌表杨太后殉国的国母殿，还有专门纪念蹈海将士的义士祠。崖山海战用来绑缚战船的巨石至今依然屹立在山海之间，见证千百年的沧桑巨变。崖山海战纪念馆附近有一个宋朝遗民村落，村里的宗祠匾额上书"永朝崖海"四个大字，表达世代铭记崖山忠魂的心志。

崖山祠是宋朝遗民缅怀故国、凭吊英烈的纪念馆，是羸弱民族挥之不去的国殇记忆。有着类似亡国创痛的犹太民族也以圣殿山承载他们的故国怀想和弥赛亚情结。圣殿山是耶路撒冷圣殿所在地，是大卫王朝的敬拜中心。圣殿富丽堂皇，收藏着来自全国各地的宝贝。在王朝鼎盛时期，圣殿是无数犹太人甚至外国人神往的地方。以色列王希西家卧病期间，巴比伦王比罗达巴拉差遣使者探望他。使者恳请希西家打开圣殿及宝库的大门，一睹为荣。希西家为了满足远道而来的客人，也为了显示王国的富足，"凡家中所有的，他们都看见了；财宝中没有一样不给他们看的（《王下》21）"。巴比伦从此惦记着犹大圣殿。公元前586年，巴比伦王尼布甲尼撒掳掠耶路撒冷，将圣殿洗劫一空，并纵火焚烧。这一段帝国角逐时期的炫耀与惦念终于有了现实物质层面的了结。五十年后的波斯帝国时期，掳民陆续返回故土，祭司尼希米带领人们设法重建圣殿（《尼希米记》）。公元70年罗马统治时期，第二圣殿被大火烧毁（《马太福音》24: 2）。今天耸立在圣殿山的哭墙是第二圣殿的遗迹。纵观犹太圣殿历史，圣殿是人们生活的中心，承载着王国兴衰的神圣记忆，是犹太民族魂牵梦萦的精神故乡。

宋朝誓死保卫的战境封存着宋朝遗民乃至中华古典文明的悲壮记忆，如刻镂在民族基因上挥之不去的密码，激励着宋朝遗民不忘国耻，砥砺前行。有着相似亡国经历的域外王朝犹大也以圣殿开启以色列民族继往开来的拼搏之旅。来自上层官方的权力保障消失后，文明如何在民间艰难求存，而不致断裂、难以为继？文脉不断，记忆不落。以书传人似乎成为两朝遗民在历史拐点的首要和必然选择。

二、遗民书承的民族记忆

遗民书承是旧时子民历经山河破碎的沉恸叹息，是反照国运兴衰的思想之镜。遗民书承中，反映崖山海战的诗歌最为常见，有力表达了新政权下南宋遗民的反抗情绪。南宋丞相文天祥那首著名的《过零丁洋》悲悼家国沦亡，铺陈舍生取义的民族气节。汪元量的"宫女不眠开眼坐，更听人唱哭襄阳"，通过北上宫女的惨切，表现深重的民族苦难：南宋遗民在新政权下，饱受践视和欺压，"谁是补天手，空怀炼石娲"。他们虽怀抱复国旧梦，却无法实现。[1] 除了诗歌，还有一首罕见的古筝曲目《崖山哀》，如泣如诉，道不尽遗民臣子恨。

崖山海战给身处元朝的知识分子留下巨大的心灵创痛，他们普遍感到传承民族文化，责无旁贷，于是兴办书院，聚众授徒，涌现了大批遗民书院和学者。[2] 遗民书院坚持独立办学的宗旨，避免与元政权发生纠葛，拥有一定的学术自由。书院为保存传统文化做出不懈的努力，培养了一批有文化、有气节的士子。遗民的生活大多艰难，书院不仅是遗民精神寄托之所，还为穷困的读书人提供生活上的帮助，俨然一个小型自治团体。[3] 元朝统治下的乡野僻壤，存在很多权力真空，这为宋朝遗民兴办书院、艰难生存创造了条件。

遗民书承和兴办书院的旧朝传承方式，必然带来重视教育的优良风气。

---

[1] 张宏生：《读南宋遗民词中故国之思的社会意义》，《固原师专学报》1987年第1期，第60-64页。

[2] 如金履祥曾馆于齐芳书院和丽泽书院；史蒙卿建湖山书院，聚众授徒；陈谱在书院讲学期间著有《四书句解铃键》《孟子纂图》《周易解》等，还有著名的文学作品《月泉吟杜诗》和《凤林书院草堂诗余》等。

[3] 朱汉民、唐云：《元初江南宋遗民书院及其文化特色》，《大学教育科学》2014年第5期，第88-92页。

崖山所属的新会地区是广东省著名的侨乡。民国时期,侨乡的中小学校教育经费,华侨捐助的份额占了绝大多数。侨办教育不同于传统教育的地方在于允许并鼓励女子读书。华侨兴办教育的另一个特点是重视商业人才的培养,他们希望子女能够继承其海外经商谋生的技能。[1]

当犹太民族失去家园时,他们用别样的书写传承表达对圣殿山和故土的眷恋之情。先知耶利米面对损毁的耶路撒冷和圣殿,痛苦得难以言表,茫然地在地上划出二十二个希伯来字母。待他回过神来,才在每个字母后面写下一句话。为了增加感情色彩,有的字母写三遍。于是,成就了希伯来文学史上藏头诗的典范:"先前满有人民的城,现在何竟独坐!先前在列国中为大的,现在竟如寡妇!先前在诸省为王后的,现在成为进贡的。"(《耶利米哀歌》1:1)耶路撒冷圣殿过去的繁华与现今的衰败构成强烈的对比,加重了诗人哀伤忧虑之情。宫廷乐人在被掳之地用旋律道不尽黍离之悲:"我们怎能在外邦唱耶和华的歌呢?耶路撒冷啊,我若忘记你,情愿我的右手忘记技巧。我若不记念你,若不看耶路撒冷过于我所最喜爱的,情愿我的舌头贴于上膛。"(《诗篇》137)乐人对故国、对圣殿的忠贞赤胆和思念之情,令人为之动容。

被掳的圣殿祭司在巴比伦深刻感受到异教文化的逼迫。巴比伦人狂傲地断定他们的主神马杜克才是创造宇宙天地和人类的神,马杜克与犹太人的上帝耶和华争战,结果马杜克打败了耶和华,所以巴比伦毁灭了耶路撒冷。羸弱的掳民面对如此强势霸道的文化,原有的信仰出现危机,很多人转而信靠更"强大"的马杜克。为了提振掳民信心,祭司改写了那不可一世的巴比伦创世神话《埃纽玛·以利什》,谱写了犹太人自己的《创世记》:是耶和华上帝创造了宇宙天地和人类,跟马杜克争战过的海神提阿马特在《创世记》里变成了"深渊",沦为上帝的造物。这样一来,马杜克也是上帝的造物。祭司作者因此消解了巴比伦主神的地位和权力,极大鼓舞了苦难中的子民,拯救了掳民的信心。

相似的亡国记忆、流散海外的生活方式、尊重传承的使命,也让犹太人极重视教育。犹太教育的成功令人称奇羡慕,很多学者从不同角度予以分析。有的从以色列民族的信仰分析,有的从他们千年散居的生活经历分析,有的从他们崇尚差异的性格特点分析。不过,犹太人尊重传统、注重

---

[1] 肖文燕、张宏卿:《华侨与近代侨乡教育变迁》,《福建师范大学学报》2011年第1期。

传承的教育理念功不可没。这个民族的创新力,对知识的热爱,值得人们很好地学习和借鉴。

三、从遗民到移民

随着宋遗民向海外迁徙,崖山记忆也汇入当地的神话传说,丰富和发展了当地的文化生活。史载元军入侵越南的细节:"初宋亡,其人归我,曰橘(昭文王)纳之,有赵忠者,为家将,故败元之功,曰橘居多。"这段史料记载宋遗民中有相当一部分"赵忠者"逃往越南,帮助越南抗击元军。越南清化、义安地区流传着杨太后及公主殉国的故事:崖山海战中蹈海的杨太后与公主,尸体漂流至越南乾海门。百姓得天帝启示,埋葬并立祠祀之。清化、义安的百姓将她们奉若神明,祈求女神保佑当地风调雨顺。[①]

崖山海战的事迹不仅流传到越南,甚至在整个东南亚都有其流传的足迹。东南亚地区的许多祠堂庙宇供奉着杨太后的尊位,丰富和发展了东南亚各国人文历史资源。[②]同样,犹太人的海外流散生活,尤其是在中国的行迹,为中华文化的多元发展贡献了自己的力量。北宋时期的开封犹太人最早来到中国定居。开封犹太人在中国参加科举考试,相当成功地融入中华文明。及至两次世界大战,更多犹太人选择在租借兴盛的中国定居。哈尔滨犹太人是俄国迁来的侨民。早在"一战"爆发前这里就拥有成熟的犹太社区,会堂、学校、媒体报馆一应俱全。天津在民国时期素有"贵族后花园"之称,当时的天津成为仅次于上海的繁华都市。宽松的氛围吸引犹太人前来居住生活,丰富了天津的洋场文化。上海犹太人可能是中国人最熟悉的犹太社群。"二战"期间,有上万名犹太人挤着游轮,冲破战争封锁逃到上海。上海市民在资源并不宽裕的情况下接纳了他们。犹太人依凭聪明和手艺,在寸土寸金的上海生存下来。这些犹太人及其后代至今都对那段历史念念不忘。上海还建有犹太人纪念馆。纵观犹太人流散中国的迁徙路线,大多选择海路,尤其是"二战"时期的犹太人,"唯有入海"才是保存种群繁衍的出路。宋朝遗民向海外奋勇求存的挣扎,让灭种的悲歌转化为

[①] 牛军凯:《"海为无波":越南海神南海四位圣娘的传说与信仰》,《海交史研究》2011年第1期,第49-60页。

[②] 张宏生:《读南宋遗民词中故国之思的社会意义》,《固原师专学报》1987年第1期,第60-64页。

复兴的生机；犹太民族在世界性大流散中，不仅没有丧失其犹太性，而且为所在国文化的多样性做出杰出贡献。这种向外迁徙、主动求变、在差异中求同的生存智慧，为遗民的保存和发展壮大提供了源源不断的精神指引和实实在在的创新力。

四、宋崖山祠对犹太文明传承的启示

文明传承的路径，有的是自上而下的官方渗透。中国的科举考试，就是封建王朝为保障儒家思想成为统治思想，有组织、有系统地推行到社会每个角落的制度。有的文明传承却是自下而上的，由民间影响扩散到上层统治阶层。戊戌变法就是一场由民间知识分子发起，旨在保国、保种、保教，后来被清朝统治者采纳并推行的一场变法运动。宋朝灭亡距今已有740年，为何崖山依然能够成为民族伤痛和苦难的凭吊之地？有关崖山的书写与表达为何一再勾起人们的历史回想？南宋灭亡后，曾经来自政府的保护力量不复存在，大宋百姓在新的王朝开始了逆境求生的努力。中原汉人一向有耕读传家的风俗，耕田、念私塾、参加科举考试，这是传统乡土社会生活的主要内容。元朝废了科举，堵塞了读书人从社会底层进入统治阶层的管道。多数遗民选择避居乡野，兴办书院，不在新朝为官。这有助于遗民保存实力、发展传统。

崖山记忆之所以还能唤起人们心中的爱国主义激情，还在于赵宋皇族后代能够守正创新，锐意进取，不断与外界联系，丰富和发展古老悠久的传统。早在南宋行朝驻扎崖山时期，军民逃往越南的事情便时有发生。明朝的海禁政策和清朝的迁界令，使得大批遗民失去土地而不得不移民东南亚。鸦片战争以后，移民美国、加拿大、澳大利亚的穷苦侨民开始增多。[1] 广东省著名的五邑侨乡就是由宋元海战时期的遗民发展而来。曾经的遗民现在大多是移民，遗民文化也在新的历史时期演变为移民文化，即克服重重艰难险阻，主动适应全球化的精神。遗民在海外顽强拼搏，将西方发达国家先进的器物和文化带回家乡。开平碉楼见证了晚清出国淘金者衣锦还

---

[1] 刘进：《华侨精神与全球化背景下的侨乡发展——以广东江门五邑侨乡为例》，《五邑大学学报》2008年第4期，第16—20页。

乡的盛况。新会走出了一代民国总理梁启超。^①同时，移民也将中国优秀的传统文化介绍到国外。文化的双向交流增进了彼此的了解。改革开放以后，五邑侨乡的发展迎来新的生机，民营企业、海外投资、休闲娱乐和文化场馆等项目的建设，带动了侨乡经济发展。崖山后嗣继承了先辈吃苦耐劳、顽强拼搏的精神，将发端于九百年前的遗民精神在新时代里发扬光大。南宋行朝曾经抵达过的香港，近几年迎来香江儿女追根认祖、缅怀英烈的风潮，在海战古战场主动接受爱国主义教育。由此可见，在香港现阶段的时代背景下，继承了崖山精神的侨乡文化再一次成为凝聚两地人民的纽带。[②]

赵宋遗民向近现代移民的身份转变，为我们理解犹太人的流散生活提供了借镜。犹太人自从公元前 587 年被掳巴比伦，就失去了来自国家权力的保护。犹太人流散到世界各地，各国排犹运动此消彼长。《以斯帖记》记载了波斯王亚达薛西统治时期，针对犹太人的种族清洗活动。十字军东征期间，亚洲犹太人遭到大规模屠杀。"二战"期间，欧洲超过 600 万犹太人被纳粹屠杀。也就是说，接近三分之一的犹太人被杀害。[③]

千百年来，犹太人承受着历史加诸这个民族的一切不平等而无力反抗。19 世纪，随着近代民族主义浪潮的兴起，犹太人的民族意识抬头，语言学家本·耶胡达凭着天才和惊人的努力恢复已经失传的希伯来语，并逐渐推广开来。"二战"时期的大屠杀作为一场民族灾难和集体记忆，强化了整个民族的犹太意识。犹太人深刻认识到没有自己的国家，千百年来受迫害的命运就无法终止。1948 年，犹太人在《圣经》应许其祖先的土地上建立了以色列国。谁曾料想这个一度要灭种的民族居然顽强地建立自己的国家，从世界的边缘走向舞台的中心，持续发挥着影响力。如果说崖山记忆带出的移民文化是汉民族传统得以恢复和发展的有力见证，那么犹太人在传统的维护和发展方面做出的贡献亦令人瞩目。

---

① 梁启超游历美国时，美国的华侨有三十万人，其中十七八万都是台山新宁县人。1949 年前进入加拿大的华人共有 9 万多人，其中超过八成人口来自五邑侨乡。

② 林军：《岭南第一碑：慈元庙碑价值赏析》，《五邑大学学报》（社会科学版）2020 年第 3 期，第 11-15 页。

③ 马戎：《从犹太人到以色列国的历史启示》，《思想战线》2018 年第 3 期，第 1-20 页。

结　语

　　文明的传承从哪里开始，走向哪里，传播的过程怎样？很多学者都在研究和探讨这些问题。中国宋朝建立的文明被史家称为中国古典文明的顶峰。宋元崖山海战以赵宋政权的灭亡告终，多少英烈和忠魂激励着无数遗民用记忆、书承、书院、教育等手段和方式记述国难，教导儿女铭记历史，锐意进取，将无形的精神传统代代继承下去。犹太人的历史与赵宋历史有着惊人的相似，家园不再的海外迁徙，社会底层的奋勇挣扎，犹太人用诗歌和音乐表达黍离之悲，用会堂训导和学校教育将优秀传统和知识一代代传递开来。这两种文明是在失去上层政治保障的情况下，在民间里巷、荒野林下保全了文明的火种，然后繁衍生息、发展壮大。这两种文明呈现出一种自下而上，由弱小到强大的发展过程。当近现代全球化的浪潮席卷世界每个角落时，崖山遗民主动适应外部文明，让遗民精神发展成为新时代的移民文化。犹太民族自从进入世界性流散状态后，就积极适应所在国的生活，为所在国的经济、政治、文化做出杰出贡献。犹太民族语言的恢复和现代以色列国的建立，是这个民族《创世记》神话的历史表达。中希文明的比较通鉴得出以上有益启示，值得那些热爱跨文明研究、承认希伯来文明与中华文明在文明借镜下能有益彼此的读者继续探险。

中印"水鸟运鱼"类型故事源流探析*

深圳大学　王伟均

在我国西藏的藏族民间故事中,有一类受人喜爱、广泛流传的动物故事。讲述的是一只水鸟[鱼鹰、鹭鹚(即鸬鹚)、海鸥]为了吃鱼,趁天旱湖(河、海、池)水将干时,欺骗鱼群,自愿帮忙将鱼群一一衔运至另一广大的水域,却在运送途中偷偷将受骗的鱼吃掉。后来诡计被螃蟹(青蛙、虾、乌龟)发现,螃蟹等用两个钳子或嘴夹断(咬断)了水鸟的脖子,替受害的鱼群报了仇。在我国西南地区的傣族、布朗族和蒙古地区的蒙古族民间故事中,同样流传着此类动物故事,故事内容尽管有所变异,但结构基本相同。民间文艺学家丁乃通在其编著的《中国民间故事类型索引》中,将这类动物故事列为 AT231【苍鹭(鹤)运鱼】型[1];金荣华编著的《民间故事类型索引》将其列为 AT231【鹭鸶运鱼】型[2],两者都强调了故事中的"运鱼"主题。由于藏族、傣族、布朗族与蒙古族此类故事中的运鱼主角主要是海鸥、鱼鹰、鹭鹚、小鸥、水鸟、鹭鸶、苍鹭、白鹤,两种分类中的"苍鹭(鹤)"或"鹭鸶"并不能概括所有此类故事,因此根据运鱼主角都属水鸟一类,这里将此类故事改为"水鸟运鱼"型。

值得注意的是,"水鸟运鱼"题材故事又见诸印度佛经与印度教故事集中。本文旨在通过对藏族、傣族民间故事、印度佛经、印度教故事集中此

---

* 本文系国家社科基金一般项目"古印度文学插话叙事艺术研究"(项目编号:20BWW022)的阶段性成果。

[1] 丁乃通编著:《中国民间故事类型索引》,郑建成、李倞、商孟可、白丁译,北京:中国民间文艺出版社,1986年,第44页。

[2] 金荣华编:《民间故事类型索引》(上册),台北:中国口传文学学会,2007年,第77–78页。

类动物故事的分析，比较与探讨这些故事的源流，以及这些故事之间的关联与渊源。

一、藏族与傣族民间故事中的"水鸟运鱼"类型故事

在我国西藏藏族民间故事中，"水鸟运鱼"类型故事有《海鸥、鱼儿和螃蟹》[①]、《鱼鹰吃鱼被蛙杀》[②]、《鹭鹚和小鱼》[③]、《青蛙除小鸥》[④]，谢通门县的《水鸟的阴谋》[⑤]五则故事。云南傣族民间故事中的"水鸟运鱼"类型故事有《鱼、螃蟹和白鹤》[⑥]、《螃蟹与鹭鸶》[⑦]（亦称作《有风度的慈善家》[⑧]）、《鹭鸶的脖子为什么是弯的》[⑨]。故事中的主角与具体内容有所变化，但故事结构基本相同。

尽管在叙事情节、叙事要素与故事主题上有所变化，但是这些动物故事都有着一些共同的故事母题。这些母题可以简要分为四类，分别是：1."水鸟欲吃鱼"母题；2."鱼群遇灾祸"母题；3."水鸟设骗局运鱼"母题；4."惩罚水鸟复仇"母题。

"水鸟欲吃鱼"母题中，藏族"水鸟运鱼"类型故事除了《海鸥、鱼儿和螃蟹》外，解释了鱼鹰、鹭鸶、小鸥和水鸟是因为年老无力，饿得发慌，故意装出可怜、悲伤或满面愁容的样子，《海鸥、鱼儿和螃蟹》中的海鸥则更狡猾，戴上了喇叭的鸡冠帽，假装成传经师的模样。而傣族"水鸟运鱼"

[①] 廖东凡主编：《天湖神女——世界屋脊上的神话和传说》（四），诺日仁青记译，武汉：湖北少年儿童出版社、拉萨：西藏人民出版社，2004年，第269-271页。

[②] 萨迦班智达造颂，索达吉堪布译：《格言宝藏论释》（上）（《慧光集》十七），台北：宁玛巴喇荣三乘法林佛学会，2004年，第217-218页。

[③] 王安康搜集、何平整理：《藏族寓言八篇》，《民间文学》1957年第1期，第67页。

[④] 段宝林、祁连休主编：《民间文学辞典》，石家庄：河北教育出版社，1988年，第426页。

[⑤] 中国民间故事集成·西藏卷编辑委员会：《中国民间故事集成·西藏卷》，北京：中国ISBN中心出版，2001年，第274-275页。

[⑥] 傅光宇、杨秉礼编著：《傣族民间故事选》（中国少数民族民间文学丛书·故事大系），上海：上海文艺出版社，1985年，第375-376页。

[⑦] 上海文艺出版社编：《中国动物故事集》，上海：上海文艺出版社，1978年，第227-230页。

[⑧] 中国作协云南分会编：《云南民族民间故事选》，陈贵培译，昆明：云南人民出版社，1960年，第270-273页。

[⑨] 西双版纳《傣族民间故事》编辑组编，尼宛搜集整理：《西双版纳——傣族民间故事》，昆明：云南人民出版社，1984年，第408-410页。

类型故事没有解释白鹤、鹭鸶吃鱼的原因，只是强调想要吃鱼，心怀恶意，且装出一副伪善的样子。

"鱼群遇灾祸"母题中，藏族"水鸟运鱼"类型故事除了《海鸥、鱼儿和螃蟹》是黑头人要往池中投毒外，其他四则的原因也都是鱼群生活的水域将要干涸。傣族"水鸟运鱼"类型故事则都强调了池水将干涸这一重大的灾祸，只不过原因不同，《螃蟹与鹭鸶》中是鹭鸶欺骗鱼群烤瓦撒节在即，人们欲抽干池中的水，并会将所有的鱼煎了赕佛，其他两则皆是天气干燥，久旱不雨。

"水鸟设骗局运鱼"母题中，藏族与傣族"水鸟运鱼"类型故事中的水鸟都装出伪善的样子，骗鱼群会帮忙将鱼衔运到更大的水域（藏族为大湖、大海，傣族为大池塘、澜沧江、大湖），却将鱼运到其他地方吃掉（藏族主要在石块或岩石上，傣族都在树上）。藏族故事中的鱼群都很轻易地相信了水鸟的假仁慈，最终很多鱼被水鸟吃掉。而傣族故事中，出现了《鱼、螃蟹和白鹤》中机警的大鱼，质疑白鹤的动机，并派遣代表先去勘查了新环境。

"惩罚水鸟复仇"母题中，藏族"水鸟运鱼"类型故事中，由于复仇者的不同，方式出现了不同。《海鸥、鱼儿和螃蟹》中的螃蟹在骗得海鸥水鸟将自己送回原来的水池后，用钳子捏死了海鸥；《鱼鹰吃鱼被蛙杀》《鹭鹚和小鱼》《青蛙除小鸥》中则是青蛙咬住了水鸟的脖子或喉咙，替鱼群报了仇；《水鸟的阴谋》中则是大虾装死，让水鸟吞进肚里，然后在水鸟腹中用角捅、用爪子抓水鸟的肚子和内脏，并将内脏吃掉，致使水鸟死亡。傣族"水鸟运鱼"类型故事则都强调了螃蟹早就怀疑和识破了水鸟的诡计，因此改变水鸟用嘴运送的方式为自己用双钳抱着水鸟脖子，在发现鱼群遇害的真相时，用计骗水鸟将自己送回原来的水域，然后立即用蟹钳夹断（弯）水鸟的脖子，替鱼群报了仇。

由以上母题的分析可以得出，藏族和傣族的"水鸟运鱼"类型故事内容虽详略有别，情节也有若干差异，但是"水鸟用计骗鱼，将鱼运到别处吃掉，最终被复仇者发现真相，并被夹断（弯）或咬断脖子"的基本结构完全一致，故事角色和贯穿宗旨也大同小异。由此可见，藏族与傣族"水鸟运鱼"类型故事很显然属于同源异流故事，拥有某一共同的故事来源。

二、佛经与印度教故事集中的"水鸟运鱼"类型故事

藏族与傣族中的"水鸟运鱼"类型故事，以鱼的轻信与水鸟的狡诈衬托出复仇者的沉着机智，同类题材故事还见诸佛经与印度教故事集中。南传巴利文佛经故事集《本生经》(Jataka，又译《佛本生故事》)中记载了两则"青鹭本生谭"，分别是第一篇·第四章"雏凤品"第三八则《青鹭本生谭》[①]，与第二篇第九章"革履品"第二三六则《青鹭本生谭》[②]。前者收录了由郭良鋆和黄宝生的编译本《佛本生故事选》，译作《苍鹭本生》[③]，主要讲述菩萨过去生为树神时，目击一只青鹭诱骗池中鱼群，再将上当的鱼带往树上吃掉，最后被发现真相的螃蟹用钳子夹断脖子。后者主要讲述了菩萨过去为鱼王时，发现青鹭欲食鱼的诡计，联合鱼群摆起水波赶走青鹭，因篇幅短小又缺乏具体情节，因而流传不广。值得注意的是，"水鸟运鱼"类型故事未曾见载于北传汉译佛经中，在汉语民间故事中也未曾发现有此类型的故事。

此类故事同样见于印度教寓言故事集毗湿奴·舍里曼（Vishnu Sharma）所著《五卷书》(Pancatantra)的第一卷《朋友的决裂》第六则《白鹭与螃蟹》[④]，以及月天（Somadeva）所著的《故事海》(Kathasritsagara)第六卷《那罗婆诃那达多和摩陀那曼朱迦姻缘》第四章中的插话故事《鳄鱼杀死苍鹭》[⑤]。将这两则故事和巴利文《本生经》中的《苍鹭本生》按照"水鸟运鱼"的四个母题进行比较分析，如下表：

表1

母题	"水鸟欲吃鱼"母题	"鱼群遇灾祸"母题	"水鸟设骗局运鱼"母题	"惩罚水鸟复仇"母题
《本生经·青鹭本生谭》	青鹭欲吃鱼	天旱，鱼塘逐渐干涸	青鹭设计骗鱼将鱼衔运到大池塘，却衔到婆罗那树上吃掉	螃蟹机智，发现婆罗那树下的鱼骨，用蟹钳夹断青鹭的脖子

---

① 元亨寺汉译南传大藏经编译委员会：《小部经典六·本生经一》(《汉译南传大藏经》第三一册)，释通妙等译，高雄：元亨寺妙林，1990—1998年，第285—290页。
② 元亨寺汉译南传大藏经编译委员会：《小部经典六·本生经二》(《汉译南传大藏经》第三三册)，释通妙等译，高雄：元亨寺妙林，1990—1998年，第232—233页。
③ 郭良鋆、黄宝生译：《佛本生故事选》，北京：人民文学出版社，1985年，第26—29页。
④ 季羡林译：《五卷书》，北京：人民文学出版社，2001年，第53—57页。
⑤ 黄宝生、郭良鋆、蒋忠新译：《故事海选》，北京：人民文学出版社，2001年，第287页。

续表

母题	"水鸟欲吃鱼"母题	"鱼群遇灾祸"母题	"水鸟设骗局运鱼"母题	"惩罚水鸟复仇"母题
《五卷书·白鹭与螃蟹》	白鹭欲吃鱼,因年老捕鱼困难	渔夫将要来池塘撒网捕杀鱼(白鹭的骗局)	白鹭设计骗鱼将鱼衔运到深水池,却衔到大石头上吃掉	螃蟹发现大石头上的鱼骨,用钳夹断白鹭的脖子,并揭发真相
《故事海·鳄鱼杀死苍鹭》	苍鹭欲吃鱼,无奈抓不住	渔夫将要撒网捕杀鱼(苍鹭的骗局)	苍鹭设计骗鱼将鱼衔运到偏远湖中,却衔到岩石上吃掉	鳄鱼发现岩石上的鱼骨,咬断苍鹭的脖子,并揭发真相

可以发现,《五卷书·白鹭与螃蟹》与《故事海·鳄鱼杀死苍鹭》除了水鸟分别为白鹭和苍鹭,复仇者分别为螃蟹与鳄鱼外,故事内容几乎一致。巴利文《本生经·青鹭本生谭》则出现了显著的不同。首先,在"鱼群遇灾祸"母题中的"灾祸"是因天旱,鱼塘逐渐干涸。其次,"水鸟设骗局运鱼"母题的具体情节中,出现了鱼儿对青鹭运鱼动机的质疑,还派独眼鱼为代表前去大池塘勘察,此类情节并没有出现在《五卷书》和《故事海》的故事中;且水鸟吃鱼的地方是发生在婆罗那树上,而非石头或岩石上。再者,在"惩罚水鸟复仇"母题中,螃蟹也怀疑青鹭的动机,并将运送的方式由青鹭用嘴叼改为自己抓住青鹭的脖子作为防范,当发现真相时立即用蟹钳夹断青鹭的脖子为鱼群复仇,而《五卷书》中的螃蟹和《故事海》中的鳄鱼,都是出于自身安危,在猛然发现真相时,为救自己性命才立即钳断(咬断)白鹭与苍鹭的脖子。

三则故事的故事内容虽有差异,但基本结构大抵一致,皆有"水鸟假意协助鱼儿迁往安全处居住,却将受骗的鱼带往他处吃掉,最后被发现真相者夹断脖子"的情节,很显然也同属一源。黄宝生就曾明确指出:"由于来源相同,各教派的寓言故事集中常有相同或类似的动物故事。例如,《五卷书》中第一卷第六个故事、第十六个故事、第十八个故事、第四卷主干故事、第七个故事等,分别与巴利文《佛本生故事》中的第38《苍鹭本生》、第215《乌龟本生》、第357《鹌鹑本生》、第189《狮子皮本生》等相同。"① 关于此类故事的具体起源,季羡林曾在《关于巴利文〈佛本生故事〉》一文中指出:"这些故事绝大部分都是寓言、童话等等小故事,是古

---

① 季羡林:《印度古代文学史》,北京:北京大学出版社,1991年,第312页。

代印度人民创造的,长期流行于民间。这些故事生动活泼、寓意深远、家喻户晓、深入人心。国王们看准了这一点,于是就利用它们,加以改造,来教育自己的子女。各教派也看准了这一点,也都想利用它们来宣传自己的教义。婆罗门教、耆那教都是这样,佛教也不例外。这就是为什么同一个故事在不同教派的经典中,也在许多故事集中,像《五卷书》《故事海》《益世嘉言集》等里面都可以找到的原因。"①

这些论述都明确指出故事的共同源头,皆为原属于流传在古印度民间的寓言故事,后为各宗教所运用,作为宣传教义的媒介,因此故事宗旨随教化对象的不同而发生分化变异。《苍鹭本生》经佛教徒吸收改编而成,用来宣传佛教教义;改造而成的《白鹭与螃蟹》则被纳入婆罗门编纂的王子教科书,用于教授治国之道;变文《鳄鱼杀死苍鹭》则为印度教所收集,用于劝说印度教国王用理智克制欲望,以智慧辨明真伪。至于为何产生这些分化,季羡林在《〈五卷书〉译本序》中提到:"印度人民是十分富有幻想力的。从很古的时代起,他们创造了不少的既有栩栩如生的幻想又有深刻的教育意义的神话、寓言和童话……人民喜爱这些东西,辗转讲述,难免有一些增灭,因而产生了分化。"②

"水鸟运鱼"类型故事尽管出现在不同教派文本之中,但是在记载内容上各有出入,而且主旨也有所不同。由于巴利文《本生经》约于公元前三世纪佛教第三次结集时完成,可知佛教徒在当时已开始利用本生故事来宣传教义③,由此可以推测"青鹭本生"故事应于公元前三世纪之前已被印度人民创作出来,流传于印度民间。《五卷书》尽管原始本已经失传,难以确定最早的成书年代。但金克木先生认为:"现在印度有几种传本,最早的可能上溯至公元二三世纪,最晚的梵语本是十二世纪编订的。"④又月天的《故事海》编纂成书的时间在十一至十二世纪。因此从成书的年代来看,巴利文《本生经》中的《青鹭本生谭》可能是此类故事的早期形态。

从故事的流传脉络来看,"水鸟运鱼"故事最初可能是印度民间寓言故

---

① 季羡林:《关于巴利文〈佛本生故事〉》,见郭良鋆、黄宝生译:《佛本生故事选》,北京:人民文学出版社,1985年,第1页。
② 季羡林译:《五卷书》,北京:人民文学出版社,2001年,第1页。
③ 季羡林:《关于巴利文〈佛本生故事〉》,见郭良鋆、黄宝生译:《佛本生故事选》,北京:人民文学出版社,1985年,第2页。
④ 金克木:《梵语文学史》,北京:人民文学出版社,1981年,第215页。

事，后被佛教所吸收，编入佛教经文，用来阐明佛教的道理，再为印度教所吸收，进入印度教文献。随着佛教讲经活动的盛行或透过民间口耳相传，《青鹭本生谭》为印度各地文学所吸收改编，产生了不同的变化与影响。

三、"水鸟运鱼"类型故事在中国藏族与傣族地区的传播与流变

印度佛经与印度教故事集中的"水鸟运鱼"类型故事源出于印度民间寓言故事。那么，藏族与傣族民间故事中的"水鸟运鱼"类型故事源出为何？与印度佛经与印度教故事集中的"水鸟运鱼"类型故事之间，以及藏族与傣族彼此之间有何关联？

藏族与傣族的此类故事主要分布于西藏、蒙古和云南少数民族地区，在汉族地区的民间文学中未曾发现有此类型的故事。藏族的《萨迦格言注释》（又称《嘉言宝藏注释》）的第47节，有一则故事《老鸥吃鱼被蛙杀》[1]，与"水鸟运鱼"类型故事拥有相同的故事结构，但《萨迦格言注释》为僧人觉巴·仁钦拜（1143—1217）于十三世纪初编写。傣族的《螃蟹与鹭鸶》虽译自傣族经书《干坦莱》，但《干坦莱》实际上是一部傣族法律文献资料，出现于芒莱王统治兰那王国时期（1259—1317）[2]。从时间上而言，藏族与傣族中的此类故事都相对晚出，源出于本土的可能性小于外来传播。因此，傣族与藏族此类型的故事必然与印度同类型故事有着密切的联系。

又《萨迦格言注释》系藏传佛教萨迦派经典《萨迦格言》的注释，主要致力于阐释其中蕴含佛教义理的寓言故事。《萨迦格言》是萨迦派一代宗师贡噶坚赞（1182—1251）所著，创作于译经和著书兴盛的藏传佛教"后弘期"，其中的54则独立成篇的寓言故事多数来源于佛经。《老鸥吃鱼被蛙杀》这则明显藏化的寓言故事，很有可能是吸进佛经的印度寓言故事，或在长期流传的过程中被传播者加以改造，或为贡噶坚赞直接从佛经编译而来，再经觉巴·仁钦拜阐释。由此可以推定，此则故事流传至西藏的时间不会晚于十二世纪。同时，它还是目前在藏族地区所能发现的"水鸟运

---

[1] 陈蒲清：《寓言文学理论·历史与应用》，台北：骆驼出版社，1992年，第229页。
[2] 徐中起、张锡盛、张晓辉：《少数民族习惯法研究》，昆明：云南大学出版社，1998年，第106–107页。

鱼"类型故事最早的文本。

从情节的发展来看,藏族"水鸟运鱼"类型故事,都有"水鸟以天旱池塘将干为由,再把鱼骗到大石头(岩石)上吃掉,最后被发现真相者咬死"的基本结构,而傣族和《本生经》同类故事中,鱼被吃的地方发生在树上。由于《五卷书》鱼群被吃的地方发生在石头上,加之从目前流传在藏的藏文、梵文或汉文佛经中尚未发现有"水鸟运鱼"类型故事或内容,因此有些学者认为藏族"水鸟运鱼"类型故事与《五卷书》有关,《五卷书》中的印度故事是通过口传或文本的形式传入西藏和蒙古。[①] 但是从故事文本的情节来看,藏族"水鸟运鱼"类型故事中没有一则故事与《五卷书》相符,尤其是水鸟欺骗鱼群迁徙的理由,除了《海鸥、鱼儿和螃蟹》为黑头人要在池中投毒外,其他都是因为鱼群所居水域因天旱将干的原因,反而与佛经故事更为接近。因此,不能以此一细节而断定藏族"水鸟运鱼"类型故事与印度《五卷书》有关。而且从目前流传的《五卷书》版本来看,当今所见的《五卷书》是十二世纪耆那教徒补哩那婆多罗(Pur nabhadra)编纂的修饰本,流传到西藏、蒙古等地也较佛经晚了很多,对藏族和蒙古族民间故事的影响性相对小。因此,可以推测,藏族民间故事中"水鸟运鱼"故事的渊源出自于佛教,但不是以文本的形式直接流传到藏族地区,而是透过佛教僧侣的弘扬以及民间百姓的口传方式将故事传播至此。至于水鸟吃鱼发生在石头(岩石)上的原因,有可能是故事流传地的地理环境变化所致。

其次,从藏族、傣族与印度故事集中的"水鸟运鱼"类型故事的不同文本比较来看,傣族的"水鸟运鱼"类型故事在故事的基本结构,鱼群质疑水鸟派代表勘察新环境,螃蟹改变水鸟运送方式等情节上,与巴利文《本生经》完全一致,据此可以证明傣族"水鸟运鱼"故事直接受到了巴利文《本生经》的影响。"又以《鱼、螃蟹和白鹤》最忠于巴利文《本生经》的原型,除了故事角色由苍鹭变成白鹤,考察新环境者由独眼鱼变成大鱼之外,故事结构和情节发展与南传《本生经》相似,几乎是直接从佛经演化过来的。"[②] 而《螃蟹与鹭鸶》中出现的将鱼煎了"赎佛"的内容,以及

[①] 策·达木丁苏荣,达·逞都:《蒙古文学概要》,呼和浩特:内蒙古人民出版社,1982年,第574页。

[②] 梁丽玲:《佛经"苍鹭运鱼"对中国民间故事的影响》,《民间文学年刊》2008年第2期,第77–96页。

与佛教节日与斋期"烤瓦撒节日"（又称"傣族守居节"）更是证明了这则故事与佛教的渊源。这则故事不但说明了傣族生活深受佛教的影响，也充分体现了云南傣族独特的地方风俗。

那么，印度佛经故事中的"水鸟运鱼"类型又是通过何种途径传播至西藏的藏族地区？藏族与傣族"水鸟运鱼"类型故事彼此之间是否只存在有同源异流的关联？从"水鸟运鱼"类型故事在中国藏族与傣族的地理分布，以及初步界定分属北传与南传佛经故事体系的源起来看，其传入藏族地区的最可能的途径是借由佛教藏传的路线，经印度北部过尼泊尔，传入西藏高原，进入藏族民间故事体系。

约七世纪，佛教（大乘）北传，进入西藏，初传期间便有僧人传经说法。八世纪，赤松德赞（755—797年在位）两次迎请印度高僧入藏传法和翻译佛典，致使佛教在藏发展勃兴，向民间深入，并在赤祖德赞（815—841）期间达到空前盛况。此后尽管经历了朗达玛王（838—842年在位）灭佛焚经之灾，但是至十世纪末，佛教逐渐在民间复兴，并得到新兴领主扶持与弘扬，开始进入"后弘期"。西藏各新兴领主纷纷派遣青年僧众前往印度学佛，又邀请高僧来藏弘法，至十一世纪，藏传佛教出现了四大教派，各教派纷纷组织僧人译经、立论著书阐扬教义，为后来藏族的文学与史学留下了不少的译著和著作。贡噶坚赞的《萨迦格言》就成书于这一时期。《萨迦格言》可能吸收改造了佛经中或流传在民间的佛经"水鸟运鱼"故事，觉巴·仁钦拜加以阐释，从而使得《老鸥吃鱼被蛙杀》这则故事成为藏族地区所能发现的"水鸟运鱼"类型故事最早的文本。

同样，约于公元七世纪前后，上座部佛教首先由泰国勐润（清迈），经过缅甸景栋，传入我国云南西双版纳傣族地区。[①] 但佛经并没有出现在上座部佛教初传时，而是1180年泰润文佛经传入后，随润派佛教的流行才逐渐传播开来。傣族本民族语言的傣文贝叶经，直到1277年傣文的创制后才陆续出现。此后百年，上座部佛教逐渐本土化，成为傣族全民信仰的宗教，所有傣族男子出家入庙，抄经盛行。1569年，大批佛像佛经随缅甸金莲公主出嫁输入西双版纳，佛教在傣族地区更为兴盛，派系林立，出现了完整的傣语语音巴利语三藏经。

巴利文《本生经》的南传，在沿线国家和地区诞生了不同民族语言的

[①] 王海涛：《云南佛教史》，昆明：云南美术出版社，2001年，第388-391页。

译本，并对当地的文化产生了广泛而深远的影响。如季羡林所言："在信仰小乘佛教的国家里，像斯里兰卡、缅甸、老挝、柬埔寨、泰国等，任何古代的书都比不上《佛本生故事》这一部书这样受到欢迎。一直到今天，这些国家的人民还经常听人讲述这些故事，往往通宵达旦，乐此不疲。"[①] 因此，巴利文《本生经》中的《青鹭本生谭》在这一系列佛经传播的过程中在云南傣族民间得到流传，并发生变异，形成了不同变文的"水鸟运鱼"类型故事，变成了具有傣族地方特色的民间故事。如《螃蟹与鹭鸶》，融合了当地特有的风土民情，将故事发生的地点移到了傣族召勐大花园的池塘中，迁移地改到澜沧江；故事发生的时间是"烤瓦撒节"。因此，这则寓言故事"基本情节和原来的故事是一致的，可是具体内容却完全民族化、地方化了。……在我们面前勾勒出一幅云南傣族地区的风景画和风俗画"[②]，而且，"它的思想，反映了人民反抗的意志，同宗教宿命论大异其趣"[③]。

然而，除了随佛教传播（包含口头传播与佛经传播）之外，"水鸟运鱼"类型故事还存在着另一条途径的可能，那就是茶马古道上的口头流传。这种流传主要通过南亚、东南亚与云南，云南与西藏之间历史悠久的茶、马贸易得以实现。古代印度的茶叶、紫胶商旅，以及锡兰和缅甸、柬埔寨等东南亚的茶商，每年都要前往云南的西双版纳和普洱等地，进行茶叶的收购和贸易。"水鸟运鱼"类型故事可能很早就通过印度和东南亚商旅的口头传播进入云南傣族的民间地区。而从唐代起，通过茶马古道的滇藏道，滇茶已经行销西藏地区。每年自夏九月，至次年春，藏族商人都要结队赶马前往云南购运茶叶。"繁盛的茶马互市，提供了藏、傣故事交流的大好机会。"[④]"水鸟运鱼"类型故事可能由此再经来往于滇藏的商人传播，流传至西藏地区。后来，随着不同体系佛经故事在两地的传播，藏族与傣族民间的"水鸟运鱼"类型故事都经历了不同程度的佛教化。而后，这些故事还可能通过滇藏茶马古道上商人之间的往来交流，历经滇藏互传，再经过两个民族各自的改造、加工，发展出了藏、傣各具民族特色的类型故事。

---

① 季羡林：《关于巴利文〈佛本生故事〉》，见郭良鋆、黄宝生译：《佛本生故事选》，北京：人民文学出版社，1985 年，第 1 页。
② 刘介民：《从民间文学到比较文学》，广州：暨南大学出版社，1998 年，第 92 页。
③ "山茶"编辑部：《傣族文学讨论会论文集》，北京：中国民间文艺出版社，1982 年，第 150 页。
④ 王国祥：《论藏族和傣族的同源异流故事》，《西藏研究》1994 年第 1 期，第 138 页。

在藏族流传的"水鸟运鱼"类型故事，因为藏族特殊的地理环境与藏民生活经验，在故事内容的角色、环境、细节，以及故事的生活情调方面发生了显著变化。如《海鸥、鱼儿和螃蟹》，海鸥乔装成喇嘛向鱼假发慈悲的细节；又如经常出现在藏族民间故事中的青蛙，也成了此类故事中为鱼报仇的复仇者。可见此类故事在藏族人民之间流传的时候，除了被赋予了藏族地方特色外，还添加了藏族人民自己的思想与感情，丰富了此类故事的积极性与战斗性。这种流传、发展与变化，后来又影响至布朗族与蒙古族地区，出现了布朗族的《螃蟹报仇》[1]和蒙古族地区《苍鹭和乌龟》[2]两则"水鸟运鱼"类型故事。

四、结　语

出现在中国藏族、傣族、布朗族与蒙古族民间故事中的"水鸟运鱼"类型故事属同源异流，其原型源自于印度古代的一则寓言故事。印度寓言"水鸟运鱼"故事，一方面以民间口头或佛经故事的形式，经由滇藏茶马古道上的商旅往来或佛教藏传传播至西藏藏族地区，一方面又以民间口头或巴利文佛经《本生经》故事的形式，经由跨境的茶马商旅或南传上座部佛教传入云南傣族地区，再传至西藏藏族地区，且可能历经滇藏互传；最后经藏族与傣族人民的吸收、改编和再创作，赋予了民族化、大众化的特点，这种流传、发展与变化，后来又影响至布朗族与蒙古族地区，形成了独具中国少数民族色彩的故事体系。目前，在历经漫长流传后的诸多故事文本中，仅有傣族《鱼、螃蟹和白鹤》一则故事维持着佛经《本生经》故事的原貌，其他几则故事已是在口耳相传的过程中发生了变异的异文。中国少数民族地区的"水鸟运鱼"类型故事，根据所在各民族地区人民的精神需求，结合当地的地理环境和生活经验，且有些大胆地消除了佛经"水鸟运鱼"故事宗教化的特点（如藏族），产生衍变出了寄寓本民族生活哲理、阐释民族心理特征的故事内容，充分展现出了中国少数民族民间文学的丰富性与趣味性。

---

[1] 中华民族故事大系编委会编，康朗赛讲述，五拉罕整理：《布朗族·撒拉族·毛南族民间故事》(《中华民族故事大系》第十二卷)，上海：上海文艺出版社，1995年，第243-244页。

[2] 阿·太白搜集整理：《新疆动物故事选》，乔伦夫译，乌鲁木齐：新疆人民出版社，1979年，第104-106页。

"海外红学"缘起、流变与意义[*]

深圳大学 张 惠

在20世纪50年代初期,美国华裔学者已有创立"海外红学"的想法:

> 有时在顾献梁、马仰兰(马寅初先生的女公子)夫妇家聚谈,他们的楼居门窗栏杆等都漆得中国式朱红,我尝把它开玩笑叫作"纽约红楼",要大家来努力创作一部《海外红楼梦》,并且发展"海外红学"。[①]

然而这个尝试却搁浅了,搁浅的原因周策纵并没有深谈,必须从"白马社"、社员构成以及社员诗作中才能充分了解其来龙去脉。

为何"海外红学"的构想是从"白马社"发轫?"'白马'二字,由顾献梁建议,取玄奘白马取经之意;'文艺'二字则由唐德刚提议加上,以免误会作别的社团。"[②] 不过本文认为社名"白马",还有"白马"是唐僧四徒中最踏实负重的一个,而且又寓含"西行",故借此作为当年他们这批留美学生建社的期许和写照。唐德刚又自己解释加上"文艺"两字的原因:"因为不加这两个字,敏感的人们很可能要怀疑这匹'白马'的性质;加上了,别人知道'这一班人是有名的呆子',也就不会来找麻烦了。"社员包

---

[*] 本文系国家社科基金一般项目(项目编号:19BZW162)、国家社科基金重大项目(项目编号:18ZDA004)的阶段性成果。

[①] 周策纵:《多方研讨〈红楼梦〉——首届国际〈红楼梦〉研讨会论文集编者序》,见《首届国际〈红楼梦〉研讨会论文集》,香港:中文大学出版社,1983年,第2页。

[②] 周策纵:《白马社新诗选——纽约楼客》,台北:汉艺色研文化事业有限公司,2004年,第3页。

括胡适、顾献梁、唐德刚、周策纵、心笛、艾山、黄伯飞、李经等人。

"白马社"是第二次世界大战后，中国留美学生自动组织的第一个文艺社团，胡适对其很重视，说"白马社是中国的第三文艺中心"。唐德刚解释道，胡适认为"白马社"是中国新文学在海外的第三文艺中心，其他两个是香港和台湾。由此可见，"白马社"在彼时学人心中的重要地位是不言而喻的。社里新旧诗人、小说家、艺术家、学者，都出了不少，而且有一个唱和切磋、互相促进的良好氛围。

周策纵之所以有"海外红学"的构想，一则"白马社"的一个活动地点是顾献梁、马仰兰夫妇的家，而他们的家以朱红为主调，引起周策纵"红楼"的联想。

二则"白马社"成员中有红学的热爱和研究者。周策纵自身不必说，另外有两位使周策纵对"海外红学"寄予很高期望。一位是"幼读《红楼》，亦尝为'焚稿'垂泪，为'问菊'着迷"[1]，并且后来写出《史学与红学》的唐德刚；另一位是顾献梁，也许我们今日对其比较陌生，但他实际上却应该是"曹学"一词的提出者。我们现在一般会认为"曹学"一词最早由余英时在《近代红学的发展与红学革命》中提出，然而据周策纵的回忆与已经发表的文献来看，并非如此。自然，是胡适和顾颉刚开了"曹学"的先河，然而"曹学"一词的正式提出者则是顾献梁。周策纵追忆道：

> "曹学"一词是我的朋友顾献梁先生在1940年代最初提出来的，1950年代中我和他在纽约他家又谈起这问题，他想用"曹学"这名词来包括"红学"，我提出不如用"曹红学"来包括二者；分开来说仍可称作"曹学"和"红学"。他还是坚持他的看法。后来他去了台湾，就在1963年发表他那篇《"曹学"创建初议》的文章。[2]

顾献梁之所以舍弃"曹红学"的提法，是因为他认为只用"曹学"就够了，正如"莎学"可以包括莎士比亚的一切著作一样，不该用《哈姆雷特》和他写的商籁体另立学术名目。不过需要分别的是，顾献梁的"曹学"

---

[1] 唐德刚：《史学与红学》，桂林：广西师范大学出版社，2006年，第244页。
[2] 周策纵：《胡适的新红学及其得失》，《红楼梦学刊》1997年第4期，第253页。

是红学的替代性概念,与后来的以研究曹雪芹及其家世的"曹学"有别。因此,顾献梁最早提出"曹学"之名,而余英时所言之"曹学"则名目和内涵与后来内地所言的"曹学"一致。

三则对"白马社"这样青睐的胡适身为"新红学"的创始人,会对"海外红学"予以悉心的指导和培植。胡适1949年侨居纽约,郁郁不得志,因此对哥伦比亚大学中文图书馆所陈列的报刊,"各报都看,各版都看,尤其喜欢看副刊。不但看,而且仔细看,偶尔还要记点小笔记",但这些报刊尤其是一些副刊在当时内容水平不高,不足费这样的时间和精力。真正原因在于"原来胡适之这个教书匠不在看报,他在'评作文'、'看考卷'"①。唐德刚领悟道:

> 不幸这位已教出几代学生的教书先生这时在纽约连一个学生也找不到了。"作之师"的人和"作之君"的人本性的确是相同的。教书先生失去了学生就和大皇帝失去了臣仆一样,真是"终日以眼泪洗面",空虚无比,难过无比。因而他们也就学会了太极拳师练拳的办法:"有人打人,无人打影"。胡老师这时也就是个"无人打影"的拳师;虽然已经没有学生了,考卷还是要要照看无讹。这在现代心理学上大概就叫做自我现实(self-actualization)。②

因此胡适对"海外红学"不遗余力地提供指导和栽培:

> 胡适之对我们这种小文艺组织真是钟爱备至,而他老人家自己也就自然而然地变成这些小团体的当然指导员和赞助人了。③

胡适不仅鼓励在纽约的留美学生创办"海外论坛社",亲任社员,参加座谈,并且在所创办的刊物《海外论坛》上发表文章:

> 那时胡先生并且鼓励我们在海外自办报刊。在他老人家感召之下,

---

① 唐德刚:《"新诗老祖宗"与"第三文艺中心"》,参见《白马社新诗选——纽约楼客》,台北:汉艺色研文化事业有限公司,2004年,第399页。
② 同上书,第400页。
③ 同上书,第401页。

我们一小撮"文法科留学生"真的也就办了个小月刊曰《海外论坛》，在纽约编辑，香港印刷。①

《海外论坛》于1960年创刊，其中1961年胡适在上面发表《所谓"曹雪芹小像"的谜》，认为当时内地所发现的曹雪芹小像并非曹雪芹的真容。

然而周策纵的"海外红学梦"当时却遇到了挫折并至搁浅，原因之一在于"白马社"中许多社员更偏重于新诗和散文。

艾山，本名林振述（Paul J. Lin），是诗人闻一多的入室弟子，其新诗得闻一多奖掖。"艾山是闻一多先生的得意门生。闻氏生前就曾推许过'看不懂、念不出'的艾山体是'好诗'。"著有新诗《暗草集》《埋沙集》《艾山诗选》《艾山散文纪念专集》。

黄伯飞，主要兴趣在于诗歌。著有白话诗集：《风沙》《天山》《微明》《祈响》《无闷》（未出版）《抒情短诗精选》（中英对照）；散文集：《诗国门外拾》《诗与道》。所作之英文诗20世纪60年代发表于《纽约时报》《纽约先锋论坛报》《耶鲁大学季刊》及其他大学刊物。白话古体诗有《未是集》《明诚集》《壹一集》均未出版。晚期作品发表于美国《新大陆》诗刊，台北《乾坤》《秋水》等诗刊。

李经，本名卢飞白（Fei-Pai Lu），博士论文是写艾略特的诗论，后来由芝加哥大学出版社出版［T. S. Eliot: The Dialectical Structure of His Theory of Poetry（1966）(《艾略特：他的诗论的辨证结构》)］，被誉为论艾略特诗歌理论的佳作之一。卢飞白写了不少新诗和诗论，曾由他在威斯康星大学的学生王润华博士辑为《卢飞白诗文集》，打算在台湾出版，不料从新加坡把稿件寄台途中全部遗失。

心笛，本名浦丽琳，为白马社创始时之最早会员。大学时期，发表新诗于《少年中国晨报》（旧金山出版），得胡适称赞鼓励。曾有诗集《心声集》《心笛集》《贝壳》《折梦》《提筐人》等。荣获中国文艺协会第四十五届（2004年）海外文艺创作奖。

关于胡适对心笛的推重，唐德刚曾在诗中有记载：

"我曾问过胡适，'什么叫做新诗？'

---

① 唐德刚：《胡适杂忆》，上海：华东师范大学出版社，1999年，第32页。

'新诗嘛?'他说,
'要用有韵味的语文,
写出你自己的意思。
要避免陈腔滥调,
要不怕俗语俗字……'
'举个例子。'我说。
他取出几份《少年中国晨报》,
要我读那几首,一位
少女作的新诗"。
"写得那样恬淡,那样新奇;
把个老祖宗读得笑咪咪。"

因此,能够发展"海外红学"的主力其实只有周策纵、唐德刚、顾献梁三人。然而,唐德刚"要做历史家,最多只肯在业余写些短篇小说,后来又去忙于记录口述历史和主管图书馆,却不愿委屈去搞什么红学"。至于顾献梁,周策纵在《多方研讨〈红楼梦〉》中未曾谈及,其实,顾献梁倒是此次"海外红学"构想搁浅的关键性人物。从唐德刚一首白话诗及注中发现,"白马社"成立不久后,社长夫妇离了婚,"白马社"也凄凉地解散了。唐德刚写道:

"可爱的人化成灰了;
可敬的家庭也毁了。
可倚的大树烂了。
白马非马,
猢狲散了。(注)"

此处唐自己作了一个注解:"注:白马社可爱的诗人,艺人宝瑜死了。社长夫妇不幸离异,白马社就凄凉地散伙了。"[①]

马仰兰去了非洲,顾献梁和她离了婚,自己也到了台湾,"纽约红楼"

[①] 唐德刚:《心笛著〈贝壳〉集诗序》,参见《白马社新诗选——纽约楼客》,台北:汉艺色研文化事业有限公司,2004年,第271页。

这个可资聚会的基地不复存在。"白马社"已经解散,"海外红学"毛将焉附?而且,"白马社"的两位创始人一是顾献梁,一是唐德刚,但顾献梁离开纽约远走台湾,唐德刚投入口述历史无心于此,剩下周策纵一人独木难支,因此,"海外红学"的构想在当时搁浅是必然的。

然而,这个搁浅的"海外红学梦"只是暂时的,二十六年之后它将以热烈和辉煌的面目浴火重生。能够做到这一点,不能不说和周策纵对《红楼梦》的热爱和执着专一、百折不回的理想主义性格有很大关系。

1999年8月8日周策纵写到,自己接触《红楼梦》到现在,可能已有七十四五年了,则周策纵初识《红楼梦》当在八九岁的龆龀之年,不过"在小学时代只看了这小说的前面一小部分,竟没有耐性读完,只知道一些大致的情节"。1929年有咏《红楼梦》故事七言绝句十二首,两年后在衡阳报上还发表过。但那时对《红楼梦》尚未读完,更谈不到深刻认识,而且从"吾生合副苍生望,不作红楼梦里人"的诗句来看,少年周策纵颇有以谢安自许、治国平天下的豪情壮志,而将《红楼梦》等同为儿女情爱不愿沉溺其中。1931年进入湖南省第五初级中学,受国文老师颜敏生熏陶,周策纵自言开始真正十分喜好《红楼梦》,并集了龚定庵的诗句做成七言绝句二十来首题《红楼梦》人物。

20世纪40年代中期周策纵询问顾颉刚"为什么近代新《红楼梦》的研究都偏重在考证方面",并开始思索是否可以引中外的理论与批评去研究《红楼梦》;1948年5月周策纵出国留美,在太平洋船上,再次认真考虑这个问题,并与几十个同船的中国留学生抢看唯一一本《红楼梦》。

1954年提出发展"海外红学"的构思,并向胡适提出"红学应从各个角度各种方向去研究的看法"。周策纵从胡适处学到的,一是虚怀若谷的精神,20世纪50年代胡适的红学研究遭受猛烈批判,但当周策纵和胡适谈起这个问题,胡适"不但不生气,反而非常开心,向我细说那些人怎样骂他,却并不解释那些人怎样歪曲他;并且托我找几种他未能见到的批判他的资料;也要我继续探索研究下去"①。其二是兼收并蓄的态度。当周策纵提出不仅要考证《红楼梦》探究事实的真相,而且也要从中外文学理论批判和比较文学的方法去分析、解释和评论小说的本身,"胡先生虽然对曹雪芹、高

---

① 周策纵:《多方研讨红楼梦》,载《首届国际〈红楼梦〉研讨会论文集》,香港:中文大学出版社,1983年,第2页。

鹗和《红楼梦》多半已有他固定的看法了,但仍然称许我这些意见"①。

1960年元旦创办《海外论坛》月刊,向胡适先生索稿,胡适当年11月底写了《所谓'曹雪芹小像'的谜》,发表在次年元旦出版的二卷一期里,此时周策纵"已草拟有一份《红楼梦研究计划》大纲,打算从各种角度对《红楼梦》做综合式的研究和检讨",同时与哈佛大学同事杨联陞和海涛玮探讨《红楼梦》,发表论文《论关于凤姐的"一从二令三人木"》。周策纵回忆道:

> 哈佛大学同事中对《红楼梦》比较有兴趣而与我讨论的有海涛玮和杨联陞教授……这时候,即1961年,胡先生在台北影印出版了甲戌本,吴世昌教授在英国牛津大学也发表了他的英文《红楼梦探源》,并与联陞兄通讯。联陞和我对他们的看法时有讨论和批评。②

杨联陞和周策纵探讨《红楼梦》的时间应在1957年到1963年之间③,而讨论尤其热烈的是在1961年左右。就在此年胡适专程赠给杨联陞一部甲戌本影印本,1961年7月29日杨联陞在信中写道:

> 您的宝贝——《乾隆甲戌本脂砚斋评石头记》——影印问世了。多谢惠赠一部!④

1963年周策纵到威斯康星大学任教,开了专门研究《红楼梦》的课程。此处不惮其烦地梳理周策纵的"红学研究小史",是以此见出周对《红楼梦》的热爱,"知之者不如好之者,好之者不如乐之者",否则,他也不会有如此持久的动力。

当然,不可忽略另一个重要的原因是周策纵的理想主义性格。他的

---

① 周策纵:《多方研讨红楼梦》,载《首届国际〈红楼梦〉研讨会论文集》,香港:中文大学出版社,1983年,第2页。
② 周策纵:《多方研讨〈红楼梦〉——编者序》,载《首届国际〈红楼梦〉研讨会论文集》,香港:中文大学出版社,1983年,第2-3页。
③ 周策纵1957年到哈佛大学东亚研究中心做研究,在哈佛前后七年,直至1963年应聘到威斯康星大学教书。
④ 胡适纪念馆编:《论学谈诗二十年——胡适杨联陞往来书札》,合肥:安徽教育出版社,2001年,第460页。

理想主义性格从两件事中可以得到充分体现：一、辞掉蒋介石机要秘书一职自费负笈美国求学；二、顶住导师反对和以取消奖学金的威胁坚持以"五四运动"作为博士论文选题。

1943年，时任重庆市市长的贺耀祖经人引荐，邀请周策纵去市政府担任专员、秘书，后来又兼编审室主任。这段时期，贺的许多文章、讲稿和一些重要提案，多出自周策纵的手笔。周策纵此间还兼任过重庆市政府主办的《市政月刊》总编辑、重庆行政学院的教育长。抗战胜利之初，屯兵新疆的宋希濂函电邀请周策纵前往担任其部少将政治部主任，且任命书已寄到，但此时陈果夫、陈布雷、萧自诚、曹圣芬等已引荐周策纵到国民政府主席侍从室任编审（秘书）。周策纵只好辞谢了宋的盛情，前往侍从室为蒋介石写讲稿、作新闻发布和宾客接见记录等事宜。连续两三年，周策纵与陈布雷、徐复观、陶希圣等出入于重庆曾家岩和南京黄浦路的"主席官邸"，他因此接触了许多高层人物，也了解到不少内幕。蒋介石当时的一些重要文稿不少出自周策纵的手笔，如台湾"二·二八"事变的《告台湾同胞书》就是由周执笔的。从抗战胜利起，到第一次政治协商会议，到召开国民大会，通过宪法，改组政府，每次重要会议周策纵都在场。他逐渐认识到当时国民党内派系如何纷争，党派何等瘫痪，他认为如果继续工作下去，对国事绝不会有太大的补救，自己的个性，也与官场不合。尤其重要的是，他认定当时中国的现代化和改革，只能从党和政府之外去推动，作为人类一分子和一个中国人，必须争取独立思考，充实自我和完善自我。因此，"实迷途之未远"，于1947年决意辞职出国。

和周策纵所考取的自费留学相比，蒋介石机要秘书的职务显然是一般人所更艳羡的仕途上的"终南捷径"；何况，周策纵还有贺耀祖、宋希濂、陈布雷等人的赏识和援引，放弃这条"金光大道"而就自费留学的"清水衙门"，非理想主义者一般是做不到的；而且，当时周策纵的辞职不被批准，他再三坚持，并推荐初中、高中、大学都是同学的唐振楚学长接替，一年以后才成行。

来美求学之后，1952年的一天，美国密歇根大学一位曾在中国停留多年的名教授正与周策纵讨论其博士论文选题。该教授不同意周的博士论文选题，理由是"博士论文怎么可以写学生暴动"，周策纵辩称"五四运动"是中国的文化运动、文艺复兴、思想革命。该教授并不同意，并且告知"你若是坚持写这个题目，我们就取消你的奖学金"。几年后，周策纵顶住多方压力终于完成论文《五四运动史》并成为研究"五四运动"的权威著作之一。然而,当我们再回想周策纵 1948 年赴美所考取的是自费留学,而且毕业之后在美国没有导师推荐信很难找到工作,则我们才能充分认识周策纵的坚持是下了多大的决心和准备面对多大的牺牲。

最值得注意的是,"海外红学"在唐德刚、周策纵等人的交流过程中,已经透露出新变的气息,试图提出新的方法论对胡适红学形成超越:

> 同仁每谈《红楼》,予亦屡提"社会科学处理之方法"(Social science approach)应为探索《红楼》方式之一。新红学之考证派,只是研究者之起步,为一"辅助科学"(auxiliary science),而非研究学术之终极目标也。[①]

而且,更值得注意的是,这种引"社会学"以治红学的方法,实际上和国内的"阶级分析法"殊途而同源:

> 其时海内"阶级分析"之说正盛极一时。"阶级分析"亦"社会科学处理"之一重要方面也,偏好之,何伤大雅;罢黜百家,则托拉斯矣。[②]

这本来是一个极为良好的契机,假如"海外红学"在此时发展起来的话,海内海外不仅同时研红,而且是用同样的方法研红,有可能形成一东一西并驾齐驱、呼应颉颃的格局。而且"海外红学"此时提出"社会学"的研究方法更可深思之处在于:阶级分析法在中国的出现不是偶然的。它既不完全是靠政治意志而登上历史舞台,这从李希凡和蓝翎的撰写原因和撰写目的[③]可以得到证明;也几乎成为海内海外同时的选择,除了唐德刚、周策纵表示过引"社会学"以治红学的意愿之外,20 世纪 60 年代欧美裔的学者还对"社会学"以治红学进行了具体的实施,1967 年,沃尔特·G.兰洛伊斯(Walter G. Langlois)在纽约《东西方文学》(*Literature of East*

[①] 唐德刚:《史学与红学》,桂林:广西师范大学出版社,2006 年,第 246 页。
[②] 同上。
[③] 起因是看到王佩璋的文章及作家出版社写给《光明日报》"文学遗产"编辑部的信,产生撰文批评俞平伯的冲动。目的是在有名的报刊上发表,在红学界或学术界引起注意。可参见孙玉明:《红学:1954》,北京:北京图书馆出版社,2003 年,第 38–39 页。

and West）第十一卷上发表了《〈红楼梦〉、〈大地〉和〈人类的命运〉：中国社会变迁的编年史》(The Dream of the Red Chamber, The Good Earth, and Man's Fate: Chronicles of Social Change in China)，认为《红楼梦》中人物的活动代表着社会的活力。当引入海外观点进行比较和反观的话，"阶级分析法"不但是合理的，甚至也是必然的：它反映了对考证红学一枝独秀的审美倦意，也是对前人研究的一种方向性突围。但由于当时国家领导人的介入和某些人的推波助澜甚至不当利用，局面开始失控甚至性质也发生了变化。"阶级分析法"指责"自传说"是对红学研究的偏离，以学术争鸣的眼光来看是合理的；但"阶级分析法"变成一种政治工具时，它事实上也是对红学研究的一种偏离。以当时的红学研究发展推测，假如当时"海外红学"发展出用社会学治红学的其他成果，未尝不可纠正海内研究的一些偏执。

但是遗憾的是，"海外红学"没有发展起来相反还很快沉寂，原因大致有二：一是当时大多数社员更偏重于新诗和散文而对《红楼梦》兴趣不深。由于爱好偏重在诗歌而非红学，社员之间无法展开一个"如切如磋，如琢如磨"的热烈讨论交流的氛围。二是能够发展"海外红学"的主力军或心有旁骛或远走高飞，直接导致了"纽约红学会"的流产。唐德刚"要做历史家，最多只肯在业余写些短篇小说，后来又去忙于记录口述历史和主管图书馆，却不愿委屈去搞什么红学"[①]。社长夫妇不幸离异，社长夫人马仰兰去了非洲，社长顾献梁和她离婚后也离开纽约去了台湾，从而"纽约红楼"这个可资聚会的基地也不复存在，白马社就凄凉地散伙了。主力军星流云散，社团和基地都不复存在，皮之不存，毛将焉附？因此，"海外红学"在当时搁浅是必然的。

"海外红学"虽然搁浅，却积累了宝贵经验：成员需要有对《红楼梦》的共同爱好，这样才能"同气相求"；要开辟发表文章的园地；要允许甚至鼓励不同意见的争鸣和交流。周策纵后来承办《红楼梦》研讨会和鼓励红学学刊学会的成立，在很大程度上也是早年构想和经验的转化和践履。

1980年6月16日，在美国威斯康星大学召开了首届国际《红楼梦》学术研讨会。(International Symposium on Hong-lou meng, University of Wisconsin,

---

① 周策纵：《多方研讨〈红楼梦〉——首届国际〈红楼梦〉研讨会论文集编者序》，见《首届国际〈红楼梦〉研讨会论文集》，香港：中文大学出版社，1983年，第2页。

June 16, 1980.）这次国际《红楼梦》研讨会由威斯康星大学的文学教授周策纵发起，学者们来自世界各地，有中国、美国、日本、英国、加拿大、新加坡、韩国、中国台湾、中国香港等九个国家和地区，共88人。其中有中国大陆红学家周汝昌、冯其庸、陈毓罴及中国台湾的潘重规，美国的周策纵、赵冈、韩南、王靖宇、余英时、李田意、马幼垣、余国藩等，日本的伊藤漱平，英国的霍克思，加拿大的叶嘉莹等。会议召开共五天，会上中外红学家和青年研究人员共发表了42篇论文和3篇报告，其中中文论文25篇，英文论文17篇，对《红楼梦》的作者、版本、思想性、社会意义和文学价值等方面进行了探讨和研究，是红学尤其是美国红学值得重视的辉煌一笔。

美国首届国际《红楼梦》研讨会的参加者，很多不是专攻红学（或明清小说）的专家，有些论文在水平上逊于国内举办的国际《红楼梦》研讨会，虽然如此，其开创意义和深远影响亦值得珍视。

一、是红学研究正式走向世界的标志。这是《红楼梦》的首次国际学术研讨会，也是首次单独为一部中国小说召开国际学术研讨会，并且此次会议是以中文作为会议语言，与会学者无论中外国籍皆要求使用中文，极大扩展了《红楼梦》的国际影响。在首届国际《红楼梦》研讨会以前，周策纵等人已来大陆参加会议；在那以后，赵冈等人频繁来访（但他并未参加大陆的红学会议），推动了中美文化交流，促进了中美两国的红学界的接触、联系和交流。

另外，夏志清未能与会的部分原因对反观这次大会是非常有益的，也就是他当时没想到此次研讨会能办得这么大，影响这么深远。这个原因引人深思之处在于，早在1968年，夏志清已经在《中国古典小说》中声明《红楼梦》是中国最伟大的一部小说，但直到1980年，他对红学走向世界仍然没有持非常乐观的态度。这从一个侧面反映出当时红学的地位和影响，以及各国高朋胜友会聚一堂共论红楼之难度。而且，正是借鉴这次大会示范和提供的宝贵经验，接连几次的国际《红楼梦》研讨会有条不紊地依次进行，保持了《红楼梦》研讨会的连贯性以及高水准，艰难筹备与改变观念，正是在这个意义上，1980年首届《红楼梦》研讨会才具有转折点与里程碑的价值。

二、成为推动国内红学发展的一股外来动力。1977年中国结束"文革"，但"文革"的部分残存意识对当时红学的发展还有一些影响残留，在思想观念、方式方法甚至格式上都有所体现。但由于首届《红楼梦》研讨会论文的发表以及胡文彬、周雷的选辑成书，在异域视角和方法的参照和对比中，加快了我国红学研究现代化和国际化的步伐。

三、超区域、超国别格局整合与学科战略整合。该研讨会试图打破以前独自研究的格局，进行超区域、超国别格局整合。此前，由于一些不必要的人为因素造成了学者时间和精力上的损失。1972年陈庆浩编辑出版的《红楼梦脂砚斋评语辑校》，主要是针对俞平伯1956年出版的《脂砚斋红楼梦辑评》的讹误所作，但他似乎不知道俞氏初排本的错误在1960年的新校订本中已基本上纠正了；1974年，潘重规发表关于列藏本《石头记》的考察报告，而大陆《参考消息》予以摘登，但对这个版本一些独有的批语，则没有转载，以致大陆的红学家迟迟未能运用这方面的材料进行研究；类似的情况还有很多。有了国际性红楼梦研讨会这个交流平台，从此以后，红学研究不再是国家性而更多是国际性的，而且由于提倡《红楼梦》稀见版本和资料的影印和整理，以及各国学者资源和信息的流通和共享，很大程度上避免了重复研究和文献不足的遗憾。会议将焦点集中在一些当时认为是比较核心的问题上，重新做一个回应，打破以某一问题、某一方法自成门户的格局。与会论文可分为十种不同的切入点：（一）前人评论检讨，（二）版本与作者问题，（三）后四十回问题，（四）曹雪芹的家世、生活和著作，（五）主题与结构，（六）心理分析，（七）情节与象征，（八）比较研究和翻译，（九）叙述技巧，（十）个性刻画。研究的范围广，观察的角度多。在《红楼梦》后四十回作者问题的研讨中，周汝昌的《红楼梦全璧背后》对《红楼梦》版本演变过程中的关键问题做了深刻的分析，其观点鲜明，论据充足，有新的突破，在会上反响强烈。美国红学学者陈炳藻《从词汇上的统计论红楼梦作者的问题》借助电脑分析词汇来判断《红楼梦》作者，其创造性研究方法是一种可贵的尝试。"自传说"不再一枝独秀，有关评价《红楼梦》作品本身问题的论文，在会上占有很大的比重，共有三十多篇。其中周策纵的《〈红楼梦〉"本旨"试说》、余英时的《曹雪芹的反传统思想》、余定国的《〈红楼梦〉里被遗忘的第三世界》、叶嘉莹的《谈红楼梦的文学成就》等都对作品的思想和文学价值作了深入的分析研究，文章内涵丰富，见解精辟。此外，梅炜恒的《上床睡觉》、洪铭水的《〈红楼梦〉里的酒令》、余孝玲的《〈红楼梦〉里的雪》、余珍珠的《〈红楼梦〉的多元观点与情感》等，角度新颖，剖析细微，具有独到之见。以多学科、多方法交叉共研，进行学科战略整合，促进了多方研讨《红楼梦》

的发展。

周策纵在红学上的贡献,不止于个人的著书立说,还在于召开会议,创办刊物,后者实质上践履了"新典范"另一条路径。

20世纪70年代问世,并曾引起中美红学界广泛反思和回应之余英时"红楼梦的两个世界"论,其立论触机得益于库恩[①]早期《科学革命的结构》提出的"典范论";无独有偶,在20世纪80年代,全力促成首届国际红楼梦研讨会召开,并将之传播和扩大开去的周策纵,则践履了库恩晚期的主张。童元方曾指出:

> 孔恩典范之说,是其早年之作。至于晚期,他曾说,如重写《科学革命的结构》,他必强调学会与学刊之重要,以期典范共识之形成。近年红楼国际会议之两度召开,与专刊专论之出版发行,均不异于孔恩晚期主张之方向。而此时又有一现象,即红学家周策纵既出版专书,又负责召开国际会议,正与孔恩晚期之论不谋而合。[②]

周策纵不仅有确立典范的意识:

> 老师认为"红学"已经是一门极时髦的"显学",易于普遍流传,家喻户晓,假如我们能在研究的态度和方法上力求精密一点,也许整个学术研究,可能形成一个诠释学的典范,对社会上一般思想和行动习惯,都可能发生远大的影响。[③]

而且也为确立典范做出了有意的多重努力。

首先,促成红楼学会的召开。周策纵是一个有世界眼光的学者,他一开始就是把《红楼梦》放在世界文学之林作考虑,因此除了介绍《红楼梦》研究在西方的发展,宣讲和呼吁《红楼梦》是世界文学,他还主持召开首届《红楼梦》国际研讨会并担任会议召集人和大会主席,以及最终促成了

---

① Thomas S. Kuhn,有译为库恩,也有译为孔恩。
② 童元方:《树阴与楼影——典范说之于〈红楼梦〉的研究》,参见《红楼梦十五讲》,北京:北京大学出版社,2007年,第328页。
③ 王润华:《"白头海外说〈红楼〉":周策纵教授的曹红学》,载《中国文哲研究通讯·周策纵教授纪念专辑》第十七卷第三期,2007年9月,第41页。

在哈尔滨、扬州、台湾和北京举行的二、三、四、五届国际《红楼梦》研讨会的召开,进一步扩大了《红楼梦》的世界影响。

其次,促进《红楼梦》各版本的影印流传。1986年哈尔滨第二届国际《红楼梦》研讨会上,周策纵约集海外红学家联名向国内红学会和出版界建议,尽快影印《红楼梦》各珍本。

再次,在方法上提倡"多方研讨《红楼梦》"。周策纵提出"红学应从各个角度各种方向去研究的看法"[①]。一方面要像胡适那样,用乾、嘉考证、西洋近代科学和汉学的方法去探究事实真相;另一方面要用中外文学理论批评和比较文学的方法去分析、解释和评论小说本身,包括从近代心理学、社会学、人类学、语言学、史学、哲学、宗教、文化、政治、经济、统计等各种社会科学与人文科学,甚至自然科学的方法去研究。同时,周策纵还在多次演讲普及对《红楼梦》的研究[②]。

再者,在具体的研究中试图"垂范"。周策纵除了总结胡适红学功过得失并有所承继和超越,还对《红楼梦》中的物质研究开研究之先河,其《汪洽洋烟考》有助于开拓《红楼梦》所涉及的西洋文明研究范畴。目前对《红楼梦》的饮食、器具、植物等物质研究颇成"热点",周策纵在这方面有先导之功。

---

① 周策纵:《多方研讨〈红楼梦〉——首届国际〈红楼梦〉研讨会论文集编者序》,载《首届国际〈红楼梦〉研讨会论文集》,香港:中文大学出版社,1983年,第2页。

② 周策纵:《〈红楼梦〉研究在西方的发展》,参见《周策纵文集》,香港:商务印书馆,2010年,第155–158页。

身份的焦虑

——中国古代对于"文人"的认同与期待

中山大学 吴承学　广州大学 沙红兵

中国古代有相当一部分文学批评与话题习语并不以系统理论形态出现，只有透过现象才能发现其本质。一些在文献中不断重复的话语片段，表达的不仅是个人的观点，更是一种历代积淀的集体意识，具有丰富的理论内涵。

有关"耻作文士""文人无行""文人相轻"或"号为文人便无足观"之类说法及相关辩护，就是这类话语。这是古人常用但又从未系统阐述的话题。它不仅涉及文章，也涉及政治、道德、人格评价等方面。不仅可远溯至上古，且源远流长，至今未泯。每一个古代文人都能感受到它们所带来的有形无形的压力。一个中国古代文人意味着什么？他需要承受怎样的期待？他们和他们所作之"文"，何以成为古代集体意识关注的焦点？这些都是值得思考的问题。

一、何谓"文人"

"文人"是一个含混的历史概念，它在不同的历史阶段和语境中有所变化。从词义上看，"文人"有一个从褒义向贬义发展的过程。"文人"本来偏于褒义，用以尊称先祖。《诗·大雅·江汉》："釐尔圭瓒，秬鬯一卣，告于文人。"郑玄笺："告其先祖诸有德美见记者。"孔颖达疏："汝当受之以告祭于汝先祖有文德之人。"马瑞辰通释："文人犹云文祖、文父、文考耳……文人亦追自称其先祖。此诗'文人'，传、笺俱指召穆公之先人，甚确。"① "文人"即有文德者之先祖。后来,"文人"指能文之人。如汉代傅毅《舞赋》:"文人不能怀其藻兮,武毅不能隐其刚。"② 这里以文、武对举,只是客观的分类,并无褒贬。汉代以后,尤其是魏晋南北朝,随着诗赋文章的兴盛,出现了一批身份独特、善于写作诗赋文章的人,被称为"文人"。文人一词开始呈现贬义色彩。

从社会学和历史学角度探讨中国"文人"的发生,要比从词源考察复杂得多。文人这个角色类型可以追溯到上古时代。上古中国经过了漫长的宗法封建时代,最早的统治阶级既是政务管理者,又是文化承担者。随着文明不断发展,社会功能进一步分化,又慢慢形成一种精致的文化传统——"礼","士"(君子)就是维护和承担"礼"的特殊阶层。"礼"有"尊尊""亲亲""贤贤",一方面,随着社会不同领域的分化,各有不同的性质和规范,"尊尊"立足于政治关系,包括处理国事政务的规范,"亲亲"和"贤贤"面向社会、文化领域,体现对亲友关系、道德技艺、文化教养的尊崇;另一方面,"礼"在承认社会分化的基础上,又寻求将相异的各领域统摄起来,在其间建立和维持互补互渗的协调关系,以维持社会共同体。相应地,守"礼"的"士"(君子)也将传统的"君、父、师"亦即官员身份、宗法身份、贤人身份等集于一身,将业已分化、彼此有别的社会角色、社会领域最终统之于"礼",统之于诗书礼乐文化。③

所谓"文人",也就是从上古的"士"中逐渐孕育、分化出来的。士在周代社会主要是贵族,他们学习礼、乐、射、御、书、数等"六艺",文武兼修。春秋晚期,士与武人分离,更强调"道艺"一面。至战国,则拥有某一方面的道义才艺者几乎皆可称作"士",如学士、文士、术士、方士、策士、辩士、游士等等,不一而足;其中的学士、文士,秉承上古诗书礼乐文化传统,超越了一般的物质满足和自发的生存状态,以"立德""立功""立言"为人生价值理想,积极投身社会政治文化活动,是体现专门化角色分工的古代知识阶层。孔子是其最杰出的代表。作为知识文化阶层的学士、文士,随着社会政治文化的需要而不断演化,最终分化出

---

① 马瑞辰:《毛诗传笺通释》,北京:中华书局,1989年,第1020–1021页。
② 傅毅:《舞赋》,萧统编,李善等注《六臣注文选》,北京:中华书局,2012年,第321页。
③ 参阅阎步克《士大夫政治演生史稿》第二章、第三章,北京:北京大学出版社,1996年。"士"之内涵相当复杂,然本文讨论重点不在此,篇幅所限也无法展开详论。前人与时贤对"士"之研究成果丰富,而且有各种不同意见,本节较多借鉴阎氏之说。

擅长运用富于修饰性的语言特别是书面语言的"文人"。《战国策·秦策一》云:"文士并饬,诸侯惑乱","繁称文辞,天下不治"①;"文士"指的是善于"文辞"的纵横之士,即掌握很高语言技巧的人。《韩诗外传》卷七将"文士之笔端"与"武士之锋端""辩士之舌端"②并列,表明在西汉前期以书面文字见长的文士已经脱颖而出。

汉代以后,诗歌辞赋形成独立的文体,文人的身份逐渐清晰。东汉时期,王充提到"采掇传书以上书奏记"的"文人"、"精思著文连结篇章"的"鸿儒"(《论衡·超奇》),以及"敏于赋颂,为弘丽之文"的司马相如、扬雄等赋家,认为他们的作品"文如锦绣""文丽而务巨"(《论衡·定贤》)。魏晋刘劭《人物志》"流业篇",归纳总结了当时十二种主要职业:"有清节家,有法家,有术家,有国体,有器能,有臧否,有伎俩,有智意,有文章,有儒学,有口辨,有雄杰。"③可见汉魏之际,以著述为业的"文章""著作之人"已很突出,虽然王充所谓"文人"指的是"上书奏记"即实用写作之人,刘劭也将司马迁与司马相如并列为"文章"的代表,但司马相如等以辞赋名世,无后世诗赋辞章文人之名而已具其实,同时,"文"重视"丽"辞及艺术技巧性的一面也越发得到强调和凸显。梁代萧统《文选》不取"以立意为宗"的经籍及诸子论著,但"以能文为本",推崇"综缉辞采""错比文华"的"篇翰""篇什"④,亦即"文人"以擅长文字的天赋和技艺写出的以华丽书面语言为特征的"文章"。

这 文人与文章演变分化的过程,可以郝经《答友人论文法书》之语简要概述:"二帝三王无文人,仲尼之门,虽曰文学,亦无后世篇题辞章之文,故先秦不论文,骚人作而辞赋盛,故西汉始论文,时则有扬雄之书;东汉复论文,时则有蔡邕之书。建安以来,诗文益盛,语三国则有魏文帝、陈思王之论;语晋、宋,则有陆机、沈约之作。"⑤郝经所谓先秦"无文人""不论文",指的是在当时社会功能尚未分化或分化不足的状态下,文人的职能由士或贵族所一并承担,文章也与礼乐制度混杂在一起。而汉

---

① 刘向集录:《战国策》,上海:上海古籍出版社,1985年,第81页。
② 韩婴撰,许维遹集释:《韩诗外传集释》,北京:中华书局,1980年,第242页。
③ 刘劭著,李崇智校笺:《〈人物志〉校笺》,成都:巴蜀书社,2001年,第63页。
④ 萧统编,李善等注:《六臣注文选》,北京:中华书局,1987年,第3—4页。
⑤ 郝经:《郝文忠公陵川文集》卷二十三,《四库提要著录丛书》集部028,北京:北京出版社,2010年,第512页。

魏以后，文人虽分化出来，但依然受到政治、社会、文化传统的制约。在礼乐制度基础上演变而来的一种特殊社会文化纽带——"文"，也总是追求将分化形成的各领域重新整合起来，避免社会共同体文化的过度碎片化。刘勰《文心雕龙·原道》说："文之为德也大矣，与天地并生者，何哉？夫玄黄色杂，方圆体分；日月叠璧，以垂丽天之象；山川焕绮，以铺理地之形。此盖道之文也。"① 最终分化出来的文人与诗赋文章，只是伟大而崇高的"道之文"的一部分。正如《陈书·文学传》"序"所云："《易》曰'观乎人文以化成天下'，孔子曰'焕乎其有文章'也。自楚、汉以降，辞人世出，洛汭、江左，其流弥畅。莫不思侔造化，明并日月，大则宪章典谟，裨赞王道，小则文理清正，申纾性灵。至于经礼乐，综人伦，通古今，述美恶，莫尚乎此。"② "文人"之"文理清正，申纾性灵"为"小"，而"人文"之"宪章典谟，裨赞王道"则为"大"。文人之"小"必须纳入人文之"大"中，才有存在的意义。

从最初的君亲师合一，到文士、学士，再到著述之士、文章之士，直到以文辞之美为目的的狭义文章之士即诗赋辞章文人，这既是演化的轨迹，也构成了分化的等级，王充《论衡·超奇》云："通书千篇以上，万卷以下，弘畅雅闲，审定文读，而以教授为人师者，通人也。杼其义旨，损益其文句，而以上书奏记，或兴论立说、结连篇章者，文人、鸿儒也。……故夫能说一经者为儒生，博览古今者为通人，采掇传书以上书奏记者为文人，能精思著文连结篇章者为鸿儒。故儒生过俗人，通人胜儒生，文人逾通人，鸿儒超文人。故夫鸿儒，所谓超而又超者也。"③ 虽然在王充所谓"上书奏记"的"文人"与独擅诗赋、篇翰的文人之间还有待进一步明确区分，但他已构建了一个从俗人、儒生、通人、文人以至鸿儒的人物价值等级系统，层层累积，不断超越而形成社会文化的有机整体。

古代"文章"涵盖诗文诸体，从理论上说，"文人"应该包括"诗人"，对二者不应有所轩轾。但在实际运用中，"诗人"一词，偏于褒义，而"文人"一词，偏于贬义。在评价上，"诗人"偏于正面，"文人"偏于负面。即便同为负面评价，"诗人薄命"与"文人无行"两者的差异也很大。"诗人薄命"强调命运，具有令人同情的悲剧色彩。而且诗人"穷而后工"，

---

① 刘勰撰，詹锳义证：《文心雕龙义证》，上海：上海古籍出版社，1989年，第2页。
② 姚思廉撰：《陈书》卷三十四，北京：中华书局，1972年，第453页。
③ 王充著，黄晖校释：《论衡校释》，北京：中华书局，1990年，第606–607页。

有崇高的意味。①"文人无行"则是品行问题。②为什么"文人"与"诗人"二词在实际运用中有如此大的差异？很大程度上是因为"诗人"源自《诗经》，有先天的崇高感。在传统文章价值谱系中，《诗经》地位绝对高于辞赋。"文人"一词，与"辞人"有直接关系，而辞人源自《楚辞》。所谓辞人，意为辞赋作家。汉代扬雄《法言·吾子》云："诗人之赋丽以则，辞人之赋丽以淫。"《文心雕龙》也比较了《诗经》与辞赋的创作，"情采"篇结论是："诗人什篇为情而造文，辞人赋颂为文而造情。""物色"篇结论是："诗人丽则而约言，辞人丽淫而繁句也。"所以中国古人在对待作为群体的"诗人"与"文人"时，存在微妙而明显的差异：批评"文人"要比批评"诗人"多得多。

秦汉时期从学士、文士群体中还分化出"文吏"即职业文官这一角色类型。章学诚《文史通义·原道》云："古者道寓于器，官师合一，学士所肄，非国家之典章，即有司之故事"③；"其后治学既分，不能合一，天也。官司守一时之掌故，经师传授受之章句，亦事出于不得不然者也"④，正指出了文吏与学士、文士渐分为两个不同的群体。"秦尊法吏"，"秦任刀笔小吏"，而汉承秦制，贾谊《陈政事疏》云："俗吏之所务，在于刀笔筐箧。"王先谦引述周寿昌之言"补注"云："刀笔以治文书，筐箧以贮财币。言俗吏所务，在科条征敛也。"⑤ 文吏以追求直接的行政效率为务，在汉代政治中凌学士、文士而上之，甚至一度出现"俗吏繁炽，儒生寡少"⑥"儒者寂于空室，文吏哗于朝堂"⑦的局面。但这一独尊科条、粗鄙少文的角色类型最终也在东汉与儒生融合，被重新整合、定型为文化气息厚重的"官

---

① 参考拙作《"诗能穷人"与"诗能达人"——中国古代对于诗人的集体认同》，《中国社会科学》2010年第4期。
② 当然，古代或有文人数奇之说，如尤侗《宋荔裳文集序》："天地间水火、刀兵、刑狱、窜谪、饥寒、疾痛、呼号、涕泪之事，往往毕命于文人之身。"（《西堂杂俎二集》卷二，《四库禁煅书丛刊》集部第129册，北京：北京出版社，2000年，第207页）但此类说法并不是文人话题的主要内容。
③ 章学诚撰，叶瑛校注：《文史通义校注》，北京：中华书局，1985年，第138页。
④ 同上书，第132页。
⑤ 班固撰，王先谦补注：《汉书补注·贾谊传》，上海师范大学古籍研究所整理，上海：上海古籍出版社，2008年，第3675页。
⑥ 《后汉纪·殇帝纪》，尚敏上疏，袁宏撰，周天游校注：《后汉纪校注》，天津：天津古籍出版社，1987年，第425页。
⑦ 王充著，黄晖校释《论衡校释》，北京：中华书局，1990年，第538页。

僚士大夫"。《颜氏家训·文章》云:"齐世有席毗者,清干之士,官至行台尚书,嗤鄙文学,嘲刘逖云:'君辈辞藻,譬若荣华,须臾之玩,非宏才也;岂比吾徒千丈松树,常有风霜,不可凋悴矣!'刘应之曰:'既有寒木,又发春华,何如也?'席笑曰:'可哉!'"① 在古代社会,官员的身份和阶层虽相对较高,但粗鄙少文的官员也绝不是理想类型。此后,官僚士大夫经由文章取士的科举制度遴选,官僚、学者、文人等角色往往集于一身。正如阎步克所指出,在中国特有的政治社会文化架构中,"每一个居身上位者相对于其下属,都同时地拥有官长、兄长、师长这三重身份,都同时地具有施治、施爱、施教这三层义务。'尊尊、亲亲、贤贤'之相维相济,吏道、父道、师道之互渗互补,'君、亲、师'之三位一体关系,再一次地成为王朝赖以自我调节与整合社会基本维系,并由此造成了一种特殊类型的专制官僚政治——士大夫政治;'君子治国'之政治理想,'士、农、工、商'之分层概念,也就一直维持到了中华帝国的末期"②。

二、政治、文化的压力与"文人"污名化

"士之一流品,乃是结合政治社会使之成为上下一体之核心。"③ 更具体地说,虽然政治、文化、社会的不断分化势不可免,但士人特别是士大夫在政治社会文化的联结中具有重要地位。汉魏两晋时代,儒学与政治结合成为主流学说,帝国士大夫、门阀士大夫占据中心位置。隋以后科举士大夫更是持续千有余年。上古基因与儒学重文传统及人才选拔科举重文制度相结合,形成了以士大夫文人为主体的政治、文化制度。也就是说,士人乃至官宦大都受过"文"的训练,具有"文"的素质与作文的才能,是"能文之士"。其中集官僚、文人于一身的官僚士大夫、文人士大夫是联结社会上下一体的中坚力量。而以文章尤其是诗赋辞章著称的"文章之士"即人们一般习惯所称的"文人",在古代政治、文化制度中则备受压力。文章文人一方面与从事学术研究与著述的学者文人等一起,受到士大夫文人所代表的政治、社会文化的压力,另一方面文章文人也受到来自士大夫文人、学者文人等的压力,在文章文人这个身份类型之中单纯从事诗

---

① 颜之推撰,王利器集解:《颜氏家训集解》,北京:中华书局,1993年,第265页。
② 阎步克《士大夫政治演生史稿》,北京:北京大学出版社,1996年,第477页。
③ 钱穆:《中国历史研究法》,北京:生活·读书·新知三联书店,2001年,第44页。

赋辞章创作的文人又受到从事各种实用文章写作的文人的压力。此外，文人的身份、类型还互有交叉，一身多任，随时而变。当然，承受最大压力的当属诗赋辞章文人。事实上，当文章独立、文人出现之际，对文章及文人的非议与鄙夷也随之而起，涉及政治功用、道德品行及命运际遇等各方面。汉代出现对辞赋的批评与蔑视。扬雄认为辞赋是"雕虫篆刻"，"壮夫不为"，谓孔门不用辞赋，① 实际上已经涉及对文章及文人的批评了。扬雄鄙薄辞赋写作，其言外之意是表达自己志不在此，而有更高远的理想追求。唐代刘知几自述与扬雄类似："扬雄尝好雕虫小技，老而悔其少作。余初喜诗赋，而壮都不为，耻以文士得名，期以述者自命。其似一也。"② 他之所以耻为文士，是希望成为祖述儒学的人。他是扬雄的知音。扬雄之后，在古代语境中，"文士"成为"壮夫"的对立面。傅山诗曰："壮夫耻雕龙，文士学刺绣。"③ 把文士与壮夫作为决然对立面，故谓"文士学刺绣"，以其近乎女性化，对文士的鄙夷可谓溢于言表。

孔子云："巧言令色，鲜矣仁。""有德者必有言，有言者不必有德。"最早注意到德行与语言表达的关系。曹丕、颜之推等人更将文人置于错综复杂的道德评价的漩涡。曹丕《又与吴质书》云："观古今文人，类不护细行，鲜能以名节自立。"④《典论·论文》："文人相轻，自古而然。"⑤ 对文人的批评，殆成套语。

颜之推《颜氏家训·文章》进一步提出"自古文人，多陷轻薄"，在文学批评史上，首次开列了一个长长的文人品行"负面清单"："屈原露才扬己，显暴君过；宋玉体貌容冶，见遇俳优；东方曼倩，滑稽不雅；司马长卿，窃赀无操；王褒过章僮约；扬雄德败美新；李陵降辱夷虏；刘歆反复莽世；傅毅党附权门；班固盗窃父史；赵元叔抗竦过度；冯敬通浮华摈压；马季长佞媚获消；蔡伯喈同恶受诛；吴质诋忤乡里；曹植悖慢犯法；杜笃乞假无厌；路粹隘狭已甚；陈琳实号粗疏；繁钦性无检格；刘桢屈强输作；王粲率躁见嫌；孔融、祢衡，诞傲致殒；杨修、丁廙，扇动取

---

① 扬雄撰，汪荣宝义疏：《法言义疏》，北京：中华书局，1996年，第45、50页。
② 刘知几：《史通·自序》，刘知几著，浦起龙通释：《史通通释》，王煦华整理，上海：上海古籍出版社，2009年，第271—272页。
③ 傅山：《霜红龛集》卷四，太原：山西人民出版社，1985年，第115页。
④ 曹丕撰，夏传才等校注：《曹丕集校注》，石家庄：河北教育出版社，2013年，第109页。
⑤ 曹丕撰，孙冯翼辑：《典论》，第1页。

毙；阮籍无礼败俗；嵇康凌物凶终；傅玄忿斗免官；孙楚矜夸凌上；陆机犯顺履险；潘岳干没取危；颜延年负气摧黜；谢灵运空疏乱纪；王元长凶贼自诒；谢玄晖侮慢见及。"① 不过，颜之推也承认子游、子夏、荀况、孟轲、枚乘、贾谊、苏武、张衡、左思等"有盛名而免过患"，虽然数量上还是轻薄者居多。他所谓"轻薄"相当于曹丕"类不护细行"，亦即后世所谓"无行"。他与曹丕一样，提出了类似"文人相轻"的问题："邢子才、魏收具有重名，时俗准的，以为师匠。邢赏服沈约而轻任昉，魏爱慕任昉而毁沈约，每于谈燕，辞色以之。"② 曹丕、颜之推对这些现象成因的探讨，具有更深刻的意义。曹丕云："夫人善于自见，而文非一体，鲜能备善，是以各以所长，相轻所短。里语曰：'家有敝帚，享之千金。'斯不自见之患也。"③ "善于自见"的同时，往往也就是颜之推所说的："一事惬当，一句清巧，神厉九霄，志凌千载，自吟自赏，不觉更有傍人。"④ 另一方面，曹丕指出每种文体各有特点，每个人也各有才能，因此有人擅长某些文体，有人拙于某些文体，就会导致"各以所长，相轻所短"。这是他对文人和文体特点的发现。曹丕又说："常人贵远贱近，向声背实。"⑤ 指出人们惯于贬抑在时空上接近自己的人，而崇敬远古或远方的人；易于为传闻的声名所眩惑，而不尊重眼前的事实。这是他对人性和文人心理的洞察。

颜之推所列文人"轻薄"的长名单虽都与文人相关，但又大多与文章无关，即使他在尝试总结原因时谈到"文章之体"。他下文批评陈琳"居袁裁书，则呼操为豺狼；在魏制檄，则目绍为蛇虺"，才是与文章相关的"文人之巨患"：文人"以存亡而改虑"，以文章屈膝事二姓、事权贵。与此相类，顾炎武《日知录》云犯上好作乱之人与巧言令色之人往往同时出现，"有王莽之篡弑，则必有扬雄之美新，有曹操之禅代，则必有潘勖之九锡"⑥。在古人看来，这是重大的失节，是比一般的文人无行严重得多的德行污点。黄震《黄氏日钞》云："相如文人无行，不与吏事，以赋得幸，与倡优等，无足污简册者，亦无足多责。惟《封禅书》祸汉天下于身后，且

---

① 颜之推撰，王利器集解：《颜氏家训集解》，北京：中华书局，1993年，第237–238页。
② 同上书，第273页。
③ 曹丕撰，孙冯翼辑《典论》，第1页。
④ 颜之推撰，王利器集解：《颜氏家训集解》，北京：中华书局，1993年，第238页。
⑤ 曹丕撰，孙冯翼辑《典论》，第1页。
⑥ 顾炎武著，黄汝成集释：《日知录集释》卷十九"巧言"，上海：上海古籍出版社，2006年，第1091页。

祸后世。"① 认为司马相如生活上的小节"无足多责"，但是政治上的失误则是不可原谅的污点。

文人无行之说，进一步发展就是把文人的德行与文章之间复杂的关系加以简单化与同质化。如王通《中说》云："文士之行可见：'谢灵运，小人哉！其文傲，君子则谨。沈休文，小人哉！其文冶，君子则典。鲍昭、江淹，古之狷者也，其文急以怨。吴筠、孔珪，古之狂者也，其文怪以怒。谢庄、王融，古之纤人也，其文碎。徐陵、庾信，古之夸人也，其文诞。'"② 既将"小人""狷者""狂者""纤人""夸人"之文与"君子"之文比较，又在德行与文章之间直接挂钩。王绩无论对文士还是其文章的批评，都是站在道德正确的高度上，施以印象式的评断，无须任何论证。这种无须论证"简单粗暴"的批评方式，正反映出对"文人"的污名化已经成为当时人们的共识。

明代以后，"文人习气"是类于"轻薄"的一种不良品行，颇受批评。江用世辑《史评小品》卷十五："自来文人习气，非攀同调，即忌名高。然攀同调以张游扬之声价，政忌名高以矜推挽之气力耳。"③ 文人之间，或者互相吹捧，结为利益团体，或者互相妒忌，竞相打压。文人习气本质就在于"好名"。章学诚《妇学》："好名之习，起于中晚文人。"④ 王士禛诗云："三代而还尽好名，文人从古善相轻。"⑤ "好名"为己，"相轻"对人，实为同病之不同症状。

顾炎武说："以文人名于世，焉足重哉？"⑥ 古人之所以鄙视文人，除以上在德行、文章方面的种种偏差与瑕疵以外，很大程度上还因为文人无实干才能，难以建功立业。王充说："著书之人，博览多闻，学问习熟，则能推类兴文。文由外而兴，未必实才学文相副也。且浅意于华叶之言，无根核之深，不见大道体要，故立功者希。安危之际，文人不与，无能建

---

① 黄震：《黄氏日钞》卷四十六"读史一"，《景印文渊阁四库全书》第708册，台北：台湾商务印书馆，1986年，第286页。
② 王通撰，张沛校注：《中说校注》，北京：中华书局，2013年，第71页。
③ 江世用辑：《史评小品》，《四库未收书辑刊》壹辑第21册，北京：北京出版社，1997年，第255页。
④ 章学诚撰，叶瑛校注：《文史通义校注》，北京：中华书局，1985年，第532页。
⑤ 王士禛：《戏效元遗山论诗绝句三十六首》，《王士禛全集·诗文集》，济南：齐鲁书社，2007年，第372页。
⑥ 顾炎武著，黄汝成集释：《日知录集释》卷十九"文人之多"，第1089页。

功之验，徒能笔说之效也。"① 王充以为文章由外而兴，作者未必有实际才干。文人到了紧要关头，便露出虚有其表的实质，不能建功立业。《太平广记》卷一九八《沈约》则引《谈薮》云："梁奉朝请吴均有才器，常为《剑骑诗》云：'何当见天子，画地取关西。'高祖谓曰：'天子今见，关西安在焉。'均默然无答。"② 吴均被皇帝当面揭破，也恰好应验了王充"安危之际，文人不与"的断语。

在中国古代文学作品里，文人与书生的形象往往是无缘功业的象征，无用可怜的角色。杨炯《从军行》："宁为百夫长，胜作一书生。"③ 宁可在军中当个小头目，也要比读书人强。好像是在扬武抑文，实际上是对建功立业的向往。李贺的《南园》诗更直接地表达了这种价值观："男儿何不带吴钩，收取关山五十州。请君暂上凌烟阁，若个书生万户侯。"④ 王世贞《再祭子与文》除了"文人无行，为世所訾"之外，还有"文人无用，为世所窥"，"文人无命，为世所悲"⑤。黄景仁《杂感》谓"十有九人堪白眼，百无一用是书生"⑥。冯梦龙编《新列国志》写赵氏孤儿故事，其中写道，赵朔与妻子庄姬约，"生女当名曰'文'，若生男当名曰'武'。文人无用，武可报仇"⑦，虽是小说家言，同样也反映出世俗的"文人无用"意识。

文人无用，很大程度是因为"文章无用"。曹植谓："辞赋小道，固未足以揄扬大义，彰示来世也。"把辞赋作为小道，与建功立业相对。他的目标是："勠力上国，流惠下民，建永世之业，流金石之功，岂徒以翰墨为勋绩，辞赋为君子哉！"⑧ 欧阳修说："文章止于润身，政事可以及物。"⑨ 认为文章只是利于自己的修身，而政事则有利于治国平天下。当人们谈文章有用的时候，其所指往往并不是今人所理解的文学作品，而指能立一家之言，经世致用的宏文。曹丕说："盖文章，经国之大业，不朽之盛事。年寿有时

---

① 王充著，黄晖校释：《论衡校释》，北京：中华书局，1990年，第610-611页。
② 李昉等编：《太平广记》第四册，北京：中华书局，1961年，第1483页。
③ 杨炯撰，徐明霞点校：《杨炯集》，北京：中华书局，1980年，第21页。
④ 李贺撰，王琦等注：《李贺诗歌集注》，上海：上海古籍出版社，1977年，第331页。
⑤ 王世贞：《弇州山人四部续稿》卷一百五十二，《景印文渊阁四库全书》第1284册，台北：台湾商务印书馆，1986年，第204页。
⑥ 黄景仁：《两当轩集》，上海：上海古籍出版社，1983年，第15页。
⑦ 《新列国志》第五十七回，《冯梦龙全集》第四册，南京：凤凰出版社，2007年，第559页。
⑧ 曹植著，赵幼文校注：《曹植集校注》，北京：人民文学出版社，1984年，第154页。
⑨ 《宋史·欧阳修传》，北京：中华书局，1974年，第10381页。

而尽,荣乐止乎其身。二者必至之常期,未若文章之无穷。"其实,他这里所说的文章,主要并不是指辞赋,所以下文举例:"故西伯幽而演《易》,周旦显而制《礼》",明显是指儒家的经籍。李颙说得最为直白:"'然则文不可学乎?'曰:亦看是何等之文。夫开来继往,非文不传;黼黻皇猷,非文不著;弘道统,立人极,非文不振。若斯之文,何可以不学?"①

在中国古代,文人身份也难以得到自我认同。古人喜欢作文却不愿被称为"文人"。身为文士的范晔,却"常耻作文士",而且也"无意于文名"②。有讽刺意味的是,尽管范晔自称"耻作文士",但后人批评他的毛病正在于有文士之见。刘熙载谓:"史家学识当出文士之上,范蔚宗尝自言'耻作文士文',然其史笔,于文士纤杂之见,往往振刷不尽。"③明代宋濂在《白牛生传》中说:"生好著文,或以'文人'称之,则又艴然怒曰:'吾文人乎哉!天地之理,欲穷而未尽也;圣贤之道,欲凝之而未成也,吾文人乎哉!'"④在他看来,称他为"文人"是对他的污辱。他所撰《元史》,也不立"文苑传"。方孝孺曾从宋濂学习,其学问文章为一时之冠。黄宗羲评价方孝孺道:"正学不欲以文人自命,然其经术之文,固文之至者也!"⑤方孝孺也不愿当文人。别人赞赏他的文章,他反要"惭愧弥日,不能自解"⑥。古代士人宁愿称赞或自称为百工、老农、士兵、商贾,甚至是畸零之人、残疾之士,却不喜欢赞赏或被称为"文人"。其中消息,值得深味。

三、为"文人"正名和申辩

最早比较系统为"文人"正名和申辩的是刘勰,他在《文心雕龙·程

---

① 李颙撰:《四书反身录》卷三十九《论语下》"先进篇",《二曲集》,北京:中华书局,1996年,第477页。
② 范晔:《狱中与诸甥侄书》,严可均辑《全宋文》卷十五,《全上古三代秦汉六朝文》,北京:中华书局,1958年,第1277页。
③ 刘熙载撰,袁津琥注:《艺概注稿》卷一,北京:中华书局,2009年,第91页。
④ 宋濂:《宋文宪集》卷十一,《景印文渊阁四库全书》第1223册,台北:台湾商务印书馆,1986年,第563页。
⑤ 黄宗羲:《明文授读》卷六"评方孝孺《斥妄》",《四库存目丛书》集部第400册,济南:齐鲁书社,1997年,第347页。
⑥ 方孝孺:《与郑叔度八首》,《逊志斋集》卷十,《景印文渊阁四库全书》第1235册,台北:台湾商务印书馆,1986年,第299页。

器》中深刻地指出关于"文人"品德问题的复杂性。他既列举"文士之疵",又从两个方面对文人无行予以反驳:一、言行上的瑕疵不是文人才有,武人、将相都有无行轻薄的一面;二、不是每个文人都有缺点,像屈原、贾谊就是德行兼备的文人。刘勰以打破文人与污名的必然关联来提升文人的身份地位,从而加强自己对文人的认同。刘勰之后,有一些为文人辩护者,大致采用刘勰的逻辑辩护方式。屠隆认为,有无行之文人与文人必无行是两种完全不同的逻辑判断:"世亦有无行文人,岂谓文人必无行耶?"前人对这个命题虽没有明确界定,但是和"耻为文人""号为文人不足观"等说结合起来,实际上还是全称判断。为文人辩护者往往抓住这种全称判断的逻辑纰漏,如对"文人无行"的反驳,最简单的方法是举出一系列"文人有德"的例子作为反证。屠隆说:"文章家谭性命,称先王,宣丽藻,扬鸿钜,广览衡鉴,多闻善败,高者通彻灵窍,下者顾惜皮毛,何为而必无行乎?"并列出史上品德高尚的众多文人,他们"行义踔绝,粹美无瑕者,上下数千载莫可偻指,而谓文士悉皆无行,如鸟之必黔,鹄之必白,亦敢于厚诬古人矣?然则世之操履纯备者,断属之闾阎鄙民,而古今明德大贤,岂皆椎鲁,不识一丁者邪?即尼父弘训于六籍,犹龙垂文于五千,要亦不可为不文矣?"[1]明代王志坚质疑颜之推"自古文人多陷轻薄"之说:"人品难齐,有托之狂简而不屑修饰者,有偏于刚介而动与祸会者,如屈、宋、东方、司马、嵇、阮、孔、谢之徒,皆贤者也,今概以为轻薄而讥之,可谓莨莠不分者矣!"[2]明代方弘静则说:"文人无行,抑之也,非尽然也。文不在兹,其无行乎?"[3]指出文人无行之说,是一种不实之词。孔子曾说:"文王既没,文不在兹乎?"(《论语·子罕》)孔子以"文"自居,难道能说他是无行吗?

清人桑调元指出,"文人"有两种,一种是像《三百篇》作者,"摅其宏负,峥嵘激发,大有关于招揭天常世运治忽之故,细亦拈举动容深入人心之隐,如《三百篇》之风,圣人删之为经,敢少之乎哉?",一种是"徒

---

[1] 屠隆:《答王胤昌太史》,《栖真馆集》卷十五,《原国立北平图书馆甲库善本丛书》,第842册,北京:国家图书馆出版社,2013年,第202页。
[2] 王志坚:《四六法海》卷十,《景印文渊阁四库全书》第1394册,台北:台湾商务印书馆,1986,第697页。
[3] 方弘静:《千一录》卷二十一,《续修四库全书》第1126册,上海:上海古籍出版社,2002年,第405页。

侈才藻，骛雕章琢句之为"。所以"一为文人便无足观"之说，只是指后一种罢了，而不是对所有文人的批评①。明人侯一元说："夫文人无行，非谓固然，惜其有是文，而有是行。犹谓斯人而有斯疾云尔。古今文人，独一司马相如哉？屈原之忠，而词赋祖。贾谊升堂，汉之彦也。昌黎、东坡，唐、宋名臣。人非尧舜，谁无小疵？然必立行大节不逾，斯为君子。至如孔、孟、左、国，经史之文，何尝不妙绝天壤？但不可以文目之尔。"②认为古来品德高尚的文人很多，所谓"文人无行"，并不是对文人德行的整体否定，而只是对一些有才华而品行有所欠缺的文人特别表示痛惜之情。就像孔子说"斯人也，而有斯疾也"（《论语·雍也》），是对伯牛的恶疾表达无比痛惜的感情，而不是鄙视伯牛本人。

历代都有为文人辩护者，但侯一元、方弘静、屠隆、王志坚等都是明代人，他们与其他同代人一起，使这种辩护成了一时风尚，这是文学批评史上值得注意的一点。赵南星说，文人无行之说，既是"庸俗疾妒之言"，也是"不通之说"，他反问说："夫文人无行，无文者皆有行耶？"③谢肇淛专门撰写《文人无行辩》一文来澄清文人无行之说：

> 古人常谓文人无行，非文人之无行也。文人者，才知高明之士也，幸而际时遭主，事与意合，则勋业文章，自足千古。不幸而流离偃蹇，濡足权门，急于谋身，不遑择地，盖亦有之政。桓温所谓"不能流芳百世，亦当遗臭万年"者。两言虽名教罪人，然亦非庸常人见解也。今人但见杨云、许敬宗、宋之问、沈约、章子厚、王安石之辈，遂以为口实。不知尚有孔北海、诸葛武侯、骆宾王、陶元亮、谢皋羽、文文山、方正学辈也。大率才与不才，各居其半。此造化定数，何但文人。至于小节细行，如司马窃赀，幼舆折齿，一一论之，宇宙之内，当无全人。盖由才名时代所忌，未免一人吹毛，而众人吠声耳。偶发此论，为千古文人吐气。"④

---

① 桑调元:《大梁书院建五贤祠碑》,《弢甫集》卷十二,《四库存目丛书》集部第276册,济南：齐鲁书社,1997年,第88页。
② 侯一元:《走笔戒弟书》,《侯一元集》,合肥：黄山书社,2011年,第146页。
③ 赵南星:《答章元礼》,《赵忠毅公诗文集》卷二十三,《四库禁毁书丛刊》集部第68册,北京：北京出版社,1997年,第720页。
④ 谢肇淛:《文海披沙》卷六,《四库存目丛书》子部第108册,济南：齐鲁书社,1997年,第225页。

此文意在"为千古文人吐气",大致也采用刘勰式的逻辑,指出文人亦有品德高尚者,而其缺陷,亦非文人之所独有,若吹毛求疵,则"宇宙之内,当无全人"。但谢肇淛认为文人是"才知高明之士",他们的疵病是由于际遇不幸不得已而为之,并非天生品德而然,应当宽容待之。

明代人除了对文人无行的辩护之外,也反驳其他对文人污名化的言论。梅守箕针对"文人无行""文人无用""文士无年"之说,指出"此皆非语于文章之真者也":

> 夫文者,天地之经纬,而造化之秘灵也。岂凡品肤学所能凑合乎?仲尼绍文王而斯文自命,其教以文行忠信,安得有无行之文耶?
>
> 王者迹息而春秋以素王兴,删诗书,明唐虞三代之统,其贤于尧舜者何哉?文人而无用耶?
>
> 且使暗于事情,不达于政,又何以尽六家之旨,序战功,书平准,即货殖琐屑之末,如指诸掌也。至于经世大业,不朽盛事,勋伐有时而尽,荣泰止于其身,未若文章之无穷,则其于年孰大焉?"[①]

梅守箕的论证策略是把狭义的、有特指的"文人"和"文章",还原到未经分化的原始的"人文"意义,从而在典籍中找到丰富的例证,使其获得崇高的地位。

针对"文人无用"之论,朱之瑜指出,所谓的文人无用,是一种无知的偏见,因为如陆贽等真正的文人,他们能胸有雄兵,能谈笑退房:"武夫悍将,诋讥文人无用者,彼只见迂儒小生,一村学究,胶柱鼓瑟,引喻失义者耳。如王钦若辈,闭户诵经,赋诗退房者耳。若陆宣公、李长源、王文成、高文襄辈,图度房情,如指诸掌,虽健将累百,有能出其范围者哉?又安在悉索刀瘢箭痕哉?是欲为大将、名将,必当读书。"[②]胡应麟以白居易与苏轼治杭之有白堤、苏堤之政迹,说明文人亦有治功:"余尝闻之文人无用,则举世以为然。惟是唐之白、宋之苏两使君者,咸以筑堤,垂永赖之烈。彼其时,宁无扬眉瞬目,自诩任事之臣,而以堤特闻寓内者,

---

[①] 梅守箕:《赠程仲权五十诗序》,《梅季豹居诸二集》卷十一《四库未收书辑刊》陆辑第24册,北京:北京出版社,1997年,第602页。

[②] 朱之瑜:《与奥村庸礼七首》之五,《舜水先生文集》卷十二,《续修四库全书》第1384册,上海:上海古籍出版社,2002年,第600页。

胡寥寥希遘见也？"① 认为白、苏的政绩完全超出其他"自诩任事之臣"。

关于"文人相轻"，反驳者则举出"文人相推"的例子，说明两者都是并存的现象。祝穆《古今事文类聚别集》卷五"文章"条下列"文人相推""文人相轻""文人自负"诸种典故。其中"文人相推"一目，收录"小巫见大巫"（张纮、陈琳）、"辍翰"（蔡邕、王延寿）、"阁笔"（钟繇、王粲）、"便坏己书"（夏侯湛、陈寿）、"欲焚笔砚"（君苗、陆机）、"不复措手"（陆机、左思）、"诗成惊叹"（沈约、曹景宗）、"赋成相逊"（袁淑文、谢庄）、"舅甥相逊"（王融、刘孝绰）、"放出一头"（欧阳修、苏轼）等从汉代到宋代文人相推的典故。② 王世贞对"文人相推"现象也有类似的书写和总结："以文人之相推言之，陈琳气殚于张纮，钟繇阁笔于王粲，蔡邕辍翰于延寿，君苗焚笔于陆机，袁淑隐赋，湛明坏书，虚心推服，量有可嘉者也。"③ 的确，中国古代"文人相推"也是班班可见的现象，不过，与"文人相轻"相比，又确是一个被人有意无意遗忘和遮蔽的命题。

《文心雕龙》"体性"篇、"程器"篇论文人，"言与志反，文岂足征！"元好问《论诗绝句》论潘岳《闲居赋》云："心画心声总失真，文章宁复见为人！"都认为将德行与文章直接挂钩失之简单。有些人则认为，为人与为文是两回事。梁简文帝《诫当阳公大心书》云："立身之道，与文章异；立身先须谨重，文章且须放荡。"④ 王铎《拟山园初集·文丹》云："为人不可狠鸷深刻，为文不可不狠鸷深刻。"⑤ 楼昉《过庭录》更将这一看法铺陈演绎："有一朋友谓某曰：'天下惟一种刻薄人，善作文字。'后因阅《战国策》、《韩非子》、《吕氏春秋》，方悟此法。盖模写物态，考核事情，几于文致傅会操切者之所为，非精密者不能到，使和缓长厚多可为之，则平凡

---

① 胡应麟：《唐令君新建信阳愿丰堤碑》《少室山房集》卷九十四，《景印文渊阁四库全书》第1290册，台北：台湾商务印书馆，1986年，第685页。
② 祝穆：《古今事文类聚别集》卷五，《景印文渊阁四库全书》第927册，台北：台湾商务印书馆，1986年，第575–592页。
③ 王世贞辑：《汇苑详注》卷之二十二，《四库全书存目丛书》子部第180册，济南：齐鲁书社，1995年，第711页。
④ 严可均辑：《全梁文》卷一一，《全上古三代秦汉六朝文》，北京：中华书局，1958年，第3010页。
⑤ 王铎：《文丹》，《拟山园选集》卷八十二，《四库禁毁书丛刊》集部第88册，北京：北京出版社，2000年，第364页。

矣。若刻薄之事自不可为，刻薄之念自不可作。"① 当然，即使已将为人与为文刻意分开，但这类见解在中国文化传统背景下亦难免被视为非常可怪之论。

针对文章为雕虫小技，壮夫不为之说，晚明费元禄认为："夫诗文小技，壮夫不为，然以性灵播弄造化，厥功钜焉。"② 重点在转折之语，强调文章其功甚巨。清人郑虎文则强调文是表现才与德的必要途径："士之自立与其致用于世者，惟才与德，而当其蕴而未发，往往见端于文。"他认为，所谓"号为文人，便无足观矣"之说，并不是否定"文"，只是否定没有底蕴，单纯追求藻丽之"文"："是岂文之过与？抑亦徒文者之过也。"③ 顾炎武虽然鄙视"文人"，但强调文章与"性"和"天道"之关系。他说：典谟爻象与儒学典籍，"文章在是，性与天道，亦不外乎是"。又引用宋代理学家游酢的话："不能文章，而欲闻性与天道，譬犹筑数仞之墙，而浮埃聚沫以为基，无是理矣。"他反用子贡的话，讽刺那些不善于修辞的讲学先生："夫子之言性与天道，可得而闻；夫子之文章，不可得而闻也。"④ 他们为文章辩护，但辩护的理由又都不单是文章，而是与某种功用联系起来。

不难看出，无论是对文人的污名化与还是为文人、文章辩护，都是基于对同一词语的不同逻辑层面的内涵而引发的。污名者是特定地、狭义地定义，他们把"文"看成是诗赋一类只是引发性灵与表现文采而没有实用功能的文章，把"文人"看成只能写此类文章、没有其他才能且品德有问题的人。辩护者则是广义的、泛指的。他们把"文"看成是包括经籍在内的所有文章，把"文人"看成是所有能文之人。他们基本上是各说各话，在不同的语境中阐释各自的道理。但是，透过现象看，对文人污名化与为文人辩护虽然论据与方法不同，但其理论依据是一致的，两种倾向相反相成，都表达了对文人社会责任感和对文章经世致用的要求。

---

① 楼昉：《过庭录》，王水照编《历代文话》第一册，上海：复旦大学出版社，2007年，第456页。
② 费元禄：《训子》，《甲秀园集》卷四十五文部《四库禁毁书丛刊》集部第62册，北京：北京出版社，2000年，第650页。
③ 郑虎文：《河南乡试录序》，《吞松阁集》补遗卷四十，《四库未收书辑刊》拾辑第14册，北京：北京出版社，1997年，第400页。
④ 顾炎武著，黄汝成集释：《日知录集释》卷十九"修辞"，上海：上海古籍出版社，2006年，第1095页。

四、文人与政治、文化的深层冲突和调适

围绕着对文人的污名和正名，各种问题纠结在一起，背后还有更大的问题，只有把文人话题放在中国古代社会体制与价值谱系、身份认同的背景下，才能真正理解其丰富内涵。在中国古代批评"文人"的，往往正是一些能文之人。正如钱锺书说："不仅旁人鄙夷文学和文学家，就是文人自己也填满了自卑心结，对于文学，全然缺乏信仰和爱敬。譬如十足文人的扬雄在《法言》里就说：'雕虫篆刻，壮夫不为。'可见他宁做壮丁，不做文人。"① 古代文人往往站在与文人疏离的立场，以具有经世致用才能与治国平天下理想者自居，而鄙视"文人"。他们既是对文人关系的自我开脱和切割，又掺杂着自我砥砺与期待的复杂心态。他们站在体制的立场上，以体制的价值标准来衡量"文人"。能否进入这个体制，能否得到体制的认同，这正是中国古代"文人"焦虑的核心。

这种身份的焦虑是士人在当时社会体制与儒学价值谱系下正常的心理反应与必然的价值选择。在社会层级制度和价值评价体系中，文人属于士，居士、农、工、商的分层之首，但在士的层级里却差不多居于序列之末。官僚士大夫的身份和地位高于所谓成一家之言的著述之士，著述之士高于文章之士，广义的文章之士又高于狭义的文章之士（文人）。在中国古代社会，文人并不具有独立自主的地位，它对于体制有明显的依附。在强大体制与实用功利面前，文人与文学都显得无足轻重。汉高祖刘邦不好文学，他曾自得地说："乃公居马上得天下，安事诗书？"② 司马迁曾自称："文史星历，近乎卜祝之间，固主上所戏弄，倡优所畜，流俗之所轻也。"③ 文人的才能，如果仅做雕虫小技的文章，而无法承担更重要的社会责任，则将沦为被主上与世俗所蔑视的玩物。士人仅仅被人看作会写文章的文士，那就是令人羞惭的失败人生。

在古代知识价值谱系中，经学高于史学，史学高于文学。尊经、修史在价值等级上高于文章之作。文人往往成为崇高的经、史的反面参照对象。柳冕提出"尊经术，卑文士"："故文章之道，不根教化，别是一技耳。当

---

① 钱锺书：《论文人》，《写在人生边上》，北京：中国社会科学出版社，1990年，第78页。
② 《汉书》卷四十三《郦陆朱刘叔孙传》，北京：中华书局，1962年，第2113页。
③ 司马迁：《报任少卿书》，萧统编，李善等注：《六臣注文选》，北京：中华书局，1987年，第768页。

时君子耻为文人,语曰'德成而上,艺成而下'。文章技艺之流也,故夫子末之。……伏惟尊经术,卑文士,经术尊则教化美,教化美则文章盛,文章盛则王道兴。"① 郝经《文弊解》云:"故六经无虚文,三代无文人,夫惟无文人,故所以为三代无虚文,所以为六经,后世莫能及也。"② 范晔"常耻作文士",③ 所以继班固之后著作《后汉书》。刘知几也以文士为耻,著述史著,"期以述者自命"。④

总之,在古代各种价值谱系中,"文人"皆处于弱势。所以,文人的焦虑是一种有深刻历史根源的制度性焦虑。这种焦虑的直接反应,便是对文人的激烈批评与为文人辩护。这两方面相反相成,都反映了中国文人强烈的用世情怀与社会责任感,反映出中国社会对文人的期待与中国文人的自我期许。这也隐含着难以解决的深刻矛盾:追求文人、文章经世致用的实用品格与独立自由精神的矛盾,文章之学与道统、体制的矛盾。如何纾解这种矛盾,解决文与道的关系,成为中国传统文学批评一个永恒的主题。

古代社会层级制度、评价体系与文人身份必然发生矛盾,饶有意味的是,这些矛盾并不是以激化、对抗的形式,而是通过调适来取得平衡。漫长的中国古代传统社会在总体格局与要求大体不变的情况下,也在不同的朝代或时代节点上因应不同的需要有所调整和变化。不论是政治、文化还是文人,都会发挥制度的弹性与个体的聪明才智,既保持矛盾的张力,又趋于对立的统一。"文人"须成为"梓才之士","学文"必"达于政事"(《文心雕龙·程器》)⑤,文章只有与经世致用相关才具有更重要的意义。"文人至于无足观者,恶无实也。"⑥ 所谓"无实",就是无关经世致用,士

---

① 柳冕:《谢杜相公论房杜二相书》,姚铉编《唐文粹》卷七十九,《景印文渊阁四库全书》第1344册,台北:台湾商务印书馆,1986年,第216页。
② 郝经:《陵川集》卷二十,《景印文渊阁四库全书》第1192册,台北:台湾商务印书馆,1986年,第221页。
③ 范晔:《狱中与诸甥侄书》,严可均辑《全宋文》卷十五,《全上古三代秦汉六朝文》,北京:中华书局,1958年,第1277页。
④ 刘知几著,浦起龙通释:《史通通释》,王煦华整理,上海:上海古籍出版社,2009年,第271—272页。
⑤ 刘勰撰,詹锳义证:《文心雕龙义证》,上海:上海古籍出版社,1989年,第1895页。
⑥ 赵汸:《范叔豹字说》,《东山存稿》卷五,《景印文渊阁四库全书》,第1221册,台北:台湾商务印书馆,1986年,第311页。

人须以此为主业，而文章乃为余事。古人说："文乎，君子耻之矣。"①其意非谓君子以能文为耻，而是以仅仅能文为耻。古代文人的理想境界，可用顾炎武一言以蔽之："能文不为文人"②，要有文章才华，更重要的是要有经国济世大略，两者结合，不能只当"文人"。张之洞《劝学篇》卷上内篇："词章，读有实事者。一为文人，便无足观。况在今日，不惟不屑，亦不暇矣。"③不过，对文人的要求，唐宋以后也发生了一些微妙变化。韩愈、欧阳修等古文运动领袖复兴儒学，尤其强调孔子、孟子甚至颜子的反身而诚、修性养气传统，并将之转化成对文人的期望，比以往更强烈地要求文人通过读书和广泛的社会参与养成独立的个体人格和人品，修辞立诚，文如其人。"夫所谓文者，必有诸其中，是故君子慎其实。""蓄于其内者实，而后发为光辉者日益新而不竭也。"④理学家、道学家又比韩欧等古文家更进一步，朱熹不满欧阳修"大概皆以文人自立。……都不曾向身上做功夫，平日里只是以饮酒戏谑度日"⑤，把个体的内在修养推进到与自然、社会一体的层次。

如果从唐宋"转向内在"⑥的角度看，也可以看到古人常说的"士当以器识为先"这句话中"器识"二字的含义先后有所变化。顾炎武云："固有不识经术，不通古今，而自命为文人者矣。……宋刘挚之训子孙，每曰：'士当以器识为先，一号为文人，无足观矣。'然则以文人名于世，焉足重哉！"⑦这段话中刘挚所谓"士当以器识为先，一号为文人，无足观矣"，见《宋史》卷三四〇本传，而最早见于刘肃《大唐新语》及《旧唐书·王勃传》：传说裴行俭典选，有知人之鉴，能从人的相貌举止看出是否具有

---

① 方弘静：《千一录》卷二十三，《续修四库全书》第1126册，上海：上海古籍出版社，2002年，第444页。
② 顾炎武：《与人书二十三》，《顾亭林诗文集》卷四，北京：中华书局，1983年，第97页。
③ 张之洞：《劝学篇》，《张之洞诗文集》附录六，上海：上海古籍出版社，2015年，第803页。
④ 韩愈：《答尉迟生书》，马其昶校注《韩昌黎文集校注》，上海：上海古籍出版社，1987年，第154页；欧阳修《与乐秀才第一书》，《欧阳修全集》第三册，李逸安点校，北京：中华书局，2001年，第1024页。
⑤ 《朱子语类》卷一三〇，《朱子全书》第18册，上海：上海古籍出版社、合肥：安徽教育出版社，2002年，第4305页。
⑥ 刘子健著，赵冬梅译：《中国转向内在：两宋之际的文化内向》，南京：江苏人民出版社，2002年。
⑦ 顾炎武著，黄汝成集释：《日知录集释》卷十九"文人之多"，上海：上海古籍出版社，2006年，第1089页。

"器识",即是否具有冢宰之材,日后能有政治作为。这是"器识"最初的含义,指政治才识以及外露的命相,兼有迷信色彩。而刘挚的"器识"除才识外,主要指正直的人品。至顾炎武,其"器识"又与刘挚不同,意涵包括了识经术,通古今,得政理之大。① 顾炎武还在另一处说:"《宋史》言刘忠肃每诫子弟曰:'士当以器识为先,一命为文人,无足观矣。'仆自一读此言,便绝应酬文字,所以养其器识而不堕于文人也。"② 顾氏于"器识"之前加一"养"字,拒写凡俗应酬文字等日常修为也与识经术、通古今、明政理一起,成为"养器识"的途径之一。袁宗道《士先器识而后文艺》一文,也认为识见更为根本:"信乎器识文艺,表里相须,而器识猥薄者,即文艺并失之矣。虽然,器识先矣,而识尤要焉。盖识不宏远者,其器必且浅浮;而包罗一世之襟度,固赖有昭晰六合之识见也。大其识者宜何如?曰:豁之以致知,养之以无欲,其庶乎!"③ 李颙云:"昔人谓大丈夫一号为文人,便无足观。若以诗文而博名谋利,仆仆于公府,尤不足观矣。"所以他强调文人"立品",而所谓"立品","无他,惟在不以文人竟其生平。凡文人之所营逐,时藉以为鉴戒,他人如是,而己独不如是,品斯立矣"④。可见,唐宋以后由于儒学在理学、道学、心学等方面的发展和古文运动的影响,以往在政治、道德方面对文人偏于外在的刚性要求,转而变为更强调内在的修养与人品,内心的认同与信服。文人必须与一般被贬斥的"文人"区分开来,经世致用,介入社会人生,有更开阔的胸襟和高尚的人品。另一方面,文人又必须保持其相对独立的人格精神和个性品质,与无道政治、庸俗政客及社会流俗拉开距离,成为社会共同体价值的创造者和守护者。对文人来说,诗文写作和维护社会共同体利益、关注社会政治道德及个体人格并不必然矛盾。这可以说是文人对政治体制、文化的调整与适应,也可以说是政治体制、文化对文人的接纳与扩容。

"文"的情况也同样如此。"文"是展示天赋与技艺的创造性活动,是灵动不羁的思想与情感的表达。"文"的特点,从对文的一些批评与指摘意见中最能看出。范晔《狱中与诸甥侄书》云:"常耻作文士。文患其事尽于

---

① 参阅黄永年:《"士先器识而后文艺"正义》,《文史探微:黄永年自选集》,北京:中华书局,2000年,第253—254页。
② 顾炎武:《与人书十八》,《顾亭林诗文集》卷四,北京:中华书局,1983年,第96页。
③ 袁宗道:《白苏斋类集》卷七,上海:上海古籍出版社,1989年,第92—93页。
④ 李颙:《立品说别荔城张生》,《二曲集》卷十九,北京:中华书局,1996年,第233页。

形,情急于藻,义牵其旨,韵移其意。虽时有能者,大较多不免此累,政可类工巧图绩,竟无得也。"①范晔列举了几个文章写作的弊病,大抵以事、情、旨、意等作者意图或文章表现的对象与内容为一方,描写、辞藻、声韵、字词选择等文章的形式与技巧为另一方,理想的状态当然是两方面完全契合,但实际上总有出入,两方面不能一致。常会出现对事物的外表描写得过于详尽,没有文外远致,或者把辞藻敷设看得比情感表现更迫切,导致本末倒置,喧宾夺主。再就是字词运用不恰当,妨碍了作者表达自身的创作意图,或者一味迁就声韵,而不管这样做是否对意义表达造成损害。《颜氏家训·文章》云:"今世相承,趋本弃末,率多浮艳。辞与理竞,辞胜而理伏;事与才争,事繁而才损。放逸者流宕而忘归,穿凿者补缀而不足。时俗如此,安能独违?但务去泰去甚耳。"②颜之推也像范晔一样,在文章写作中看到"理"与"辞"、"事"与"才"之间存在的不一致。特别是在范晔、颜之推的时代,文章以文辞华美为尚,对敷藻、对偶、用典、声律等的追新逐异,更加剧了作者意旨及其他各种情意事理不能完整准确地通过语言文字表达出来。此外,刘知几《史通》外篇《杂说》下云:"自战国以下,词人属文,皆伪立客主,假相酬答。至于屈原《离骚辞》,称遇渔夫于江渚,宋玉《高唐赋》,云梦神女于阳台,……而司马迁、习凿齿之徒,皆采为逸事,编诸史籍,疑误后学,不其甚邪!必如是,则马卿游梁,枚乘谮其好色;曹植至洛,宓妃睹于岩畔。撰汉、魏史者,亦宜编为实录矣。"③刘知几从与范晔、颜之推不同的角度,在文史对比中,揭示出"文"的另一个特点:善于"伪立客主,假相酬答"的虚构性。

"文"的这些特点,"文"可能产生的意义偏离与虚构想象,连同文人"一事惬当,一句清巧,神厉九霄,志凌千载"的轻狂表现,都给追求稳定统一的主流社会带来不安,确如颜之推所说,须要"去泰去甚"。范晔在列举了文章的几个弊病之后,也提出"当以意为主,以文传意"的正面主张。不过,"以意为主,以文传意"也只是"文"的诸多功能之一,或者说,只是一部分"文"比如《后汉书》之类史书的功能。"文"从社会、文

---

① 范晔:《狱中与诸甥侄书》,严可均辑《全宋文》卷十五,《全上古三代秦汉六朝文》,北京:中华书局,1958年,第1277页。
② 颜之推撰,王利器集解:《颜氏家训集解》,北京:中华书局,1993年,第267页。
③ 刘知几著,浦起龙通释:《史通通释》,王煦华整理,上海:上海古籍出版社,2009年,第486–487页。

化中分化独立出来，本身就是社会长期演化和文人性灵创造的产物，如苏轼所说，是万斛泉涌，不可遏止。所以颜之推虽对当时文章不满，认为率多浮艳，但他同时也表示："古人之文，宏材逸气，体度风格，去今实远；但缉缀疏朴，未为密致耳。今世音律谐靡，章句偶对，讳避精详，贤于往昔多矣。"①刘知几指出经史与文学的分际，殊为有见，但他也看到即使经史本身也未能免于虚构，比如他曾在《史通》"叙事"篇里称赞《尚书》"血流飘杵"，造语"周瞻"，但在"疑古""暗惑"两篇则又不得不承认这夸大了纣的罪行，"盖言之甚也"②。最值得注意的是范晔。经史向被视为较高等级的著述之文，他也"常耻作文士""无意于文名"，但说到《后汉书》，他还是遗憾"所禀之分，犹当未尽，但多公家之言，少于事外远致"。后世程朱等人认为文章有妨道学，但也不能一概而论，叶适就不满"程氏兄弟发明道学，从者十八九，文字遂复沦坏"，③因此"欲合周程、欧苏之裂"④。再如王勃《上吏部裴侍郎启》云："文章之道，……苟非可以甄明大义，矫正末流，俗化资以兴衰，家国由其轻重，古人未尝留心矣。""伏见诠擢之次，每以诗赋为先，诚恐君侯器人于翰墨之间，求材于简牍之际，果未足以采取芳秀，斟酌高贤者也。"⑤石介曾记录杨亿当年言行云："或以早成凤悟，比前代王勃辈者，则愀然曰：'吾将勉力，庶几子云、退之，长驱古今，岂止于辞人才子乎？'"⑥王勃、杨亿都不屑做诗赋文人，但又终以诗赋、文章立名传世。杨亿推崇的韩愈文起八代之衰，著有《原道》《原毁》《平淮西碑》等奠定其"近代之泰山北斗"地位的鸿文巨篇，但也有各类铭状及《毛颖传》等游戏文字，"今犹未敢许也"⑦。对在韩愈、杨亿、王勃及范晔等人身上所发生的这些现象，可以有各种解释，如心手相违，理论与实践矛盾，或者将行事大端与诗赋小道分开，但我们也不妨可以说，

---

① 颜之推撰，王利器集解：《颜氏家训集解》，北京：中华书局，1993年，第268页。
② 刘知几著，浦起龙通释：《史通通释》，王煦华整理，上海：上海古籍出版社，2009年，第161、361、543页。
③ 叶适：《习学记言》卷四七，《景印文渊阁四库全书》，第849册，台湾商务印书馆，1986年，第770页。
④ 刘埙《隐居通议》指出："闻之云卧吴先生曰：'近时水心一家，欲合周程、欧苏之裂。'"参见《隐居通议》卷二，《景印文渊阁四库全书》第866册，台湾商务印书馆，1986年，第34页。
⑤ 王勃：《王子安集》卷八，上海：上海古籍出版社，1992年，第54-55页。
⑥ 石介：《祥符诏书记》，《徂徕石先生文集》卷九，北京：中华书局，1984年。
⑦ 顾炎武：《与人书十八》，《顾亭林诗文集》卷四，北京：中华书局，1983年，第96页。

他们身为古代社会层级制度、评价体系中人，制度和体系早已积淀和内化为他们心智的一部分，以至于几乎出于本能要从这个制度和体系出发论事衡文，行事作文，但他们"能文"的一面，他们性灵创造的天赋和技艺，又情不自禁要挣脱这个制度与体系的控制，不择地而出，不择文体而流露和迸发，行于其所当行，止于其所不可不止。或者像叶燮《原诗·内篇上》所云："诗，末技耳，必言前人所未言，发前人所未发，而后为我之诗。"① 先从公认的价值标准的角度承认诗是"末技"，然后再发掘诗可能具备的创新价值，赋予"末技"肯定意义。

五、文人走向地方的身份变化

宋元以后的近世社会，文人的身份地位、生活形态继续演化和变化，出现了一些前所未有的特点。北宋科举制度在隋唐基础上做了较大改革，扩大了取士规模，让读书人有更多仕进机会，但同时也带来了官场冗员的新问题。南宋时期这一问题更加严重，员多阙少，国家无法容纳过多的管理人员，便在中低级官员之间设置瓶颈，加上升迁要高官举荐，权相当道，士人要想向上迁转难如再第。垂直向上的晋升通道不畅，南宋士人便开拓横向发展之途，从朝廷转向地方。接下来元朝科举停废，更加速这一变化趋势，使士人大量流向社会和地方。

随着宋元之际士人走向社会，走向地方，也出现了一种新型的较为纯粹的文人或专业文人。他们既与当时官僚文人不同，也与此前文人不同，显示出在传统基础上有所变化的意义与价值。他们与仕途几乎无缘，不仅精通文事、诗文，还普遍擅长书画、音乐等各种艺术。② 虽然，早在汉魏六朝时期文人的角色与身份就已基本确立了，但宋元以前，无论是否采用科举取士制度，他们基本上都处于依附地位，汉唐时期他们依附于朝廷或国家，魏晋时期依附于门阀或军阀，到宋元以后，他们走向社会，走向地方和家族，或成为文人乡绅、乡贤。这种身份地位的变化，也相应地改变了文人与国家政治的关系，与和政治关系密切的官僚文人不同，地方文人

---

① 叶燮著，霍松林校注：《原诗》，《原诗·一瓢诗话·说诗晬语》，北京：人民文学出版社，1979年，第23页。
② 村上哲见著，杨铁婴、金育理、邵毅平译：《宋词研究》，上海：上海古籍出版社，2012年，第382页。

并不依赖政治而生存,和政治没有直接的密切关系。在无缘仕途这一点上,他们与传统隐士相同。但他们出官入绅,不同于往昔文人失意归隐,隐于林泉市廛,与国家政治完全脱节,而是由致君转向化俗,更着重在地域发展。格物致知、正心诚意、修身齐家治国平天下,这是中国古代士人的人生理想,而在上进阶梯中处于边缘地位的文人,在致君得道的上行路线受阻之后,转而将重点落实于地方,落实于修身齐家,反而在地域和乡里的社会建设中找到着力点。这些游走于地方的文人,其知识与才华能满足社会各方面的需求,所以较之以前的文人,他们具有较大的独立性与灵活性。他们中才力和名气较大的如姜夔,终身不仕,但以文事进行频繁的社会活动,与权贵交往密切,如与范成大、杨万里等高级官僚,以及整个南宋时期临安第一望族张氏家族的张镃、张鉴兄弟成为风雅友人。南宋后期的江湖派,可说是介于姜夔等人与一般文人、无名文人之间的一个中小诗人群体,他们彼此唱和,并且结交出版商,善于利用当时新的印刷传播工具和手段,不仕或仅居于低级职位,但在当时和后来的文学史上竟也产生了不小的影响。至于一般文人、无名文人,他们也同样以诗词书画等文化和道学等学术为媒介,形成庞大而广泛的社会网络。这种文人、士人网络,既编织于本地区,又通过人际交流而横向扩展到其他区域,同时向上延伸到各级官府。入仕与否并不重要,共同的文化背景,构成了文人之间彼此沟通的身份认同,有些甚至成为一方领袖,垂范家庭和社会,带动了家庭与地域的向学风气和文化提升[1]。洪迈在《容斋随笔》中说:"为父兄者,以其子与弟不文为咎;为母妻者,以其子与夫不学为辱。"[2] 地方文人与文化风气相互推动,不少地方出现了有影响的文化家族。

  近世出现的这一新兴文人阶层,实际上形成了一个沟通官府与民间的中间阶层。文人走向地方,最初是因为上升无路所迫。但宋室南渡后江南经济高度发展,宋元之际江南因战乱破坏较小,经济繁荣延续,文人的文学特长、知识资源与经济发展所形成的各种机会、实力结合在一起,促进了地方力量的发展,也逐渐创造和形成了比以往自由度更高、独立性更强的中间地带和领域——乡土社会和文化。在中国古代社会层级制度和价值

---

  [1] 参阅王瑞来《从近世走向近代——宋元变革论述要》,载氏著《近世中国——从唐宋变革到宋元变革》,太原:山西教育出版社,2015年,第189–214页。

  [2] 洪迈《容斋随笔》四笔卷五"饶州风俗"条,上海:上海古籍出版社,1978年,第666页。

评价体系中，文人属于士、农、工、商分层之首的"士"，原本致力于通过仕进向士的更高层级发展，与农、工、商拉开距离，但宋元以后转而与农、工、商紧密结合，所以文人在地方除写诗作画之外，还教书、经商、经营田产、调解家庭和基层纠纷等，以较高的社会地位、能力与实力，从事较"专业"范围以内的事。这种对中央政治的淡薄和疏离为文学文化提供了必要的空间，也是文学文化获得相对独立地位、专注自身发展的生动体现。不仅如此，文人向地方的弥散化、多元化，还推动了文学由社会的上层文学向社会的下层文学发展，由精英高雅文学向平民世俗文学发展。在南宋，在辛弃疾等"现实派"的"士大夫词"之外，出现了史达祖、姜夔、吴文英、周密、张炎等"典雅派"的"文人词"[①]。元代科举停废，一方面是"科举废，士无一人不为诗，于是废科举十二年矣，而诗愈昌"[②]，另一方面是专业杂剧家的涌现和杂剧的繁盛，以及元末演义章回小说的出现。降至明清，经过南宋历元的积淀，终于形成了较为强势的地方乡绅社会，文人成为地方上具有重要整合能力的阶层之一，成为联结个人、家族、地方、国家的精神纽带。明清市民文化与文艺空前繁荣，在传统诗文以外，出现了各种体裁、题材和表达方式，更加贴近下层社会、下层民众，它们虽成就于文人之手，但从社会与民众中来，也成就于社会与民众之间。在汉魏六朝时期，以辞藻优美的篇什为标志，不论是三曹父子周边的主簿还是东宫太子的记室，都是从社会文化的演变中脱颖而出的"文人"，而到明清时期，同一个"文人"概念，其内涵、范围、功能、地位、形态等各方面都已发生了巨大变化。

  在宋元以来文人身份变化的环境与脉络下，也可以看到对文人的评价也悄然发生了变化。虽然文人无行、文人轻薄的看法在明清一直延续，但明清人为之正名最多，翻案最力。明代以后，人们比较理解文人的突出个性与迥异世俗之举，特别对文人的一些政治选择有了更多的同情理解，更爱惜和欣赏文人的才华与个性，甚至对其缺陷也持比较宽容的态度。有些论者喜欢把李白陷永王李璘与柳宗元加入王叔文集团作为"文人无行"的例证。胡应麟为之辩护，认为他们的本质没有大的问题，谈不上"无行"：

[①] 参阅村上哲见《宋词研究》的划分与研究。
[②] 刘辰翁：《程楚翁诗序》，《刘辰翁集》，南昌：江西人民出版社，1987年，第177页。

李白错在幼稚,而不是叛逆;柳宗元错在浮躁,而不是奸佞①。尹守衡针对论者多以"无行"来贬抑文人,指出"士负不羁之才,故多违俗之累",认为这是文人才华出众而不拘小节,是可以理解的个性,如果只看到文人的缺陷而不是看其才情,则不可能出现司马相如、唐伯虎这类人物②。值得注意的是,晚明高调提倡文人的个性与性灵活泼。文人的瑕疵,在明代竟得到正面评价。王世贞在引用《颜氏家训·文章》有关文人轻薄的长名单后,又增加了一大段文人无行的事例,最后却认为:"宁为有瑕璧,勿作无瑕石。"③文人一些无关大节的细行受到更多的理解和包容。张岱《陶庵梦忆》进一步说:"人无癖不可与交,以其无深情也。人无疵不可与交,以其无真气也。"④由于出自深情与真气,"癖"与"疵"反成可贵的品格。对传统"文人类不顾细行"的负面评价,给予特别正面的判断并大力鼓吹。这与传统世俗观念相比,有明显变化。

此外,我们心目中的许多文学家,古人并不视为文人。古代虽然没有文学史,正史中《文苑传》略可窥见。史书设"文苑传"或"文学传",就是为适应文人及诗赋文章演变的最新形势而设的。奇怪的是,文宗巨匠往往不厕列其中。如班固、蔡邕、孔融不入《后汉书·文苑传》,潘岳、陆机、陆云、干宝不入《晋书·文苑传》,王融、谢朓、孔稚圭不入《南齐书·文学传》,谢灵运、颜延之、鲍照、王融、谢朓、江淹、任昉、沈约、徐陵不入《南史·文学传》,韩愈、张籍、柳宗元、刘禹锡、杜牧不入《旧唐书·文苑传》,欧阳修、曾巩、王安石、苏轼、苏辙不入《宋史·文苑传》。明清依然如此,如宋濂、刘基、方孝孺、杨士奇、李东阳不入《明史·文苑传》。⑤究其原因,大概如《旧唐书·文苑传》中所说的,能文之人宜入《文苑传》,但"其间爵位崇高,别为之传"⑥。"爵位崇高"者,若仅列在《文苑传》,未免受委屈了。不过,明清虽循传统之例,

---

① 胡应麟:《少室山房笔丛》卷十四,"乙部史书占毕二",北京:中华书局,1958年,第199页。

② 尹守衡:《皇明史窃》卷九十五,《续修四库全书》第317册,上海:上海古籍出版社,2002年,第541页。

③ 王世贞著,罗仲鼎校注:《艺苑卮言校注》,济南:齐鲁书社,1992年,第397页。

④ 张岱:《陶庵梦忆》卷四《祁止祥癖》,张岱著《陶庵梦忆西湖梦寻》,杭州:浙江古籍出版社,2018年,第66页。

⑤ 参阅钱基博:《现代中国文学史》,长沙:岳麓书社,1986年,第5页。

⑥ 《旧唐书》卷一百九十上,北京:中华书局,1975年,第4981页。

重要的文人多载入《儒林传》，被当时看作次要的文人列入文苑传，但即使是地方上的一般文人，当时的地方志也记载他们的事迹，使他们不至于像以往的文人一样归于湮没无闻。

当然，对于宋元以后文人走向地方以及文人身份的自由与独立，也不应过度夸大。在中国古代，纯粹的"文人"与"文章"从来不具备完全独立的地位，只有在经世致用的人文传统之中，它们才能获得尊重。传统有一定弹性，宋元以来文人身份、地位和形态有一些新变化，但也没有距离传统评价制度与体系太远，更没有脱离这个制度与体系。这也是古代社会层级制度和评价体系要求文人有用、与一切"无行"保持距离，而文人追求相对独立、进行文章探索的广泛社会基础；因为有此基础，古代社会不会因前者而失去应有的活力，不会因后者而失去固有的稳定，总是在收放有度的动态平衡中不断演变。

从一般理论建构的角度来看，古代"文人"话题的意义似乎并不大，对文人群体污名化的逻辑缺陷也非常明显，却受到中国古人的普遍接受，甚至成为至今流行的成语俗话。这种现象已超出事实认定与逻辑论证的范畴，它是一种带有明确价值诉求的文化心理与强烈选择性的集体认同。这种集体认同，也是中国文学史的重要部分。文学话语的建构存在记忆与遗忘的双重选择，而且受制于话语背后的价值观。在"文人"话题中所表现出来的焦虑，潜藏了社会价值观与文学价值观。对于文人及其文章的所有批评，正是对文人积极用世、具有强烈的社会责任感和崇高人格的期待，以及对文章经世致用、摈弃虚文的要求。这种传统价值诉求隐含着在古代社会存在着深刻矛盾：文人与文章经世致用的实用品格与独立自由精神主体性的矛盾，文章之学与道统和体制的矛盾。这一矛盾的紧张、纾解与平衡，形成中国文学史一条重要的理论脉络。文学史，既是作品的历史，也是作者的历史。古代文人话题是一个历时性的演变过程，一部中国文学史，也反映出这一过程的丰富性。这正是中国古代文人千古话题意义的深刻与丰富之处。

《周易参同契注解》的丹道易学

深圳大学　问永宁

一、权克中与《周易参同契注解》

权克中字正之，号青霞子，韩国李朝学者。"万历乙酉"生（1585）[①]，卒于己亥[②]。车柱环认为权克中的生卒年是1560—1614年[③]，其说不知何据，肯定是不对的。权克中早年从学于崔命龙，后从学于著名学者金长生、金士刚父子。"得尽闻性理之说。"[④] 权克中自己在《祭慎独斋金先生文》中说："昔趋事于沙溪兮，开发奖益，实多赖于先生。"[⑤] 金长生和著名学者宋时烈同门，是李栗谷学派的一流学者。权克中受学于他，在理学上造诣很深，他和金长生讨论学庸、孟子，沙溪说"吾平生得见，不外此言"，对他的学术极表肯定。崔命龙去世时，长于礼学的沙溪"以丧礼属公"[⑥]，可见金长生对他的看重。在《题伊洛渊源录后六首》中，权克中对濂溪、二程、邵雍、横渠、朱熹都大表叹服，他说"听易从程氏"，又赞叹朱熹有"的确见"[⑦]，表明理学是他一生学问的根基所在。

---

① 〔韩〕权克中：《青霞集》，〔韩〕民族文化推进委员会，《韩国文集丛刊续集》第21册，首尔：景仁文化社，2005年，第381页。
② 同上书，第380页。
③ 〔韩〕车柱环，〔韩〕赵尚殷译：《韩国道教史》，北京：人民文学出版社，2005年，第53页。
④ 〔韩〕权克中：《青霞集》，〔韩〕民族文化推进委员会，《韩国文集丛刊续集》第21册，首尔：景仁文化社，2005年，第379页。
⑤ 同上书，第387页。
⑥ 同上书，第382页。
⑦ 〔韩〕权克中：《青霞集》，〔韩〕民族文化推进委员会，《韩国文集丛刊续集》第21册，首尔：景仁文化社，2005年，第412页。

李栗谷门庭开阔，对释老都有研究，所著《老子抄解口诀》，即以儒学的立场理解《道德经》[①]。作为再传弟子，权克中对释老也有兴趣。丹道思想很早就传入韩国，在韩国学术界也有不小影响，权克中之前，金时习《梅月堂集》卷十七《龙虎》、郑北窗《龙虎秘诀》对丹道的描述，说明当时的韩国学者已经对丹道有非常地道的把握[②]，权克中生当乱世，"游太学，见时象昏乱，拂衣而归，及闻西宫幽闭之变，北望恸哭，自是绝意荣进"[③]。这样的经历和学术渊源，使得他对丹道产生了浓厚兴趣。《青霞集》中说"曾于平日伏读先生行状及诗集"[④]，说明北窗弟兄对他有切实影响。尽管此前金时习、郑北窗等学者对丹道已经深有研究，权克中的《周易参同契注解》却是韩国学者系统研究丹道易学的第一部著作。此书至迟完成于"崇祯己卯（1639）五月日长至"[⑤]，但是临终前编《青霞集》时，权克中将《周易参同契注解》所附《金丹吟》二十首悉数收入，说明他对《周易参同契注解》是很重视的。

《周易参同契注解》中引用过《石函记》《金碧经》《入药镜》《心印经》《太上玄科》《曹仙姑大道歌》《翠虚篇》《复命篇》等很多丹道书，这些书名，和《海东传道录》《海东异迹》所列大体相同，当是韩国流行的丹道书。[⑥]可是细考《周易参同契注解》中的引文，这些资料，很多不过是转引，他的文献另有来源。

首先是陈致虚的著作，《周易参同契注解》云"昔玉蟾仙师持戒小忽，

[①] 参见《韩国哲学史》，韩国哲学会编，白锐、龚荣仙等译，北京：社会科学文献出版社，1996年，第357–366页。
[②] 参见〔韩〕李能和：《韩国道教史》，东国大学校，1959年，第271–346页。
[③] 〔韩〕权克中：《青霞集》，〔韩〕民族文化推进委员会，《韩国文集丛刊续集》第21册，首尔：景仁文化社，2005年，第383页。
[④] 同上书，第386页。
[⑤] 〔韩〕权克中：《周易参同契注解》，成均馆大学校大东文化研究院，《韩国经学资料集成易经五》，成均馆大学校出版部，1996年，第397页。
[⑥] 《海东传道录》见《藏外道书》第31册，成都：巴蜀书社，1994年，此书问题颇多，但是文献来源有自，显然有特别价值，参见张广保《唐宋内丹道教》，上海：上海文化出版社，2001年，第97页。洪万宗《海东异迹》，〔韩〕东国大学校，《韩国文献说话全集》第6册，太学社，1991年。另，洪万宗《海东要览》，韩国精神文化研究院藏本，不分卷，无页码。稍后的赵汝籍《青鹤集》，也是一部关于韩国丹道的重要文献，版本不详，韩国王室图书馆藏书阁藏。

临炉致败,作诗解愠云'八两日月精,半斤云雾屑'"[1]。白玉蟾《指玄集》中没有"持戒小忽,临炉致败,作诗解愠"一段文字,陈致虚的《金丹大要》引这首诗,才说白玉蟾"作诗以自解其愠"[2],可知是权克中转引自《金丹大要》。《周易参同契注解》"一卦有六爻,一爻有三符,一日两卦,有三十六符,阴阳相交,不尽一爻之用,一爻三符,止用一符"[3]显然来于陈致虚"一卦有六爻,一爻有三符,一日两卦,有三十六符,阴阳相交,不用一时之久,不尽一爻之用,犹一时有三符,止用一符"[4]。《周易参同契注解》没有出现《金丹大要》和《周易参同契分章注》的书名,但权克中称陈致虚为上阳老仙,《金丹大要》和《周易参同契分章注》的影子时时见于《周易参同契注解》中。可以肯定,陈致虚的著作对权克中有决定性的影响。

其次是《规中指南》。权克中多次引用《规中指南》,如"精满不思色,气满不思食"[5]出于《规中指南》[6],"丹田直指泥丸顶,身在河车几百遭"[7]见于《规中指南》[8],"药物阳内阴,火候阴内阳。会得阴阳旨,火候一处详"[9]也见于《规中指南》[10]。但权克中引古诀"一朝得到长生路,深感当初指教人"[11],《朗然子进道诗》本云"一朝得到长生地,须感当初指教人",陈冲素

---

[1] 〔韩〕权克中:《周易参同契注解》,成均馆大学校大东文化研究院,《韩国经学资料集成易经五》,成均馆大学校出版部,1996年,第530页。

[2] 陈致虚:《上阳子金丹大要》,北京:文物出版社、上海:上海书店等联合出版,《道藏》第24册,1988年,第26页。

[3] 〔韩〕权克中:《周易参同契注解》,成均馆大学校大东文化研究院,《韩国经学资料集成易经五》,成均馆大学校出版部,1996年,第414页。

[4] 陈致虚:《周易参同契分章注》,《中华道藏》第16册,北京:华夏出版社,2004年,第207页。

[5] 〔韩〕权克中:《周易参同契注解》,成均馆大学校大东文化研究院,《韩国经学资料集成易经五》,成均馆大学校出版部,1996年,第431页。

[6] 陈冲素:《规中指南》,上海:上海古籍出版社,1989年,第1页。

[7] 〔韩〕权克中:《周易参同契注解》,成均馆大学校大东文化研究院,《韩国经学资料集成易经五》,成均馆大学校出版部,1996年,第461页。

[8] 陈冲素:《规中指南》,上海:上海古籍出版社,1989年,第3页。

[9] 〔韩〕权克中:《周易参同契注解》,成均馆大学校大东文化研究院,《韩国经学资料集成易经五》,成均馆大学校出版部,1996年,第521页。

[10] 陈冲素:《规中指南》,上海:上海古籍出版社,1989年,第17页。

[11] 〔韩〕权克中:《周易参同契注解》,成均馆大学校大东文化研究院,《韩国经学资料集成易经五》,成均馆大学校出版部,1996年,第418页。

改作"一朝得到长空路,须感当初指教人"①。刘希岳、陈冲素的文字不同,都符合各自的语境。明人编《福寿丹书》时,收入《规中指南》而不提书名,并将此句文字改为"一朝得到长生路,深感当初指教人",文义不通。此处引用文字与《福寿丹书》相同,说明权克中引用的是《福寿丹书》②。《规中指南》对权克中的著述有重要影响,不过权克中似乎并不知道陈冲素其人。同时,他对引文内容也有取舍,如三要之说,就不取《规中指南》。

除了陈冲素和陈致虚,权克中的"儒谓之太极,佛谓之真如,道谓之金丹,皆此一字也"③和李道纯的看法相同④,"丹书以身心意为三要"⑤出于《中和集》⑥,"木三火二为一五也,水一金四二五也,中土之五三五也,五行合于一则成丹,一者丹也"⑦也本于《中和集》⑧。另外,"为君指出神仙窟,一窍湾湾似月眉"⑨出自《悟真篇》,"水里藏灯焰焰光,将心挑动更荧煌"⑩出自紫阳《玉清金笥青华秘文金宝内炼丹诀》。大体可以断定,权克中参考的主要是全真南宗学者的著作,其对鼎炉、火候、药物、三关、活子时、采取等关键内容的论述,大概不出陈冲素和陈致虚的范围,三教合一之说,基本同于陈致虚。权克中自己在丹道方面,没有明确师承,似乎也没有实际修持,好像是一个门外谈丹的丹道易学家,学问家的头巾气显然压倒了丹道的香火气。

由于注《参同契》,有人认为他"学贯三教,尤邃于修炼家"⑪,也有人认为是"大儒也。而人或有疑之以丹学,浅之知公也哉。公于晚年尝注

---

① 陈冲素:《规中指南》,上海:上海古籍出版社,1989年,第3页。
② 龚居中:《福寿丹书》,北京:中医古籍出版社,1989年,第165页。
③ 〔韩〕权克中:《周易参同契注解》,成均馆大学校大东文化研究院,《韩国经学资料集成易经五》,成均馆大学校出版部,1996年,第432-433页。
④ 李道纯:《中和集》,上海:上海古籍出版社,1989年,第90页。
⑤ 〔韩〕权克中:《周易参同契注解》,成均馆大学校大东文化研究院,《韩国经学资料集成易经五》,成均馆大学校出版部,1996年,第529页。
⑥ 李道纯:《中和集》,上海:上海古籍出版社,1989年,第95页。
⑦ 〔韩〕权克中:《周易参同契注解》,成均馆大学校大东文化研究院,《韩国经学资料集成易经五》,成均馆大学校出版部,1996年,第517页。
⑧ 李道纯:《中和集》,上海:上海古籍出版社,第76-77页。
⑨ 〔韩〕权克中:《周易参同契注解》,成均馆大学校大东文化研究院,《韩国经学资料集成易经五》,成均馆大学校出版部,1996年,第448页。
⑩ 同上书,第539页。
⑪ 〔韩〕权克中:《青霞集》,〔韩〕民族文化推进委员会,《韩国文集丛刊续集》第21册,首尔:景仁文化社,2005年,第381页。

《参同契》一卷，此实取朱夫子遗意"①。郑北窗以丹道名，权克中说北窗"曾无刘遗民入白莲社事，何以谓之禅也？无吕纯阳遇钟离权事，何以谓之丹也？"、"衣儒衣，冠儒冠，非礼义不践"、"真君子儒也"，是"穷理尽性君子也"②。这些文字，完全可以看作权克中的夫子自道。全真主张三教合一，《周易参同契注解》也贯穿着这个思想，不过权克中是用"易""气"统摄释、道的，他对自己的定位主要还是以儒家自居，注《参同契》，并没有偏离理学家的基本立场。

二、《周易参同契注解》的丹道易学思想

权克中认为"大哉易也，无所不包矣"。他说："前乎天地，后乎天地，现在当今，一稽之于卦，无逃焉者也。"③丹易"自然孚妙旨"，丹道完全和易道一致，易道包丹道。他认同朱熹"参同契本不为明易"之说，认为易经"初不为丹设"④，"易者本书名也，以卦爻之交易变易，故名之以易也"⑤。但是"造化之道。无出五行"，易经权舆三教，"三道，儒、释、仙三教也。三道皆出《大易》"⑥。八卦之象，包物无遗，所以"谁识羲文旨，兼包释老心"⑦。

为什么羲文之易，竟能包释老之道？权克中认为"太极配合先天一气，为万化之枢纽，……丹是一气之所成也，天地间色色形形，皆一气之分也"⑧。先天一气就是金丹，"金丹者先天一气，太阳元精结成者"⑨。"儒谓之太极，佛谓之真如，道谓之金丹，皆此一字也。"⑩易经的本质就是对这个

---

① 〔韩〕权克中：《青霞集》，〔韩〕民族文化推进委员会，《韩国文集丛刊续集》第21册，首尔：景仁文化社，2005年，第379页。
② 同上书，第384页。
③ 〔韩〕权克中：《周易参同契注解》，成均馆大学校大东文化研究院，《韩国经学资料集成易经五》，成均馆大学校出版部，1996年，第584页。
④ 同上书，第591页。
⑤ 同上书，第401页。
⑥ 〔韩〕权克中：《周易参同契注解》，成均馆大学校大东文化研究院，《韩国经学资料集成易经五》，成均馆大学校出版部，1996年，第513页。
⑦ 同上书，第559页。
⑧ 同上书，第447页。
⑨ 同上书，第482页。
⑩ 同上书，第432–433页。

先天一气或者金丹的一个说明。

"根源远自无始祖气来，法象还在后天五行中。"① 先天一气会对象化为世界万象，易本身要表现为易经，"金丹为卦爻之易宗祖也。是无形之易，寓于是有形之易"②。卦爻之易是对易本身的符号化，"金丹人不可见，以卦爻之易准之而可知之矣。夫坎离二爻，为九六二用，在乾坤周流六爻，在八卦周流三十六爻，在六十四卦周流三百八十四爻，如金丹药物，流行天地间，体物而不遗也"③。他解释《六十四卦方圆之图》说："幻化成天地，其形尚肖焉。炎凉时变化，黑白月亏圆。产药为仙佛，宣文作圣贤。无穷神化理，都只在兹圈。"④ 仙佛、圣贤都从此出。"欲学金丹大道，当思原本无极之真为我性，先天之气我命。"⑤ 三家本无实质区别，都是根于理气，"无始之前，有道曰太极，……其中有物，曰先天一气，……生物之本。降本流末，则为人物……逆流还源，则为仙佛"⑥。他解释《太极图》说："有个没头尾，三家共此宗，思之大是错，画乃强形容。"⑦ 一切本于理气，应乎卦象。这就是权克中的基本立场。

无形之易与有形之易一致，天象的结构，出于无形之易，自然合于有形之易，"卦象天干，自与月魄明暗融通符合，自然之道，非人意造也"⑧。"（纳甲法）表月现之方位也。卦象天干自然与日月孚合，非人智力所造也。"⑨ "乾坤本易卦之象天地者也。乾坤三奇而连，象天之周围无缺也，坤卦三遇而坼，象地之疏虚通气也。借而通喻，则以人言之为男女，以器言之为鼎炉也。"⑩ 易本是书名，可是卦爻之交易、变易，可以表现一切，"羲经广且大，万理可旁推"⑪。"在天地日月阴阳也。在人身精神药物也。合而言之，乾坤具而后六十四卦生，天地位而后阴阳日月行，鼎炉设而

---

① 〔韩〕权克中：《周易参同契注解》，成均馆大学校大东文化研究院，《韩国经学资料集成 易经五》，成均馆大学校出版部，1996 年，第 522 页。
② 同上书，第 472 页。
③ 同上。
④ 同上书，第 585 页。
⑤ 同上书，第 580 页。
⑥ 同上书，第 389–391 页。
⑦ 同上书，第 586–587 页。
⑧ 同上书，第 566 页。
⑨ 同上书，第 420 页。
⑩ 同上书，第 401 页。
⑪ 同上书，第 566 页。

金丹药物成。……坎离者，药物也。坎离本易卦之象日月者也，日阳中有阴，离之象也，月阴中有阳，坎之象也，借而通喻，则为龙汞虎铅，肾气心精，实金丹大药也。又离中虚，理也。理主无也。坎中实，气也，气主动有也。理气不离之之物也。若主于虚而合之实，则无中妙有也，主于实而归于虚，则有理真空也。老释宗要，不过坎离之旨耳。故曰离宫求无者禅也，坎府索有者丹也。"乾坤坎离"真天地日月之象也"①。卦象可以表现天象，"坎离日月也，六卦月之六候也，震巽生明暗，兑上弦下弦。乾则月正对日而成望，坤则月合于日而成晦"②。卦象可以对应神人，"以八卦分配丹禅，则坎丹药也，震下品人仙也，兑中品地仙也，乾上品天仙也，离佛性也，巽人空罗汉也，艮我空菩萨也"，通过"通喻"的方法"八卦为德，随处能为"③。和其他丹道家一样，权克中也喜欢以图说话，"圆之象天，方之象地，圆图中黑白奇偶之爻，即炎凉雨旸节气代序之象也，方图中黑白奇偶之爻，即水火土石大地疏通之象也"。易图"真天地之画也"④。

　　丹道法象天地，自然也符合易道，易卦配人身，参同成妙诀，"六十四卦之序也，或以反对，或以倒体，刚柔翻飞复相，对真火候文武之义也，自然之象如此也。"⑤药物是气，火候取象日月运行，"乾坤纯体也，故有鼎炉之象焉，坎离阴阳相含，故为药物之义，而六十卦爻刚柔相错，有似火候之文武也，故喻之为火候也"⑥。人天同构，人身即是一个小宇宙，"天地相去八万四千里，冬至之日，阳自地升，阴自天降，升与降，一日各四百六十里二百四十步，至九十日，阴阳相遇于天地之正中而为春分，又九十日阳到天，阴入地而为夏至，气极则变，故阴生矣。夏至之日，阴自地升，阳自天降，如前法为秋分、为冬至，如是循环无穷，人身即少天地也，心肾相去八寸四分，乃天地相去之比也。子时肾中气升。心中液降，即身中冬至也。……自午时气还，下液复升，酉时气液停匀于心肾之中，即身中秋分也。子时气到肾，液至心，极则还复，升降如前法无已时。然则天地人之气，皆极于子午

---

① 〔韩〕权克中：《周易参同契注解》，成均馆大学校大东文化研究院，《韩国经学资料集成 易经五》，成均馆大学校出版部，1996年，第401-403页。

② 同上书，第555页。

③ 同上书，第558页。

④ 同上书，第583页。

⑤ 同上书，第546页。

⑥ 同上书，第389页。

《周易参同契注解》的丹道易学　　97

而交于卯酉。修丹者以身中造化参天地造化，则药物可采而火候可愆矣。易者阴阳而已矣。坎离中爻即易也，在天地则阴阳，在人则气液也。周流无定位也"①。同构则同理，"盖乾坤坎离，乃易之四正卦也，而丹家借象通喻也。乾坤上喻天地，下喻男女，坎离外喻日月，内喻心肾也。人身少天地也，天地日月之道具于身中，所采丹药即天地精神，日月魂魄也"②。

由于无形同一，有形同构，所以易道蕴含丹道的道理，"单卦与重卦，纳干还纳支，炉中火文武，天上月盈亏，谁识阴阳旨，兼为服食规"③。"寰中节气，鼎内丹药与之相应，智者观此图，则符候法象昭昭于指掌中矣。圆象同天体，虚中见道枢。金丹诸法术，与此暗相符。"④火候取象日月，"乃日月之往来圆缺也"⑤，"春夏谓子后巳前，秋冬谓午后亥前，内体谓前卦，外用谓后卦也。自子至巳，阳火候也，自午至亥，阴符候也。阳火发生，阴符收敛，丹士亦知此义。内外两卦之候，一文一武，各随其时也"⑥。药物是日魂月魄，"在天地日月阴阳也。在人身精神药物也"⑦，"丹药之材无他，乃日魂月魄也，火候之法无他，乃弦望晦朔也。夫坤为炉，乾为鼎，进退弦望之火，烹炼日月之丹，法象岂不昭昭然哉"⑧。

理气是仙佛的共同根源，也是仙佛的共同归宿，"夫坤者日月合辟，性命交融，仙佛混同之位也。日为性，月为命。性是佛，命是仙"⑨。但是现实中，仙佛虽然同归，毕竟殊途，都有偏弊。"丹有拘有之患，禅有滞空之弊。若医其病，则不可以病治病，当须改宗换法，拘有者须空宗而超脱，滞空者参有门而点化"⑩，需要互修，"偏全者，禅宗多滞于空，丹法例拘于有也。互修者，滞空者当以有门而点化，拘有者当以空宗而超脱，是谓互修也，是则三昧六通，性命空有兼全者能之也"⑪。"禅病无字有余而无字不

---

①〔韩〕权克中:《周易参同契注解》，成均馆大学校大东文化研究院，《韩国经学资料集成易经五》，成均馆大学校出版部，1996年，第407-408页。
② 同上书，第394页。
③ 同上书，第565页。
④ 同上书，第580页。
⑤ 同上书，第411页。
⑥ 同上书，第405页。
⑦ 同上书，第403页。
⑧ 同上书，第576页。
⑨ 同上书，第557页。
⑩ 同上书，第528页。
⑪ 同上书，第562–563页。

足,丹病有字有余而无字不足,故有此互修法也。……此互修法,随机立法,应病与药也。自有互修法,禅丹表里,性命同源,丹门诸仙与禅宗诸佛,同一体用,……未知孰为仙,孰为佛,理气空有兼全故也。"①他说"先证四果,后修金丹。大通先成金丹,后入性空,此其互修法则也",所以《悟真篇》,力言互修之道,永为丹家楷式"②。至于《参同契》"分门互修,此书之所尚也"③。

三、《周易参同契注解》的学术贡献与问题

权克中认为"参同契者何谓也?以易卦参同丹法契合之之谓也"④,《周易参同契》"元是演易之书",他重新编排分为六十四章,"应六十四卦之数也"⑤。在解释《参同契》时,他提出了几条原则,首先是假借,"似解周易,其实假借爻象,以寓作丹之旨"⑥。其次是推类,"古人造字不无义理。如易字上日下月,日月阴阳之至也,易以道阴阳,故以易名之也。推类征之,则此例甚多,如丹字亦日月象也,金丹出于日精月华,故以丹名之也"⑦。第三是比喻,"此书好讳,故全以譬喻为文"⑧,"借天地间二气流行,喻丹鼎中药物变化"⑨,"乾坤本易卦之象天地者也。……借而通喻,则以人言之为男女,以器言之为鼎炉也。易者本书名也,……借而通喻,则在天地日月阴阳也。在人身精神药物也"⑩,"斗极与戊己者,皆喻丹士之心意也"⑪。他认为,有些思想,作者知道但是当时没有说,但是现在注释者就应该说出来,"性命大道,达人未有不知之理,列庄在佛法前,而其书所言者,皆禅也。夫子罕言性命者,其意亦可想矣。魏君此书……早已言

---

① 〔韩〕权克中:《周易参同契注解》,成均馆大学校大东文化研究院,《韩国经学资料集成 易经五》,成均馆大学校出版部,1996年,第542页。
② 同上书,第576页。
③ 同上书,第529页。
④ 同上书,第389页。
⑤ 同上书,第396页。
⑥ 同上书,第400页。
⑦ 同上书,第409页。
⑧ 同上书,第456页。
⑨ 同上书,第407页。
⑩ 同上书,第401页。
⑪ 同上书,第406页。

禅宗工夫也。圣人不先天而开人务，因时而立教，或言或不言，或详言或略言，皆随时应缘也。凡注疏贵乎微显阐幽，则于详言者晦之，略言处当明之耳"①。傅伟勋先生创造的解释学分为五个步骤。第一，原作者实际上说了什么；第二，原作者真正意谓什么；第三，原作者可能说什么；第四，原作者本来应当说什么；第五，作为创造的解释家，我应该说什么。当此之时，解释学家已成为开创性的新思想家。②按照这个标准看上引文，权克中在后三个层面，已有自觉，差不多可以算作一个思想家了。可是用思想家的标准来要求《周易参同契注解》，则此书也有一些问题。

权克中是个理学家，他说金丹是"曰中又曰性。天下皆本之"③。他的理学著作《读书录》中的文字，常和《周易参同契注解》互见。《读书录》云："冬至阳自地升，阴自天降。自此升者渐升，降者渐降，至春分二气相遇于天地之正中。故炎凉为平均。至巳月，阳造天竟，阴入地尽。夏至，阴自地升，阳自天降。自此升者渐升，降者渐降。至秋分，二气相遇于天地之正中，故炎凉为平均。至亥月，阴造天竟，阳入地尽，循环无穷。"④《周易参同契注解》云："冬至之日，阳自地升，阴自天降，升与降，……阴阳相遇于天地之正中而为春分，又九十日阳到天，阴入地而为夏至，气极则变，故阴生矣。夏至之日，阴自地升，阳自天降，如前法为秋分、为冬至，如是循环无穷。"⑤《读书录》云："（太极图）一气无始，故黑圈无起处。真空无象，故白地不受物。理乘在气机上，动静无穷，此圆相是也。若气在理中，则不能画也。设画则已会动了。"⑥同样的论述也见于《周易参同契注解》："外之黑圈，先天一气也，内之白地，无极真空也。一气无始，故黑圈无起处，真空无象，故白地不受物。至圆无滞者气也，至虚无极者理也，理乘在气机上，动静无穷，此圆象是也。……若夫静时，气在

---

① 〔韩〕权克中：《周易参同契注解》，成均馆大学校大东文化研究院，《韩国经学资料集成易经五》，成均馆大学校出版部，1996 年，第 589 页。
② 傅伟勋：《从西方哲学到禅佛教》，北京：生活·读书·新知三联书店，1989 年，第 51-52 页。
③ 〔韩〕权克中：《青霞集》，〔韩〕民族文化推进委员会，《韩国文集丛刊续集》第 21 册，首尔：景仁文化社，2005 年，第 413 页。
④ 同上书，第 388-394 页。《读书录》一文在《青霞集》第 388-394 页，内部未标页码。
⑤ 〔韩〕权克中：《周易参同契注解》，成均馆大学校大东文化研究院，《韩国经学资料集成易经五》，成均馆大学校出版部，1996 年，第 407-408 页。
⑥ 〔韩〕权克中：《青霞集》，〔韩〕民族文化推进委员会，《韩国文集丛刊续集》第 21 册，首尔：景仁文化社，2005 年，第 388-394 页。

理中，不可画也。若画则已会动了。"① 同类情况尚多，此不赘述。

权克中《责志诗》云"夭寿有定分，修炼得正命"②，丹道不是为了成仙，而是尽正命的手段。权克中认为丹道是性分内事，说："孟子曰知性则知天。天尚可知，何事不可知乎？禅家神通，非别种道理也，乃性分内事也，禅能见诚神通，则儒独不能尽性神通乎？"③ 这种看法，表明理学家权克中将丹道从根本上归于儒学，完全取消了丹道的独立价值。

理气论是权克中丹道思想的出发点，他的理气论基本同于李栗谷，栗谷认为理气原不相离，权克中也说"理气不离"④。栗谷说："夫理者，气之主宰也，气者，理之所乘也。非理则气无所根柢，非气则理无所依著。既非二物，又非一物。非一物，故一而二，非二物，故二而一也。非一物者，何谓也？理气虽相离不得，而妙合之中，理自理，气自气，不相挟杂，故非一物也。非二物者，何谓也？虽曰理自理，气自气，而浑沦无间，无先后无离合，不见其为二物也。"⑤ 权克中也认为理气不离，说："（理气）道一不得，道二亦不得。……在天为理气，在人为性情，合而名之曰太极。……未发前理气性情混融无间，……已发后理气性情，体用动静分歧……混融无间时，可见其为一物。体用分歧处，可见其为二物也。"⑥ 又说先天一气"似一非一，似二非二"⑦，认为"在天曰理气，在人曰性命，理气性命，人天大本也"⑧。理学家的理论，和丹道本有相通之处，但对理学太过认同，对丹道本身的理解就很难深入，这就削弱了思想的冲击力，将理气作为根本，和丹道的精气神的话语系统，也有冲突。

权克中对金丹的理解是矛盾的。他认为金丹就是中，是性，是天下皆

---

① 〔韩〕权克中:《周易参同契注解》，成均馆大学校大东文化研究院，《韩国经学资料集成易经五》，成均馆大学校出版部，1996年，第586–587页。
② 〔韩〕权克中:《青霞集》，〔韩〕民族文化推进委员会，《韩国文集丛刊续集》第21册，首尔：景仁文化社，2005年，第413页。
③ 同上书，第384页。
④ 〔韩〕权克中:《周易参同契注解》，成均馆大学校大东文化研究院，《韩国经学资料集成易经五》，成均馆大学校出版部，1996年，第587页。
⑤ 〔韩〕李珥:《栗谷全书》，〔韩〕民族文化推进委员会，《韩国文集丛刊》第44册，首尔：景仁文化社，1992年，第199页。
⑥ 〔韩〕权克中:《青霞集》，〔韩〕民族文化推进委员会，《韩国文集丛刊续集》第21册，首尔：景仁文化社，2005年，第388–394页。
⑦ 〔韩〕权克中:《周易参同契注解》，成均馆大学校大东文化研究院，《韩国经学资料集成易经五》，成均馆大学校出版部，1996年，第445页。
⑧ 同上书，第525页。

本之的太极，是有超越性的无形之物，"先天性命无形可生，无质可灭，真常不变，通贯有无"①，"儒谓之太极，佛谓之真如，道谓之金丹，皆此一字也"②。同时他又认为丹是气化，精气神是仙佛之本，"精足者形貌泽如婴儿，气裕者吹呵热如真火，神安者，心情寂如镜水，如是之人，临炉即得铅汞，坐禅即见心性"③，离开精气神，"徒坐禅床而佛性难悟，漫临丹炉而仙药不应"④。仙佛离不开色身，"色身未败之前，修炼则可作仙佛，修性为佛"⑤，金丹有形有体，"初关之生如黍米大，此名金丹，中关之生如雀卵，此名金液还丹，后关之生如鸡子，此名金液大还丹"⑥。神仙是有肉有血的一个具象，"金丹久久在身，其气壮烈，猛火一阵熏烁，经脉从头达足，百匝千周，益炼益化，肌为凝酥，血为白膏，骨变青金。平日营卫间未尽余阴消融躯遣。……欲往世则不弃本身，神与形合，与天齐年，欲离世则脱质出神，逍遥物表，且炼形既至者，亦能以肉身升举矣"⑦。权克中似乎认为阳神是实体，"有僧悟禅，能入定出神，与紫阳较能，同处室中，俱出神看花，各折花为信，既寤紫阳拈花在手，僧则无有。紫阳曰'我性命双修，阳神能入无出有，彼单修性宗，故阴神虽灵，能无以不能有也'。"⑧

陈冲素认为"神无方，易无体。夫所谓药物火候者，亦皆譬喻耳。盖大道之要，凡属心知意为者，皆非也"⑨。金丹不是有形的存在体。可惜《规中指南》这个《后序》，《福寿丹书》未收，权克中没有看见。陈致虚有不少论金丹的文字和权克中上引文相近，可是和陈冲素一样，陈致虚也认为"先天一气自虚无中来"，金丹成就则"阴消幻缘空"，都很清楚地指出了金丹炼神还虚是一个超验的事物，丹道家著作的很多话语，不过譬喻耳，万万不可坐实。权克中的金丹有形说，大概只是得自江湖人士的传说。⑩

---

① 〔韩〕权克中：《周易参同契注解》，成均馆大学校大东文化研究院，《韩国经学资料集成易经五》，成均馆大学校出版部，1996年，第392页。
② 同上书，第432—433页。
③ 同上书，第428页。
④ 同上书，第554页。
⑤ 同上书，第393页。
⑥ 同上书，第439页。
⑦ 〔韩〕权克中：《周易参同契注解》，成均馆大学校大东文化研究院，《韩国经学资料集成易经五》，成均馆大学校出版部，1996年，第488—489页。
⑧ 同上书，第542页。
⑨ 陈冲素：《规中指南》，上海：上海古籍出版社，第21页。
⑩ 大丹无形，参王沐：《悟真篇浅解》，北京：中华书局，1990年，第302—303页。

权克中自己也明白《参同契》多譬喻，但他作为一个大学者，为什么会一面讲金丹无形，一面又讲金丹有体？这个矛盾的出现，大概和他理学家的立场有关。权克中坚持李栗谷的气论，认为理气相离不得，一而二，二而一，同时权克中接受陈致虚的先天一气论，将两家的气当作同一个概念来贯穿他的著述。李栗谷的气论理气不离，事外无理，理气不在事外，理气、精气神都只有一个层面，这个框架下，可以谈价值的超越，不能讲神佛的超验。陈致虚、陈冲素的气论之外，有炼神还虚的向上一步，虚是精气神之外的一层面，有了这一层，就可以在讲神佛之形体的同时，讲虚空粉碎，给神佛的超验留下了空间。权克中在坚持栗谷气论的基础上解释丹道，结果就是留下了这么一部有内在矛盾的丹道易学著作。

权克中对文本的阅读，也有可商。他解释《参同契》"其三遂不入，火二与之俱，三物相含受，变化状若神"，说："火二当作水二，三物当作二物，疑字之误也。不然，则上云火二，下又有太阳气，其文重叠也。金水只是二物。若加一物，则又何物也？"[①]。这一段各家注并无异说，权克中改字释经，一方面，说明他有独立思考，一方面，也说明作为一个没有实修的理学家，他对丹道实质上有隔膜。尽管他的解释方法有较高的学术价值，但对他的丹道易学思想本身的学术价值不宜高估。

---

① 〔韩〕权克中：《周易参同契注解》，成均馆大学校大东文化研究院，《韩国经学资料集成易经五》，成均馆大学校出版部，1996年，第459页。

孔孟"孝"论的历史渊源和伦理内涵

深圳大学 郭 杰

深深植根于农业文明基础的中国传统文化，在千百年发展历程中，形成了自己独特的历史风貌和民族特征。在社会伦理方面，"孝"的观念居于根基性、核心性的重要地位，并进而辐射到社会生活的诸多方面。本文试图循着儒家思想的发展脉络，探讨孔子、孟子关于"孝"的思想理论（即其"孝"论）的丰富伦理内涵，及其历史渊源和当代意义。

一、孔孟"孝"论的历史渊源

孔子、孟子关于"孝"的思想理论，不仅是儒家思想体系中极为重要的内容，也构成了中国古代文化的标志性观念。这一观念的形成，是有其历史渊源的。

从文字学上考察，"孝"字的本义是孝敬父母。许慎《说文解字》"老部"云："孝，善事父母也。从老省，从子。子承老也。"甲骨文、金文材料证明，许慎对"孝"的形、音、义的理解是准确的。"甲骨文作 ，像老人扶子之状。子女善事老人则孝。"[1] 金文字形基本相同[2]。可见，"孝"字的出现，具有古老的源头，至少在殷商时代已经相当成熟了；而它作为一种道德意识，显然形成于氏族社会时期，那就更加久远了。这表明，孔孟"孝"论是在前人思想文化传统的基础上，产生和发展起来的。"每一个时代的哲学作为分工的一个特定的领域，都具有由它的先驱者传给它而它便

---

[1] 苏宝荣:《〈说文解字〉新注》，西安：陕西人民出版社，2000年，第300页。
[2] 见高明:《古文字类编》，北京：中华书局，1980年，第52页。

由以出发的特定的思想资料作为前提。"①谈到春秋战国时代思想家们所继承的上古（特别是商周）文化传统，我们当然不能忽略其这一文化传统得以形成的物质生活条件。

在中国上古时代，以农业文明为经济基础，逐步形成了自己的历史文化风貌，是基于特定的地理、气候等自然条件。从地理环境来看，一是处于地球的北温带②，二是亚洲大陆的东部。马克思说过："一旦人类定居下来，这种原始共同体就将依种种外界的（气候的、地理的、物理的等）条件而或多或少发生变化。""不同的公社在各自的自然环境中，找到不同的生产资料和生活资料。因此，它们的生产方式、生活方式和产品，也就各不相同。"③以黄河中游及其支流地区为核心的上古中国，真实基于特定的自然环境条件，很早就形成了相当成熟的农业文明。陈正祥指出："中国文化以汉族文化为主体，亦称华夏文化或中华文化。汉文化最先发祥于黄河中游的黄土谷地，包括汾河、渭河、泾河、洛河、沁河等大支流的河谷，也就是仰韶文化或彩陶遗物分布的核心地区。此一地区，自然条件便利于原始农业的发展。""黄土是由西北方沙漠和戈壁地区吹过来尘土堆积而成，质地稀松，土性肥沃，便利于原始农耕的发展。黄土又有特殊的柱状节理或垂直节理，容易挖穴构屋，冬暖夏凉，对先民定居聚落的形成，颇有贡献。"④要深入挖掘中国文化的发展过程和内在本质，就不能脱离这一特定的地域环境条件。

正是在此基础上，在中国上古时代，就形成了以农业文明为基础的、家族血缘与社会组织密切交织和互为补充的氏族制度。随着人们对于基本生产资料的土地的依存，随着土地继承、血缘关系、社会秩序三位一体的不断融合，从氏族社会作为"孝"的萌芽的敬老意识，到了商代和周代，成为社会伦理的基本规范，"孝"的观念随着社会生活的发展而不断发展。

---

① 恩格斯：《致施密特》，《马克思恩格斯选集》第四卷，北京：人民出版社，1975年，第485页。

② 这是大体情况。千百年来随着历史发展而有所变化，到了今天，"我国是自然环境十分复杂的国家。在气候上，横跨热带、亚热带、温暖带、中温带、寒温带"（见温兆量等：《中国文化地理概说》，北京：北京大学出版社，2001年，第37页）。

③ 马克思：《经济学手稿》，《马克思恩格斯全集》第四十六卷，北京：人民出版社，2003年，第484页。

④ 陈正祥：《中国文化地理》，北京：生活·读书·新知三联书店1983年，第1、135页。

在殷商甲骨文中，"老""考""孝"三字意义相通①，一方面，是客观上陈述前辈的年纪之老，另一方面，是主观上表达对前辈的由衷之孝。甲骨文中还有"且（祖）己"的人名（合一四九），即传世文献所谓"孝己"。《战国策·秦策一》云："孝己爱其亲，天下欲以为子。"《太平御览》卷三十八引《帝王世纪》云："殷高宗有贤子孝己，母早死，高宗惑后妻之言，放之而死。"赵诚则认为："且（祖）己……商代旁系先王。传世文献或称之为'孝己'。……从卜辞来看，祖己在周祭中享有与其他先王同等之地位，显然与典籍的记载不尽相符。"②尽管如此，"孝"的观念在殷商时代的显著地位和影响，还是昭然可见的。杨荣国指出："在殷代，有了孝的事实，当然也就说明那时确有了孝的思想的产生。"③此说是可信的。这是农业文明的物质基础，在思想文化的精神层面上的必然反映。

周初制礼作乐，建立了以血缘关系之亲疏远近来确定社会地位之尊卑贵贱的严格的宗法制度。"不论从《诗》《周书》和可靠的周金铭文上，我们都见到周人对于殷人'孝'的思想的发挥。……周人对于殷人的'孝'的思想不仅是继承，且因他们的发挥，而使这一思想的内涵更趋于具体化。"④ 在天子祭祀祖先的典礼上，奏唱《诗·周颂·雝》："於荐广牡，相予肆祀。假哉皇考，绥予孝子。"各路诸侯陪同天子，向祖先奉上丰盛的牺牲祭品，祈求祖先（"皇考"具体指先父）降下洪福，保佑当世的子孙（"孝子"是当世天子的自称）。这里，"孝"是祈求祖先降福的根本前提。"孝"的观念作为周代思想的核心，对宗法制度下的社会稳定和发展，起到了重要的凝聚和引领作用。《诗·大雅·文王有声》云："筑城伊淢，作丰伊匹。匪棘其欲，遹追来孝。"这是在祭祀祖先的典礼上，赞美文王当初筑城挖池，修造宏大坚固的丰邑，正如郑玄笺云："文王受命而犹不自足，

---

① 朱芳圃《甲骨学文字编》注云："古老、考、孝通，金文同。"
② 赵诚《甲骨文字简明词典——卜辞分类读本》，第26页，中华书局，2009年。
③ 杨荣国：《中国古代思想史》，北京：人民出版社，1973年，第11页。李学勤早年与杨超合作《从学术源流方面评杨荣国〈中国古代思想史〉》一文（载《历史研究》1956年第9期），提出："我们不能同意杨荣国先生所说殷代已有……'孝'等道德观念的产生。"并认为："研究殷代历史只能以甲骨卜辞和殷代器物铭文为主要根据。"似有绝对化之嫌。应该说，甲骨卜辞和殷代器物铭文所有者，固可证明其有；甲骨卜辞和殷代器物铭文所无者，却未必能证明其无。如"孝"这样重要的道德观念，不可能迟至周初突然迸发出来，而必然是植根于氏族社会以来源远流长的思想传统中。
④ 杨荣国：《中国古代思想史》，北京：人民出版社，1973年，第30-31页。

筑丰邑之城,大小适与成偶,大于诸侯,小于天子之制。"文王这样做,"此非以急成从己之欲",而是为了向先祖表达其追念孝敬之心。《诗·大雅·既醉》云:"威仪孔时,君子有孝子。孝子不匮,永锡尔类。"这是祝愿其世代绵延、福禄永存。《诗·大雅·卷阿》云:"有冯有翼,有孝有德,以引以翼,岂弟君子,四方为则。"这是赞美其对上行孝,内心怀德,成为天下四方的楷模。由此可见,"孝"的观念,成为周代贵族精神生活的基本内容,成为周代统治思想的重要支柱。

按照这一观念,只有具备孝行、成为孝子,才可以获得祖先佑护,得享福禄,子孙绵长。于是,在贵族统治集团内部,"孝"也成为衡量一个人是否具有德行、能否参与政务的重要依据。如《尚书·周书·康诰》所云:"元恶大憝,矧惟不孝不友。子弗祗服厥父事,大伤厥考心;于父不能字厥子,乃疾厥子。于弟弗念天显,乃弗克恭厥兄;兄亦不念鞠子哀,大不友于弟。惟吊兹,不于我政人得罪,天惟与我民彝大泯乱,曰:乃其速由文王作罚,刑兹无赦。"可见,"孝"首先是子对父而言,但广义说来,父对子要尽责养育("字"),这也是包含在"孝"的观念中的应有之意。推而广之,弟对兄要"恭",兄对弟要"友",同样属于"孝"的观念中必不可少的规范要求。达不到这样的规范要求,就不能承担统治社会的责任;而达到了这样的规范要求,才算具备贵族应有的道德品行,家族以至宗族才得以凝聚兴旺、繁盛发展,才能永远占据社会的统治地位。由此,个人、家族、社会三者,就极为紧密地联系起来了。

当然,"孝"的观念,乃是商周时代社会全体的思想观念,并不仅仅是贵族阶级的伦理规范和道德要求。而贵族阶级的"孝"的观念,本来就是植根于农业文明基础上的整个社会的生活习俗和思想意识、并加以提炼总结而形成的。另一方面,正如马克思所说:"统治阶级的思想在每一个时代都是占统治地位的思想。这就是说,一个阶级是社会上占统治地位的物质力量,同时也是社会上占统治地位的精神力量。"[1]在商周时代,"孝"的观念作为占据统治地位的贵族阶级的意识形态,无疑也更加深入广泛地渗透于社会全体成员的思想和行为之中,成为全社会共同的伦理规范和道德要求。因此,尽管流传至今的文献材料,看起来主要是表达贵族阶级的意识形态,我们依然可以将其视为商周时代具有普遍性的、整个社会共同的、

---

[1] 《马克思恩格斯选集》第一卷,北京:人民出版社,1972年,第52页。

当然也是不断发展的思想观念。

二、孔子"孝"论的伦理内涵

春秋时代，周王朝的天下共主的地位日趋动摇，礼乐制度逐渐崩溃，"学在官府"的历史格局也必然随之瓦解[1]，进而形成了"天子失官，官学在四夷"的局面[2]。如《论语·微之》所载："大师挚适齐，亚饭干适楚，三饭缭适蔡，四饭缺适秦，鼓方叔入于河，播鼗武入于汉，少师阳、击磬襄入于海。"仅在乐官方面，就有这么多人流散四方了，其他更是难以胜数。孔子正是顺应了学术文化下移的历史趋势，着眼于更为广泛的平民阶级对于教育的迫切需求，开创私家讲学之风，形成了影响广泛的儒家学派，成为中国上古文化的集大成者。他根据时代的发展，对"孝"的观念进行了全面深入的系统性阐述，产生了极为广泛的影响。

当时的社会动荡，主要表现在政治秩序方面。而"孝"的观念，依然深深植根于社会生活之中，并未因之发生显著变化。《左传·文公二年》云："孝，礼之始也。"在以血缘关系的远近亲属确定社会地位的尊卑贵贱的宗法社会，即使上层政治秩序出现动荡，"孝"作为各阶层共同的思想意识和伦理规范，作为社会的根基，依然保持着内在的生命力。孔子对于"孝"的观念极为重视，相关论述见于《论语》的就有16次之多[3]。孔子的历史贡献在于，他身处礼乐制度逐渐动摇的时代环境中，标举以"仁"为核心的人格理想和社会道德，以达到恢复"礼"的社会秩序的目的，因此，就不能不对"孝"的伦理内涵进行全面阐发和高度弘扬。

首先，孔子在充分继承上古礼俗中"孝"的文化意蕴的基础上，加以全面总结发展，深入发掘了"孝"的伦理内涵。他指出，"孝"不仅是在物质生活上竭尽所能、体贴入微地善待和侍奉父母，还要求为人子者在精神层面的温柔和孝顺，亦即从内心深处的深厚感情外化为态度神情、举止言

---

[1] 关于"学在官府"，章学诚《校雠通义·原道》云："有官斯有法，故法具于官；有法斯有书，故官守其书；有书斯有学，故师传其学；有学斯有业，故弟子习其业。官守学业皆出于一，而天下以同文为治，故私门无著述文字。"这实际上是周代以朝廷为核心的贵族阶级，通过设立"王官""国学"等方式，对学术文化的垄断性传承。

[2] 《左传》昭公七年引孔子语。按，这里所谓"官"，是指掌专门之学的王官。

[3] 杨伯峻：《论语译注》，北京：中华书局，1980年，第242页。

行的恭敬顺从。如《论语·为政》载:"子游问孝。子曰:'今之孝者,是谓能养。至于犬马,皆能有养;不敬,何以别乎'?""子夏问孝。子曰:'色难。有事弟子服其劳,有酒食先生馔,曾是以为孝乎?'"也就是说,仅仅在物质生活方面"服其劳"、供"酒食",那充其量只是"能养",还达不到"孝"的境界。真正的"孝",应该是发自内心深处的"敬",并且由内心外化为"色"(即恭敬的态度和神情)。又如:"子曰:'事父母几谏。见志不从,又敬不违,劳而不怨。'"(《论语·里仁》)父母如有不妥之处,不是不可以劝谏,但要以轻柔委婉的态度和方式进行。而一旦不被接受,仍然要恭敬顺从,虽然心有忧虑,却不可有所埋怨。行孝是为人子者的天职,所以对父母的准确年龄、身体情况、生活需求等,都要准确细致地加以了解:"子曰:'父母之年,不可不知也。一则以喜,一则以惧。'"(《论语·里仁》)这里,"喜"的是父母依然健在,"惧"的是父母年事日高。为了行孝,应该尽量守在父母身边,所以孔子说:"父母在,不远游。游必有方。"(《论语·里仁》)又如:"孟武伯问孝。子曰:'父母唯其疾之忧。'"除了疾病之外,让父母对自己无可担忧。也就是要保持操守,行事端正,不贻后患。这就更加丰富了"孝"的精神内涵。

其次,孔子将人们对父母生前的孝顺、死后的安葬和祭祀密切联系起来,把"孝"植于绵延不绝的"礼"的传统中,揭示出"孝"在家族生活中代代相传的伦理支柱作用。孔子认为,人不仅要在父母生前发自内心地恭敬孝顺,还要特别重视父母死后的安葬和祭祀。这就是曾子阐发孔子思想时所说:"慎终追远,民德归厚矣。"(《论语·学而》)杨伯峻译为:"谨慎地对待父母的死亡,追念远代祖先,自然会导致老百姓归于忠厚老实了。"[①] 还是很准确的。"慎终"是指安葬死去的父母,"追远"是指祭祀前代的祖先,这都是"孝"的题中应有之义。据《论语·为政》载:"孟懿子问孝。子曰:'无违。'樊迟御,子告之曰:'孟孙问孝于我,我对曰:"无违。"'樊迟曰:'何谓也?'子曰:'生,事之以礼。死,葬之以礼,祭之以礼。'"对父母生前的事奉、对父母死后的安葬和祭祀,都是出于至诚,依"礼"而行,无违于礼制。这就是孔子所阐发的"孝"的精义所在。当然,祭祀不仅是对死去的父母,还包括远代的祖先(亦即"追远"),成为每个家族最重要的年度礼仪活动。但对父母的感情,必然是最浓厚、最深切的,

---

① 杨伯峻:《论语译注》,北京:中华书局,1980年,第6页。

也是对远代祖先之感情的根基所在。孔子还特别强调对父母的三年守丧之礼。"子曰：'父在，观其志；父没，观其行。三年无改于父之道，可谓孝矣。'"（《论语·里仁》）三年之丧，直接体现"孝"的精神实质，应该是毋庸置疑的礼制。但在当时，随着礼乐制度的逐步松弛，已经有人对长达三年的守丧之期，感到有所不便，不愿加以遵守了，其中就有孔门弟子。据《论语·阳货》载："宰我问：'三年之丧，期（一年）已久矣。君子三年不为礼，礼必坏；三年不为乐，乐必崩。旧谷既没，新谷既升，钻燧改火，期可已矣。'子曰：'食夫稻，衣夫锦，于女安乎？'曰：'安。''女安则为之！夫君子之居丧，食旨不甘，闻乐不乐，居处不安，故不为也。今女安，则为之！'宰我出。子曰：'予（即宰我，又名宰予）之不仁也！子生三年，然后免于父母之怀。夫三年之丧，天下之通丧也。予也，有三年之爱于其父母乎？'"这是历史上非常著名的一段对话。宰我认为，三年之丧为期太久，一年就差不多了。孔子语含讥刺地说，你要安心就这么办吧！并给他"不仁"的严厉断语。孔子还阐释说，孩子出生三年，才能脱离父母的怀抱，所以，"夫三年之丧，天下之通丧也"。从历史情况来看，尽管有人动摇和质疑，但从上古时代到封建社会末期，三年之丧（实为27个月）还是一直被人们广泛遵守的重要礼制。而"孝"的观念，也由此在世代传承中不断得到坚持和强化。

第三，孔子把"孝"看作是"仁"的伦理情感前提，是实现完美人格的基础，这就赋予"孝"的观念以丰富的时代内涵。孔子生逢动荡之时，内心向往的是西周初年建立起来的礼乐制度的盛世。为了重建理想社会，他提出了"仁"的人格理想。"颜渊问仁。子曰：'克己复礼为仁。一日克己复礼，天下归仁焉。为仁由己，而由人乎哉？'颜渊曰：'请问其目。'子曰：'非礼勿视，非礼勿听，非礼勿言，非礼勿动。'"（《论语·颜渊》）只有克制个人欲望，遵循礼乐规范，才能逐渐实现"仁"的境界。而在此过程中，作为人的基本伦理情感的"孝"，乃是达到"仁"完美境界的初阶和基石。"子曰：'弟子入则孝，出则弟，谨而信，泛爱众，而亲仁。'"（《论语·学而》）从"孝"的基本伦理情感，经过"弟（悌）""信""爱"等环节，而终于实现"仁"的完美人格，孔子指明了人生伦理道德实践不断升华的路径和过程。这既是中国上古时代社会生活的积累，更是孔子基于特定时空条件的创造性理论升华，带有鲜明的时代特点。同时，孔子还将对父母之"孝"和对兄长之"弟"并称，强调"其为人也孝弟"（《论语·学而》)、"入则孝，出则弟"(《论语·学而》)，把两者紧密联系起来，以"孝"带"弟"，实际上也是进一步丰富了"孝"的伦理内涵。

第四，孔子把作为家庭伦理规范的"孝"和作为社会伦理规范的"忠"紧密结合起来，充分强调了家庭伦理是社会伦理的基础，对父母之"孝"是对君国之"忠"的前提，从而揭示出"孝"对于社会和谐稳定的重要现实意义。其弟子有子转述他的话说："其为人也孝弟，而好犯上者，鲜矣；不好犯上，而好作乱者，未之有也。君子务本，本立而道生。孝弟也者，其为仁之本与！"(《论语·学而》)子夏转述他的话说："贤贤易色，事父母能竭其力，事君能致其身，与朋友交言而有信。虽曰未学，吾必谓之学矣。"(《论语·学而》)一切社会规范的本质，从消极方面来看，就是预防和化解社会矛盾，避免人们"犯上""作乱"，从而引起社会动荡；从积极方面来看，就是引导人们投身报国，"能致其身"，积聚正面能量。孔子还引证逸《尚书》之言，表明"孝"不仅是从事社会政治活动（"为政"）的基本前提，它本身即是社会政治活动的重要内容。据《论语·为政》载："或谓孔子曰：'子奚不为政？'子曰：'《书》云："孝乎惟孝，友于兄弟，施于有政。"是亦为政。奚其为为政！'"当然，孔子说"孝"即是"为政"，实为对《尚书》之义的过度解读，不免有些牵强，而其本意不过是要强调，只有具备了"孝"的品行，"为政"才有了坚实的基础。由此可见，孔子是把家庭伦理的"孝"，通过"为政"的实践过程，与社会伦理的"忠"紧密结合起来了。据《论语·颜渊》载："齐景公问政于孔子。孔子对曰：'君君臣臣，父父子子。'"这里，"君君臣臣"是属于社会伦理方面的"忠"的问题，"父父子子"则是属于家庭伦理方面的"孝"的问题，君臣父子各自遵循相应的伦理道德规范，社会才能和谐稳定。社会与家庭、"忠"和"孝"，在孔子这里是紧密联系和统一起来了。《左传·昭公二十六年》云："君令臣共，父慈子孝，兄爱弟敬，夫和妇柔，姑慈妇听，礼也。"《礼记·礼运》云："父慈子孝，兄良弟弟，夫义妇听，长惠幼顺，君仁臣忠，十者谓之人义。"由此可见，孔子的思想，反映了西周春秋以来人们普遍的社会礼俗和伦理观念，但他表述得更为全面和深入，上升到了比较系统的理论形态。

三、孟子"孝"论的伦理内涵

如果说,春秋时期的孔子全面总结了三代以来"孝"的观念,并加以创造性的深入阐发和全面论述,奠定了中国传统文化中关于"孝"的思想理论的坚实基础;那么战国时期的孟子,在继承孔子和孔门思想成果的同时,又结合新的时代需要,进一步丰富了儒家"孝"的观念,使中国传统文化中关于"孝"的思想理论达到更加成熟的境界。

作为孔子之后儒家学派最重要的代表人物,孟子深受孔子思想的启迪和影响。他说自己"乃所愿,则学孔子也",因为"自生民以来,未有盛于孔子也"①。他还说:"予未得为孔子徒也,予私淑诸人也。"②至于其"私淑"何人,孟子并未明言,史书上也未明确记载,只说他"受业子思之门人",③即跟随子思(孔子之孙)的学生学习过。而在孔、孟之间,还有一个重要人物,即孔子的弟子曾子(他也是子思的老师),也对"孝"的观念做出许多重要论述,给孟子以深刻影响。《孟子》中引述曾子言行共计九章④,提到曾子达22次之多。⑤可见曾子是继孔子之后,对孟子影响最大的思想家。有些学者"论前期儒家的分化问题时,……将子思、孟轲列为一派"⑥。这是很有见地的。

曾子关于"孝"的思想,主要见于《大戴礼记》中的"曾子十篇"⑦。从中可以看出,首先,曾子对"孝"的意义给予极大的张扬,使之从日常生活中具有基础和前提意义的重要伦理观念,提高到放之四海而无往不适的伦理总纲,上升为天地间具有普遍意义的终极准则。他认为:"夫孝者,天下之大经也。夫孝置之而塞于天地,衡之而衡于四海,施诸后世而无朝夕,推而放诸东海而准,推而放诸西海而准,推而放诸南海而准,推而放诸北海而准。诗云:'自西自东,自南自北,无思不服',此之谓也。"(《大

---

① 《孟子·公孙丑上》。
② 《孟子·离娄下》。
③ 《史记·孟子荀卿列传》。
④ 见石瑊:《〈孟子〉引述子思、曾子、子游考》,载《湖南科技学院学报》2014年第8期。
⑤ 见杨伯峻:《孟子译注》,北京:中华书局,1960年,第436页。
⑥ 侯外庐等:《中国思想通史》第一卷,北京:人民出版社,1957年,第360页。
⑦ 《大戴礼记》中有十篇[即《曾子立事》《曾子本孝》《曾子立孝》《曾子大孝》《曾子事父母》《曾子制言》(上、中、下)、《曾子疾病》《曾子天圆》],因其题目冠以"曾子",故称"曾子十篇"。其内容当是后世儒生口耳相传的追记,不免有所增饰补充,但基本精神应该还是曾子的。

戴礼记·曾子大孝》）实际上，也就是经过高度抽象之后，从依托于日常生活的伦理观念，发展成为抽象思辨的哲学范畴。其次，曾子高度重视作为家庭伦理规范的"孝"和作为社会伦理规范的"忠"的紧密联系，特别强调"孝"是"忠"的前提，"忠"是"孝"的延伸，着力发掘"孝"对于社会和谐稳定的重要现实意义。他提出"事君不忠，非孝也；莅官不敬，非孝也"（《大戴礼记·曾子大孝》）等观点，把"孝"的社会意义进一步彰显出来。此外，曾子还提出"所谓孝也，民之本教曰孝""孝有三：大孝尊亲，其次不辱，其下能养""孝有三：大孝不匮，中孝用劳，小孝用力"（《大戴礼记·曾子大孝》）等理论，表现出论证更深入、系统性更强的特点。由于《大戴礼记》毕竟成书于汉代，虽然应当是反映了曾子的基本观点，但也不可避免地羼杂了后来汉儒的见解和言辞，还不能等同于曾子思想的本来面貌。故有学者感慨："关于曾子的思想，由于文献不足，前人多未充分注意。"① 但无论如何，曾子在孔孟之间"孝"论的历史发展中，起到了承前启后的重要作用，则是无可置疑的。

在孟子的思想体系中，"孝"的观念同样居于极为重要的地位。孟子晚年"退而与万章之徒序《诗》、《书》，述仲尼之意，作《孟子》七篇"。②其中，"孝"字出现达 28 次之多。孟子的"孝"论，继承了孔子、曾子以来的儒家思想传统，同时又体现出鲜明的时代特征和个性创造，表明了儒家思想发展的崭新阶段。首先，孟子进一步丰富了"孝"的伦理观念，将"孝"的旗帜提升到了极境。孟子指出："事孰为大，事亲为大。"（《孟子·离娄上》）"孝子之至，莫大乎尊亲。"（《孟子·万章上》）这就将"事亲""尊亲"之"孝"，作为人伦事理的最高规范标举出来。他还指出："尧舜之道，孝悌而已矣。"（《孟子·告子下》）认为"孝"的最高境界，在儒家奉为古代完美圣人的尧舜身上，得到了完美的体现。他从人的"慕父母"的天性出发，认为真正的"大孝"敬爱父母，终生不渝，不会因为年龄和生活的变化而改变。"人少，则慕父母；知好色，则慕少艾；有妻子，则慕妻子；仕则慕君，不得于君则热中；大孝终身慕父母。"（《孟子·万章上》）其次，孟子同样强调以家庭伦理之"孝"为基础、社会伦理之"忠"为旨归，两者紧密结合起来："内则父子，外则君臣，人之大伦也。"（《孟

---

① 侯外庐等：《中国思想通史》第一卷，北京：人民出版社，1957年，第360页。
② 《史记·孟子荀卿列传》。

子·公孙丑下》)他的理想是:"父子有亲,君臣有义,夫妇有别,长幼有序,朋友有信。"(《孟子·滕文公上》)这样,以"孝"为基础,"孝""悌"并举,五伦协和,就能够实现天下太平的盛世,即所谓:"入则孝,出则悌,守先王之道。"(《孟子·滕文公下》)"人人亲其亲,长其长,而天下平。"(《孟子·离娄上》)

与此同时,孟子的"孝"论又基于特定的历史条件,而形成了鲜明的时代特征。首先,在弘扬"孝"的伦理内涵时,虽然仍保持了儒家传统中"孝"与"礼"的联系,特别是坚持"三年之丧"的绝对合理性。如所谓:"三年之丧,齐疏之服,飦粥之食,自天子达于庶人,三代共之。"(《孟子·滕文公上》)这与孔子的思想是一脉相承的。但更多情况下,孟子是在反复阐发其政治理想的核心(即"仁政")时,把"孝"作为实现"仁政"的必不可少的伦理前提和道德基础加以强调的。即所谓:"地方百里而可以王。王如施仁政于民,省刑罚,薄税敛,深耕易耨;壮者以暇日修其孝悌忠信,入以事其父兄,出以事其长上,可使制梃以挞秦楚之坚甲利兵矣。"(《孟子·梁惠王上》)这已经打上了鲜明的战国时代的烙印了。顾炎武《日知录》卷十三"周末风俗条"曾云:"春秋时犹尊礼重信,而七国则绝不言礼与信矣;春秋时犹宗周王,而七国则绝不言王矣;春秋时犹严祭祀重聘享,而七国则无其事矣;春秋时犹论宗姓氏族,而七国则无一言及之矣。"这是当时社会历史的真实写照。孟子作为思想家,尽管努力坚持着儒家学派的思想传统,但群雄征战的社会现实,不能不影响和反映到他的思想表述中,使他更强调"孝"的伦理与"仁政"的理想的结合,强烈的使命意识,更加促进了他的思想发展。后来《孝经》所云:"夫孝,始于事亲,中于事君,终于立身。"也是与此一脉相承的。

其次,孟子的"孝"论,把对父母的孝敬、对祖先的祭祀和对妻子的蓄养、对后代的延续,紧密联系在一起,既高度关爱民众生活,又充分关注族类繁衍,体现出深厚的民本主义思想。这可以说是孟子"孝"论的一个闪耀着璀璨光芒的历史贡献。在孟子那里,"仰足以事父母,俯足以蓄妻子"(《孟子·梁惠王上》)两者完整统一;"老吾老以及人之老,幼吾幼以及人之幼"(《孟子·梁惠王上》)两者完整统一;"五亩之宅,树之以桑,五十者可以衣帛矣;鸡豚狗彘之畜,无失其时,七十者可以食肉矣;百亩之田,勿夺其时,数口之家可以无饥矣"(《孟子·梁惠王上》)两者完整统一,实际上就是对前辈的孝顺尊敬和对后辈的关爱培育的完整统一,囊括了人类生存发展从过去、经现在、到未来的整个过程，展现出伟大思想家的睿哲和情怀。这里，还要特别提到孟子关于"不孝有三，无后为大"的重要论述。孟子云："不孝有三，无后为大。舜不告而娶，为无后也。君子以为犹告也。"(《孟子·离娄上》)他以圣明的舜作为孝子的典型，说明为了解决"无后"的极大隐忧，即使迫于父母的偏颇和蒙昧"不告而娶"，也可以被认定为"犹告也"。汉代经学家赵岐注云："于礼有不孝者三事，谓阿意曲从，陷亲不义，一不孝也；家贫亲老，不为禄仕，二不孝也；不娶无子，绝先祖祀，三不孝也。"由此可知，"孝"的伦理内涵，不仅是指发自内心深处地孝敬父母，而且包括传宗接代、继承香火的重任。反过来说，因为"无后"而断绝了祖先的祭祀，理所当然成为最大的"不孝"。由此，经过孟子的创造性发展，儒家"孝"论的伦理内涵更加丰富饱满，也更加切合中国古代以农业文明为基础的宗法社会的精神需求，从而产生了深远的历史影响。

当历史进入 21 世纪，人们经历过了从传统社会到现代社会、从农业文明到工业文明的巨大变迁，城市化、全球化、智能化、生态化已经或正在成为中国社会发展的现实。在此情形下，如何实现传统价值观念的创造性转化，汲取其精神财富，成为文化自信的力量，这是非常值得深思的时代课题。

今天，人们固然不再依附于农业社会的土地的家族传承，不再依附于宗法血缘关系的社会支撑，而可以在不同的地域、职业、阶层之间进行跨越流动。尽管如此，孔孟"孝"论等传统价值观念，并不因此而全然失去其引领人们精神世界的珍贵价值，依然具有值得深入发掘的内在生机。半个多世纪以前，冯友兰曾提出："在中国哲学史中有些哲学命题，如果做全面了解，应该注意到这些命题的两方面的意义：一是抽象的意义，二是具体的意义。"[①] 限于历史条件，当时这种讨论并不十分深入和充分，但其中却包含着耐人寻味的启发性。如果据此推演，可以认为，所谓"具体的意义"，是指在特定历史条件下的、针对具体对象的思想内容，会随着时间的推移而失去意义；所谓"抽象的意义"，是指超越了特定历史条件和具体对象、即使时光流逝而依然葆有其普遍意义的思想内容。从这个角度来看，

---

① 冯友兰：《中国哲学遗产的继承问题》，见其《三松堂全集》第十二卷，郑州：河南人民出版社，2001 年，第 94 页。

即使我们已经在很大程度上脱离了农业文明的历史条件，超过六成人口进入城镇，如何在新的历史条件下，因应老龄化、少子化、婚育高龄化、离婚率上升、长幼观念淡薄等现实挑战，依然任重道远。因此，进一步健全个体人格、和谐家庭关系、强化社会责任，构建个体人、家庭、社会三位一体的伦理道德体系，形成和谐健康、积极向上的新型伦理道德规范，成为意义重要而深远的历史性课题。而在这方面，孔孟"孝"论的伦理内涵，中国文化传统中"孝"的精神遗产，依然充满了丰富的"抽象的意义"，是留给后人的极为宝贵的精神财富，值得予以科学总结和合理继承。

从"性本合"到"仁不离制"

——中国哲学视域下的《两界书》"内圣外王"思想

深圳大学　王顺然

2017年5月,商务印书馆出版士尔教授新作《两界书》。该书以"传承文化、架设桥梁、讲好故事"为宗旨,以主人公、人类学家"士尔"教授外出田野作业期间的一段奇异经历为线索,将中外神话、历史、哲学及儒释道耶等宗教观念,通过故事、对话等叙事手法一一展现在行文之中。士尔教授以其精深的学养、丰富的人生经历及独到的见解,在向读者讲述传统、讲述故事的过程中,提出了很多针对性的问题。本文单就《两界书》第十卷"教化"(以下简称《两界书·教化卷》或《教化卷》)中讲述的故事展开三方面的讨论:1.通过比较孟子、告子和荀子的人性论论述,分析《两界书·教化卷》的人性论哲学判断;2.根据《教化卷》讲述"切心""落齿""去尾""生目"的故事,从道德哲学的角度梳理《两界书》对"恶"之分判及"恶"之对治;3.基于"性本合"的内圣面、心性哲学基础上,讨论《教化卷》以"仁不离制"为核心,对外王面、政治哲学的构建。通过以上三个问题的讨论,我们将看到《两界书·教化卷》"性本合"的人性论思想对荀子"化性起伪"学说的推进,看到《教化卷》所提出的"仁不离制"观念的重要哲学价值。

一、从"人性善、恶"到"性本合":《两界书》的"人性论"判断

人性善恶的判断是中国古典哲学的一个重要问题,简单来讲可以分为孟子的"性善说"、告子代表的"性无善无恶、可善可恶或食色为性说"[①]和荀子的"人之性恶,其善者伪"三种。这三种关于人性的不同论述在中国哲学发展的历程中又不断地变换形式、重复出现,为了更加直观地理解《两界书》的"人性论"判断,我们不妨先简单回顾一下这三种人性论哲学的一个论辩过程。

《孟子·告子上》记曰:

> 告子曰:"性无善无不善也。"或曰:"性可以为善,可以为不善;是故文武兴,则民好善;幽厉兴,则民好暴。"或曰:"有性善,有性不善;是故以尧为君而有象,以瞽瞍为父而有舜;以纣为兄之子且以为君,而有微子启、王子比干。"
>
> 孟子曰:"乃若其情,则可以为善矣,乃所谓善也。若夫为不善,非才之罪也。恻隐之心,人皆有之;羞恶之心,人皆有之;恭敬之心,人皆有之;是非之心,人皆有之。恻隐之心,仁也;羞恶之心,义也;恭敬之心,礼也;是非之心,智也。仁义礼智,非由外铄我也,我固有之也,弗思耳矣。"

以告子为代表的人性论立场大致可分为三种:其一是告子本人坚持的"性无善无不善"的说法,善不善都是后天习成的,性本身无所谓善恶;其二是相近立场所谓"性可善可恶",即本性虽然没有善恶之分,但人可以为善、为恶;其三是一种决定论或命定论的立场,认为性之善恶是天生而成,有些是善的、有些是恶的。我们可以看到,以告子为代表的人性论三种立场都十分看重人性中的"自然天性"的部分,亦即是说,人有目可见、有耳可闻、有鼻可嗅等知觉能力,甚至人有目好美色、有耳闻乐音、有鼻恶恶臭等食色欲望就是"自然天性",这些知觉能力、食色欲求本无所谓善

[①] 告子本人持有之人性论立场为"性无善无恶"的说法,其所代表的系列观点则可分为"可善可恶"等说。

恶，却可以因为后天运用方式的不同而产生善恶的差异。然而，孟子对这种强调人性便是"自然天性"的看法持不同意见，其曰："口之于味也，目之于色也，耳之于声也，鼻之于臭也，四肢之于安佚也，性也；有命焉，君子不谓性也。"（《孟子·尽心下》）这便是说，这些天生而成、自然本有的知觉能力、食色欲求既然是命定固有的，则对于成德之教而言不应该纳入"人性"的讨论之中，更何况这些知觉能力、食色欲求等"自然天性"所造成的后果不应该由"自然天性"本身来承担，诚如用刀伤人应是伤人者负责而非由伤人之刀来负责。有鉴于此，孟子顺势提出人心呈现之"恻隐""羞恶""辞让""是非"四端才是人天生固有而自觉为善之根基。将此四端之存养扩充便是仁、义、礼、智四德，故而无论人的天赋资质是何种条件，一旦自觉要去为善，他都可以自满自足地为善，这就是孟子"性善"之论。

孟子对"人性善"的论述亦受到质疑，而后学中以荀子的反驳最为系统，《荀子·性恶篇》曰：

"今人之性，生而有好利焉，顺是，故争夺生而辞让亡焉；生而有疾恶焉，顺是，故残贼生而忠信亡焉；生而有耳目之欲，有好声色焉，顺是，故淫乱生而礼义文理亡焉。然则从人之性，顺人之情，必出于争夺，合于犯分乱理，而归于暴。"

前文说过，孟子对告子的反驳乃是基于"知觉能力、食色欲望的存在本身无所谓善恶"这一判断，故而知觉能力敏锐与否、食色欲望强弱与否都好比"刀"的锋利程度，只是一种工具意义上的好坏，不应为道德之善恶负责。反观此处引文，荀子直接指出正是孟子所谓知觉能力、食色欲望等工具意义上的好坏，直接导致了人在道德意义上的作恶。人之好利、疾恶、好耳目之欲等都是由其天生的"知觉能力、食色欲望"所引发的表现，而这些直接表现若不加以有效的控制，必产生争夺、残贼、淫乱等道德上"恶"的后果。"知觉能力、食色欲望"等人生而本有的自然天性，同样需要为个人行为在道德上的善恶后果负责，这便是荀子与孟子意见相左之处。

有了以上的简单说明，我们不难发现孟、告、荀等所代表的先贤先哲均对人在社会活动中表现出的、具有一定普遍性与客观性的"恶行"和人人心中本有的、可以通过道德判断而表现出来的"善心（性）"此二者的存在有所肯定。这种对这种"恶行"与"善心（性）"并存的客观承认，形成了《两界书·教化卷》判断"人性"善恶问题的基础，其曰：

"人之初，性本合。恶有善，善有恶。善恶共，生亦克。心向善，灵之道。身向恶，躯使然。身心合，顺天道。"（士 2017，211）

此处所谓"心向善，灵之道；身向恶，躯使然"绝非简单地将人性善恶打成一团来讲，而是通过对"善、恶"来源的分疏回应了孟荀之争论。首先，"恶有善，善有恶；善恶共，生亦克"的说法实指"恶行"[①]和"善心（性）"是一体两面、并行共存的，亦即是说"善"之所以为善是有赖于"恶"的存在。举例而言，我们看到有人随地吐痰的一刹那，便意识到随地吐痰是一种"恶"，而此意识兴起的同时，我们亦知道与之相对的"不随地吐痰"应属于"善"，这便是对善恶一体两面的一种认知。善恶的一体两面不只存在于每个人的认知之中，更是一体两面地表现在每个人的身心发用之上，我们往往在内心中意识到如何为"善"，却在实际表现中被身躯欲望所遮蔽。顺着之前的例子来讲，这就好比我们在内心中意识到"不能随地吐痰"，却为了避免口腔不适感的持续而做了"吐痰"的恶行。这种情况便是《两界书》引文所说的"心向善，灵之道。身向恶，躯使然"。其次，引文此句对"心""灵""身""道""善""恶"的介说在回应一些跨文化、跨传统之重要问题的同时，[②]指出了孟荀论争的交合之处，即："知觉能力""食色欲望"属于生理层面的"人性"，其有同于其他动物之处，亦有高于其他动物之处，一般的知觉、倾向也属于这个层面；是非、善恶之判断属于心灵层面的"人性"，其超越于一般之动物认知，而是分得天理、归于灵觉的超越存在。故而，《教化卷》所见人性论哲学，可还原为"人当如何以心治身、以灵觉正欲望"。

同时，"心"作为属"理"、属"灵"的部分，其存在可以说是"善"

[①]《两界书》提到人类有"三顽疾"：其一，"心中无主，自以为人"；其二，"开口不闭，贪得无厌"；其三，"懒于劳作，溺于食色"。（士 2017，32）此处之"顽疾"亦即不可不承认之"恶行"。

[②] 比如：依《圣经》传统来说，"全知、全能、全善"的上帝在创造世界的时候，怎么会允许这种"不善"的"恶"来到人间，若世界是由"全善"的上帝来创造，"恶"又是从哪里来？而照宋明以降的理学、心学传统而言，纯善的"天理"作为这个世界"本一"的起点，如何容许"恶"的产生？

的；而"身"作为属"气"、属"欲"的部分，其存在遮蔽了"心（性）"中的"善"而成为"恶"的直接表现与来源。然而，同是兼具身心之人，为何有人为善多而成尧舜，有人为恶多而成桀纣呢？①《两界书》中进一步指出：

"人之善恶两心②故在，大小因人而异。不同之人，抑或同人之心，亦因时因地而异变，并非恒定。"（士 2017，214）

人人分得"天理"则良善自存心中，又因气禀不同使得人心被气质遮蔽的程度不同，这本身蕴含着哲学形上学的预设。依照汉代儒学的说法，禀气之多寡、厚薄、清浊，造成智慧、寿夭、良莠之不同，世间大多数人都是由不同程度的杂气相混而成，故恶心、恶行总是客观地存在着。既然人是禀气而生，则人心必可随气之流变而发生相应的改变。此处谓"不同之人，抑或同人之心，亦因时因地而异变，并非恒定"，便是说人心可因气之流动变化而做出的改变，这种"因时因地而变"的情况便成了教化产生的大前提。

通观本节讨论，我们以先秦孟、告、荀之人性论辩为入手处，分疏了中国传统人性论哲学发展的脉络，以此切入对《两界书·教化卷》"性本合"判定的说明。由此条线索引入，我们可以看到《教化卷》所谓"善恶共""身心合"的思想对孟荀论辩之疏解与推进。进而，《教化卷》提出人心所表现之善恶可因循"人""时""地"之不同而产生变化。这亦将作为大前提，开启我们下一节对《教化卷》"教化"思想、道德哲学的解读。

二、"切心""落齿""去尾""生目"：
道德哲学之"恶"的对治

前文我们谈到，因气禀混杂遮蔽心灵之清明、良善，致使人生出恶

---

① 或有人说是因为身体之知觉能力与食色欲望的强弱有别致使心灵之善无从发出，此说不可，知觉能力与食色欲望强者，亦表现出生命活力强劲，从而亦可促进心灵之善更理想地扩充。参见牟宗三：《天才时代之来临》，收氏著《历史哲学》，桂林：广西师范大学出版社，2007年。

② 此处谓"两心"，分指义理与气质，义理即前文所论分得天理而属灵之心，气质即禀气而生之欲望之心，其表现为工具理性。

行、表现出食色之欲。"恶"虽是客观存在之实情，却不能因其存在而一味放纵，如《荀子》所言："从人之性，顺人之情，必出于争夺，合于犯分乱理，而归于暴。"显然，如果我们顺遂、放纵身躯的"情性、身躯和材性"自由发展，必定出现"欲多物寡而必争"的结果，"这种争斗的结果亦必定导致整个社会处于一种紧张的关系状况之中"。① 为了保证社会生活的持续和稳定，个人或私人之"恶"与欲望必定要受到整个社会生活或相邻之人的制约，于是个人与社会便形成了一种相互制约的张力，从道德哲学而言，这种张力就是针对"恶"的一种教化。下面，我们就先看看《教化卷》列举了哪些道德"恶"的表现。

其一，"双面人国"：

"双面之人，前后皆有脸面。前脸端庄色正，慈眉善目。后脸貌似恶鬼，形态各异。……后（恶）脸常以多发遮掩。人有双面盖因内有双心。一心向善，一心向恶。善心以善面向人，恶心以恶面向人。"（士 2017，213）

"双面人"，顾名思义便是"一人而两面"。凡人只有一面向人，心思却不可见，亦可称之为另一面。同时，这不能示人之另一面往往是私心作祟的结果，② 又是自家心知此心为私心，故不敢以之示人。换言之，必是明知私心在，只得将其拿来遮掩（于发后）。

其二，"绿齿人"：

"绿齿人常时与人无异，开口言笑显好约白齿，友善亲近，其乐融融。每遇适时之机，其齿由白变绿。绿齿硕大，吸吮人血……。生性狡黠，汲血食人常乘人不备……绿齿即复原状。"（士 2017，216）

"绿齿人"者，残暴而善伪装，一切形同常人的表现都是为了绿齿显现一刹那的铺垫与准备。换言之，"绿齿人"的一切良善之行为皆为了最终的"恶"做准备，可以算作我们常言所说的"伪君子"。

---

① 陈来：《从思想世界到历史世界》，北京：北京大学出版社，2015 年，第 102 页。
② 若人做到表里如一之良善，亦当是儒家君子人格的追求。故，宋明儒论"体察未发之几"、求"发而皆中节"便是此义，旨在追求善心直发为善行的道德至境。

其三,"尾人":

"斯国上下,人皆以尾为荣。位愈高尾愈大,位尾相应。"(士 2017,219)

"凡遇美女,即掳为妾奴,毋须遮掩。凡遇美酒,即就地畅饮,烂醉成泥。凡遇爱物,……即攫而取之……"(士 2017,218)

与"绿齿人"相反,"尾人"倒是毫不遮掩、以位势压人。"尾人"对其食色欲望绝无遮掩,兴之所至、力所能及地放纵自己的欲求,我们可以称之为"真小人"。

其四,"独目人":

"独目人止有一目,竖于额面之中。独目人周身长毛,或黑或褐……视距三尺,三尺之外物不可视。所视者多为可食之物,余者皆视而不见。"(士 2017,222)

以"目"为喻,"独目"之人非目光独到,而是目光短浅。独有一目本就视线受阻,却又视力有限"三尺之外,物不可视"。视力有限亦非最大之问题,关键是只见"眼前利益",不知长远规划。"独目"之人所见"三尺之内"只有食物,当下能吃的就当下吃,当下吃的绝对不留到明天吃,当下不能吃的更不会加以利用。我们可以说此"独目人"当真天生天养,未被饿死已是上天好生之德。

以上四者乃是《教化卷》对世间之"恶"假以譬喻,更突出、更形象地展现不同"恶"的表现方式。面对这些"恶"的不同表现,《教化卷》亦提出相应的对治方法。对应四种"恶行",我们也总结为四种对治"工夫"[①]:

其一,"切心不可,自家炼化":

"然人之双心(善恶心)之中,善恶交叠,形同色混,实难区辨。"

[①] "工夫"乃是宋明儒学借佛家之词讲授"修身"之方,"做工夫"就是对准自家不足之处进行纠治。

"所经摘心者，亦难存活长久，更难留后。"

"若皆（善恶心）除之，人无心则死，不死则兽，贻害甚大。"

"善面易呈，秉性难改。"（士2017，215）

照平常的习惯想法，若人之心善恶两分，不如直接将恶之部分"切去"。其实，善恶本就是相互依存、一体两面之存在，善恶之表现更是不可能分开的。人之可为的工夫便是"己欲立而立人，己欲达而达人""己所不欲，勿施于人"，也就是我们所说的"推己及人"的能力。人之善恶表现更可使自家"知善知恶""明辨是非"，若可进一步"为善去恶"，方能在"不可切心"的情况下，炼化自家恶行。

其二，"乡约俗规，人我夹持"：

"乡人渐有俗规，妇孺夜晚不出门，三人之下不外行。……凡遇绿齿之人，皆群起围打击杀。久而久之，绿齿人不敢妄为。"

"亦有绿齿人受外众之迫，自省自耻，遇行善抑恶，每遇恶遇起，咬齿以抑制。"（士2017，219）

如果说自家挺立道德心性从而走上"为善去恶"的工夫进路是道德实践的中间形态，那么，"乡约俗规，人我夹持"便是"去恶"进路的可能起点。世上总归有不少迷途之子，其生命旺盛、行动力强，却也表现出强大的欲望，有时真要靠亲邻、师友夹持之功将其先捆缚在"规矩"之牢笼里，以"仁义"规范其行，虽说"由仁义行"方是道德实践之目的，但使之"行仁义"是一个必要的前提和约束。

其三，"以暴治恶，前事有鉴"：

"尾人国民反，见尾长者即杀。"

"后多有复长其尾者，然不敢显露，惟紧夹于股后。"（士2017，221）

人之恶行亦分程度，教化、拯救亦有界限，不得已时只能"以暴治恶、拨乱反正"。如近世之希特勒、东条英机、冈村宁次等人，其所犯之恶已非教化可改，阻止其恶行不得不依靠暴力。同时，"以暴治恶"并非最终目的，

"暴"只是为了向"后继之恶"树立一面镜子,使之前事不忘,收敛欲望。

其四,"颂天悟道,以心引身":

> "颂天悟道……独目人日出而作,日落而息,循序渐进,依文化人。"
> "以心目为要,心目观道,人行正道。"(士 2017,224)

道德进境终究没有终点,"为善去恶"亦总在过程之中。对自家而言,先是不断地看到自身行为的不足,要改正行为;进而发现自心的不足,要诚意正心;最后发现心的发动处就需要有功夫磨炼在,要破除光景。对家国而言,天子、君主之不足要谏,制度之不足要变,百姓之不足要化。故所谓"苟日新,日日新,又日新",是说我们每天都在"日出而作,日落而息"的生活中,感悟天道、乾乾健行、对治自家之"恶",一日不以"心目"指引前路,一日便走向歧路,不知正道。

总之,我们根据《教化卷》所示之四种恶行及四种对治"恶"之工夫、方法,梳理了《两界书》针对"人性本合"之中的"恶"所提出的一套道德实践工夫。《两界书》所设计的"切心""落齿""去尾""生目"等治"恶"方法构成了:以日常生活为基础,乡规俗约、亲友夹持为起点,"以暴治恶"为惩戒,依靠自己体悟天道、乾乾奋进为核心的工夫实践体系。在这个体系之中我们不难看到,"乡规俗约、亲友夹持"和"以暴治恶"两者所代表的"政""刑"两层意义亦即是我们常说的社会制度。这就是说,对治恶行离不开社会制度的帮助。下一节,我们就来看看《两界书》针对社会制度层面所提出的"仁不离制"的思想。

三、"乐而忘忧,骄侈必起":"仁不离制"的政治哲学思想

于人类社会生活而言,对治个体之"恶"并非最终目的,这只是形成和维护社会合理秩序的一个必要步骤。社会治理,甚至说社会制度建立的目的,是为了处于这个社会之中的人最大程度上的拥有稳定、富足的生活,这便是政治哲学的问题。社会生活之中的每个个体,一来因拥有其相对独立的分工而具备一定的特殊性,二来又因处于社会生活的某个群落而具有

稳定的关系。个体这种既独立、又紧密的存在形态，要求制度之建立一定要在明确个体分工的同时，有效地维护个体间的群落关系。《教化卷》对这种理想的、"明分使群"的社会形态有着这样的描述，其曰：

> "巴夏之国尊礼重义，尚德崇仁，典严制明。损人者为人损，助人者为人助，通则守约，信诚以待。"（士 2017，228）

在这一描述中，我们不难看到：首先，个体的独立性落在人与人之间的"尊礼重义"之上，"礼""义"是对个人社会身份的确立，正所谓"名不正则言不顺"，"礼""义"便是对个体之"名分"的固化和共识；进而，"尚德崇仁"便是公众对"礼""义"所固化之"名分""规范"的肯定，在肯定个人分位、分工的基础上，以践行"仁""德"表达对他者的尊重和个体的认可；最后，依靠"典严制明"进一步确立"名分""位分"的客观性和强制性。在这种尊重个体、确立名分的基础上，人与人之间的密切关系同样需要保障，而这种保障便是"通则守约、信诚以待"。

"群"之所以为"群"，关键还是在其稳定性与持续性。我们不能接受一个群落的生活习惯经常性的变更，变更带来的不稳定性使群落生活的共识减少甚至消失。一个没有稳定性的群落会令生活在其中的人失去"安全感"，从而导致个体表现出更强的攻击性和对个人欲望的不断追求，这就是《教化卷》所说的"损人者为人损，助人者为人助"。当群落中的每个个体都开始追求个人欲望，其所形成的个体间的张力便会轻易撕裂这个群落。《教化卷》进一步描述到：

> "恶邪畅行，良正阻滞。天道掩没，人心污垢。人之熙熙，甚如猛兽尽出。……朝内朝下，各揣所思，各执利欲。举国百姓，多昏昏然，无动于衷。世风日下，国势必败。"（士 2017，235）

《教化卷》以国之治、败为例，是"损人者为人损，助人者为人助"的一种极度表现。于国家而言，天子之表现当真是有举足轻重的意义。若"王"违"信"背"约"，则朝臣随之、百姓附之，自此，国必不国。

《教化卷》强调"王"有此作用，皆因"王"乃是"天道""民意"的交通关节，故称之为"上承天道，下载民意"：

> "王与庶民，有异而大同。异者，王为民之首。大同者，王与民共生。况王与民立乎同地，盖乎同天。无地之撑，岂不悬空随飘？"（士2017，230）

"王"与"庶民"之异者，乃因其"命"①，故而"王"有其掌管天下之权，亦有榜样天下之责。但同时，"王"也是万民中的一员，这就要求"王"更需要遵守制约。由此，《教化卷》提出对"王"的"上、中、下"三制：

> "王道非一己之道，而为天地普道，即合天道。王道非人欲之道，而为人仁之道，即合仁道。仁者人人，即普济众人，而非一人，亦非少人。"
>
> "王道行之天下，当在上有天制，中可自制，下可他制。天制者，循天道是也。自制者，自省自节是也。他制者，念及普罗，垂范众生，约制民里是也。天、王、民，上、中、下，三制有序，天人相合。"（士2017，232）

"王道"指的是"王"应行之道路，"王"之行道是以一己之身代天下百姓行道，也因此，"王道非人欲之道，而为人仁之道，即合仁道。"《教化卷》论"仁者人人"，乃是"仁"字之本意，《说文》见"仁"者"亲也；从人从二；忎，古文仁从身心"。"仁"字以"忎"解②，乃是自家"身心相爱"；"仁"字以"人偶"解，乃是人与人之相亲相爱。于"王"而言，此"仁"更是由"亲亲"而"爱民"，"人仁之道"亦是"爱民之道"。"王"行"爱民之道"首要"自制"自己之欲望，不可"行人欲之道"，以此为起点才能"首自制而他制，先官制而民制。法制利国，厚利庶民，薄利官宦。举国上下，依法为制，民无不服"（士2017，242"仁不离制"）。可以说，"王道之行"是一个"推己及人"的过程，而这个过程必然是"艰苦卓绝"，需要靠内外夹持之方法③，敦促"王"行正道。

《教化卷》进一步解释道："天制者，循天道是也。自制者，自省自节

---

① "王之为王，当因王命。"（士2017，232）
② 郭店简见"仁"字"上身下心"，杜维明先生以此解"体知"之义。
③ "内外夹持"之内，不离我们上一节所讨论的个体道德生命的挺立以对治自身的欲望；而其中之外，便是靠"天、王、民，上、中、下，三制有序，天人相合"。

是也。他制者，念及普罗，垂范众生，约制民里是也。"换言之，"三制有序"既有通向天地大化、生生不息的天道，亦有人伦纲常、保育百姓的民道，更不离"王"之主体道德意识对自身的反躬自省。

以"王"之行"人仁之道"为基础，《教化卷》指向的是整个社会制度的构建，指向的是一个稳定、理想的社会生活。由此来看，"三制"之论作为一个全面的、打通内外的、用以规范"王"之行为的制度形态，其目的还是为整个社会制度的建立寻求一个坚实的支点。依于这个支点，《教化卷》进而构建了一套合"道""仁""约"为一体政治哲学系统，其曰：

"以道为纲，日出日落，经纬有序，往复持久。……治国理世化民，道不明则心不亮，心不亮则路不畅。……天道存于人心，心有道人有灵，人有灵道，世维有序。"（士 2017，241"首顺天道"）

"人须爱人，以仁为和。以己心及人之心……即为仁，人可和。"（士 2017，242"以仁为和"）

"人非个人，以约为通。约为心桥，守约则信。……君、臣、民信同约通，国无不立，民无不治。"（士 2017，241"以约为通"）

合"道""仁""约"为一体，亦即是将"首顺天道""以仁为和""以约为通"三者打通为一。首先，"道"即为方向，是最高的原则。所谓"以道为纲，日出日落，经纬有序，往复持久"，亦即是说"道"就隐在百姓日用而不知的生活之中，民心所向就是天心所向。[①]"治国理世化民"若是明白了这一点，就能以"心目"见"天道"，行"天道"得民心。其次，立人之本、"以仁为和"。人之本为"仁"，即爱人之心，挺立仁爱之心，方能立人。"老吾老以及人之老，幼吾幼以及人之幼"，仁爱之心的扩充便是"己欲立而立人，己欲达而达人"，如此一来，人人相敬而守礼义才可以融洽地相亲相合。最后，只有相亲相敬也是不够的，为了尽最大可能地使众人的生存、生活需要得到满足，每个人还要按照约定履行各自的义务，这就是"以约为通"。《教化卷》进一步指出，这个"以约为通"不只是要求百姓间的信守承诺，更是要求由上到下、君臣民之间相互信守约制，

[①]《尚书·泰誓》有言："天视自我民视，天听自我民听。"圣贤的帝王把自己置身于天命的监督之下，也置身于民心的监督之下。

故其谓"君、臣、民信同约通,国无不立,民无不治"。

我们将《教化卷》以"王"之"三制"为基础、合"道""仁""约"为一体的"外王"政治哲学,与其"人性本合""道德挺立"的"内圣"心性哲学合起来看,便是《两界书》所说的"仁不离制",其曰:

> "然道不离器,仁不离制。经国化民,以法为制。订凡三百六十五律例,含敬天帝、孝父母、善邻里、不欺诈、不贪夺、不偷窃、不侈靡、不耽淫,各类律典应有尽有。"(士 2017,242"仁不离制")

凡"三百六十五律例"无一不是外王面政治哲学之律制,又无一不是内圣心性哲学、"道德本体"之要求。"敬天帝、孝父母、善邻里、不欺诈、不贪夺、不偷窃、不侈靡、不耽淫"诸此等等,之所以能够成为社会生活的基本律条,亦因其本身是被我们自有之"善心"认同。这些基本律条之设立,亦是为了保障个体道德心能够充足地发出,为了保障社会群落生活的稳定富足。此即是说,谈"法"、谈"制"不能离"仁",求"仁"、立"德"不可离"制",这便是《两界书·教化卷》所强调的"仁不离制"思想。

通过梳理《教化卷》外王面的相关段落,本节梳理了对"王"的"三制"之方的设定和其中提出的"合'道''仁''约'为一体"之政治哲学体系,从而明确了"仁不离制"思想的关切重心与理论价值。

结　论

本文从中国传统人性论争论入手,在疏解孟、告、荀各自人性论的基础上,说明了《两界书·教化卷》通过对"善、恶"来源的分疏、以"善恶共""身心合"的立场回应孟荀之争论;进而提出"人性本合"的思想,推进了传统的人性论讨论。基于"人性本合"的人性论基础,《教化卷》指出人心所表现之善恶可因循"人""时""地"之不同而产生变化,这便是对治"恶行"、教化民众的大前提。依此前提,我们进一步梳理了《教化卷》"切心""落齿""去尾""生目"等寓言故事,看到《教化卷》所构建的由"反躬自省""内外夹持"到"以暴治恶""体贴天道"的一套完整的"教化"体系,证成了《教化卷》"内圣"道德哲学的完整图景。与之相对,我们同样看到《教化卷》在外王政治哲学先以"王道"为核心,设"三制"制度规范"王"之行;进而提出"合'道''仁''约'为一体"之政治哲学体系。《两界书·教化卷》合"内圣""外王"为一体,以"天道""仁心"贯通其中,最终形成"仁不离制""制不离仁"的哲学体系。

十三行行商与清代戏曲关系考

深圳大学　陈雅新

鸦片战争前的清朝政府,在对外关系上实行"闭关政策"。清代入关之初厉行海禁,康熙二十三年(1684)始开禁,准许广州、漳州、宁波、云台山四口通商,到乾隆二十二年(1757)则只准广州一口通商。当时清政府在广州指定若干特许的行商(洋货行或外洋行)垄断和管理经营对外贸易,又被称为"十三行"。一直到鸦片战争后1842年订立《南京条约》,才打破了清政府的闭关政策,"十三行"的公行制度也随之瓦解。[①]而行商的后代仍然在中国商界发挥着重要影响。正如朱希祖所言:"十三行在中国近代史中,关系最巨。以政治言,行商有秉命封舱停市约束外人之行政权,又常为政府官吏之代表,外人一切请求陈述,均须由彼辈转达,是又有唯一之外交权;以经济言,行商为对外贸易之独占者,外人不得与中国其他商人直接贸易。"[②]然而这一持续了近一个世纪的组织,与戏曲的关系却未有人做过专门研究。[③]本文搜集了中外史料,首次对十三行行商与戏曲的关系做出揭示。

商路即戏路,是研究者的一个共识。然而自1757年成为唯一口岸,至1842年中英《南京条约》规定中国开放五口,广州的国内商路又受到国际贸易的显著影响。对外贸易兴盛,则入粤外省商人多,广州外江梨园会馆兴盛;反之,对外贸易冷淡,则广州外江梨园会馆亦不景气。而国外市场

[①]　徐新吾、张简:《"十三行"名称由来考》,载《学术月刊》1981年第3期。
[②]　梁嘉彬:《广东十三行考》"序",广州:广东人民出版社,1999年,第5页。
[③]　关于十三行的研究,详参冷东《20世纪以来十三行研究评析》,载《中国史研究动态》2012年第3期。冷东、金峰、肖楚雄著《十三行与岭南社会变迁》,对十三行与岭南经济变迁、政治军事变迁、岭南城市变迁、文化变迁等方面做出探讨,没有涉及戏曲。

对于茶、生丝、土布、瓷器等不同产地商品的需求，则会引起相应省份商人的入粤，这些省份的戏班也随之而来。因此，外贸影响了广州外江梨园会馆的兴衰和构成会馆各省戏班的多寡。①十三行则是这一时期中外贸易的枢纽，其经营状况改变着整个广州商业，进而影响到广州剧坛。除此宏观影响外，行商与广州梨园也有很多直接的关联。

一、演戏宴请中外宾客

十三行设立后，洋人活动的范围被严格限制在广州城外的商馆区，不准入城，因此到行商家中做客、参观行商的庭院成了洋人最好的消遣。②据英国人威廉·希基（William Hickey）（1749—1830）回忆录记载，1769年（乾隆三十四年）10月1日和2日，他于行商潘启官（Pankeequa）的乡间庭院参加了晚宴。由于这些记述是戏曲史研究的新资料，故予以详细引述：

> After spending three very merry days at Whampoa, we returned to Canton, where Maclintock gave me a card of invitation to two different entertainments on following days, at the country house of one of the Hong merchants named Pankeequa. These fêtes were given on 1st and 2nd October, the first of them being a dinner, dressed and served *à la mode Angluise*, the Chinamen on that occasion using, and awkwardly enough, knives and forks, and in every respect conforming to the European fashion. The best wines of all sorts were amply supplied. In the evening a play was performed, the subject warlike, where most capital fighting was exhibited, with better dancing and music than I could have expected. In one of the scenes an English naval officer, in full uniform and fierce cocked hat, was introduced, who strutted across the stage, saying "Maskee can do! God damn!" whereupon a loud and universal laugh ensued, the Chinese, quite in an ecstasy, crying out "Truly have muchee like Englishman."
>
> The second day, on the contrary, everything was Chinese, all the

---

① 参见冼玉清：《清代六省戏班在广东》，载《中山大学学报》1963年第3期。
② 参见刘凤霞：《口岸文化——从广东的外销艺术探讨近代中西文化的相互观照》，香港中文大学2012年哲学博士论文，第89—94页。

European guests eating, or endeavouring to eat, with chopsticks, no knives or forks being at table. The entertainment was splendid, the victuals superiorly good, the Chinese loving high dishes and keeping the best of cooks. At night brilliant fireworks (in which they also excel) were let off in a garden magnificently lighted by coloured lamps, which we viewed from a temporary building erected for the occasion and where in there was exhibited sleight-of-hand tricks, tight- and slack-rope dancing, followed by one of the cleverest pantomimes I ever saw. This continued until a late hour, when we returned in company with several of the supercargoes to our factory, much gratified with the liberality and taste displayed by our Chinese host.[①]

［译：在黄埔度过了愉快的三天后，我们返回了广州。接下来的几天中，麦克林托克给了我一张来自行商潘启官两次款待的邀请函，分别是在十月一日和二日。第一天的晚宴配以英式装束和服务，在此场合中，中国人相当尴尬地用着刀和叉，各方面都符合欧洲时尚。各种最好的葡萄酒都充足地供应着。晚上上演了一部好战题材的戏，展现了很多精彩的打斗，期间的舞蹈和音乐比我预期的要好。一个场景中，一位英国海军军官被介绍上台，他穿着全身制服，戴着突出的尖角帽，大摇大摆地在舞台上说"Maskee can do! God damn!"（一定能成功！真该死！）引起哄堂大笑，一个中国人不能自己地大喊："Truly have muchee like Englishman"。（真像英国人）

第二天则相反，一切都是中式的。餐桌上没有了刀叉，所有的欧洲客人都用筷子，或者说努力用着筷子去吃。招待是极好的，上好的饮食。中国人喜欢吃高档的菜肴，保持着最好的烹饪。晚上，绚丽的烟花（也是他们擅长的）在花园燃放，花园被彩色灯笼照得十分美观。我们站在一座临时建造的建筑上，观赏了戏法、紧松绳舞，随后观赏的哑剧是我见过最巧妙的之一。演出一直持续到深夜，我们和几位大班返回了商馆，都对中国东道主的慷慨招待与美味供应感到非常满意。］

---

① Edited by Peter Quennell, *The prodigal rake: memoirs of William Hickey*, New York: E. P. Dutton & Co. Inc, 1962, p.143.

潘启官（1714—1788），同文行行商，名振承，又名潘启，外国人因称之为潘启官（Puanknequa Ⅰ）。他是十三行商人的早期首领，居于行商首领地位近 30 年。在潘振承之后，其子潘有度（1755—1820）、孙潘正炜（1791—1850）相继为行商，改商号为同孚行，仍在十三行中居重要地位，外商亦称他们为潘启官（Puankhequa Ⅱ、Puankhequa Ⅲ）。①从希基的记述可知，潘启官在乡间私家园林中对英国商人与商船大班进行了款待。第一天为西餐，西式服务；第二天为中餐，中式服务。第一天晚上上演了一部战争题材戏曲，其中有滑稽演员装扮成英国海军军官，并说英语，实际上是中式的广州英语（"Canton English" 或 "Pidgin English"）。②第二天晚上的表演有烟火、戏法、杂耍与哑剧。

1793 年英国马戛尔尼（George Macartney）使团访华，从北京返航至广州后，下榻在旧属行商的花园中。1794 年荷兰德胜（Isaac Titsingh）使团访华，也三次在同一花园中参加宴会。蔡鸿生先生引用研究者博克瑟的著作，称此花园为行商伍氏所有。③这一说法影响广泛，但这是蔡先生引用失误的结果。蔡先生所引博克瑟的原著称此花园的所有者为行商"Lopqua"，非伍氏。④在荷使团正使德胜和副使范罢览的日记中多次提到这座花园属于"Lopqua"，应无疑。蔡香玉认为"Lopqua"或为行商陈远来，此花园为陈氏旧有。⑤笔者认同蔡香玉的观点。陈氏花园中专门设有戏台，两国使者都在其中观赏了大量的戏曲演出。⑥英使团主计员巴罗记载："有一次一个高

---

① 梁嘉彬：《广东十三行考》，广州：广东人民出版社，1999 年，第 259-270 页。
② 关于"广州英语"以及以后的"洋泾浜英语"，参见吴义雄《"广州英语"与 19 世纪中叶以前的中西交往》，载《近代史研究》2001 年第 3 期；邹振环《19 世纪早期广州版商贸英语读本的编刊及其影响》，载《学术研究》2006 年第 8 期；程美宝《Pidgin English 研究方法之再思——以 18—19 世纪的广州与澳门为中心》，载《海洋史研究》第二辑，2011 年 8 月；周振鹤《中国洋泾浜英语的形成》，载《复旦学报》2013 年第 5 期；等等。
③ 蔡鸿生：《王文诰荷兰国贡使纪事诗释证》，载蔡鸿生《中外交流史事考述》，郑州：大象出版社，2007 年，第 366 页。
④ C. R. Boxer, *Dutch Merchants and Mariner in Asia*, London, 1988, 1602-1795, IX, p.15.
⑤ 蔡香玉：《乾隆末年荷使在广州的国礼与国宴》，载赵春晨等编《广州十三行与清代中外关系》，世界图书出版公司广东有限公司，2012 年，第 248 页。
⑥ 荷使观剧情况参见蔡香玉《乾隆末年荷使在广州的国礼与国宴》，载赵春晨等编《广州十三行与清代中外关系》，世界图书出版公司广东有限公司，2012 年。关于英国马戛尔尼使团在广州的观剧详情，参见本书第一章。

水品的南京戏班来了广州,看来受到了行商和富民们的极力推捧。"① 可见,行商还聘请了外省来广巡演的南京班招待英使。

刊于嘉庆九年(1804)的小说《蜃楼志》,描绘了十三行商人的生活情形。正如序言所说,作者"生长粤东,熟悉琐事,所撰《蜃楼志》一书,不过本地风光,绝非空中楼阁也",② 具有很高的史料价值。其中对于行商观剧的描写颇多。我们通过对以下一段描述的考证,证实《蜃楼志》高度的写实性:

> ……摆着攒盘果品、看吃大桌,外江贵华班、福寿班演戏。仲翁父子安席送酒,戏子参过场,各人都替春才递酒、簪花,方才入席。汤上两道,戏文四折,必元等分付撤去桌面,并做两席,团团而坐。……那戏旦凤官、玉官、三秀又上来磕了头,再请赏戏,并请递酒。庆居等从前已都点过,卞如玉便点了一出《闹宴》,吉士点了一出《坠马》,施延年点了一回《孙行者三调芭蕉扇》……③

外江贵华班与福寿班都见诸外江梨园会馆碑刻的记载。贵华为江西班,分别记载于乾隆四十五年(1780)《外江梨园会馆碑记》、乾隆五十六年(1791)《重修梨园会馆碑记》、嘉庆五年(1800)《重修圣帝金身碑记》、嘉庆十年(1805)《重修会馆碑记》《重修会馆各殿碑记》、道光十七年(1837)《重修长庚会碑记》之中。福寿为湖南班,见之于乾隆五十六年(1791)《梨园会馆上会碑记》、嘉庆十年(1805)《重修会馆各殿碑记》、道光三年(1823)《财神会碑记》、道光十七年(1837)《重起长庚会碑记》之中。戏旦凤官、玉官、三秀三人,凤官,即陈凤官,玉官即袁玉官,都作为贵华班的成员,出现在嘉庆五年(1800)年的《重修圣帝金身碑记》中;三秀,即谢三秀,乾隆四十五年(1780)《外江梨园会馆碑记》记载属于湖南祥泰班,《蜃楼志》记其属于湖南福寿班,这很好理解,因为伶人同

---

① John Barrow, *Travels in China*, London: Printed by A. Strahan, Printers-Street, For T. Cadell and W. Davies, in the Strand, 1804, p.221.
② 《蜃楼志小说序》,(清)庾岭劳人说、愚山老人编《蜃楼志》,台北:台湾广雅出版有限公司,1983年。
③ (清)庾岭劳人说、愚山老人编《蜃楼志》,台北:台湾广雅出版有限公司,1983年,第258页。

省份之间换班是广州梨园会馆的常见现象。① 这些，都足见《蜃楼志》在戏曲记述上高度的真实性，我们据此可将这段描述的原型定位在约1800年，这对于确定《蜃楼志》的创作时间也具有参考意义。《闹宴》为传奇《牡丹亭》中一出，《坠马》为戏文《琵琶记》中一出，都是昆剧折子戏，《孙行者三调芭蕉扇》或即《借扇》，也是昆剧折子戏，因此此两班唱的也许是昆腔，至少昆腔是其唱腔中之一种。

1816 至 1817 年英国派以阿美士德勋爵（William Pitt Amherst）（1773—1857）为正使的使团访华。1817 年 1 月 1 日，使团从北京返回了广州，1 月 16 日，受到行商章官（Chun-qua）的宴请。使团的第三长官亨利·艾利斯对这次宴请有以下记述：

> A dinner and sing-song, or dramatic representation, were given this evening to the Embassador by Chun-qua, one of the principal Hong merchants. The dinner was chiefly in the English style, and only a few Chinese dishes were served up, apparently well dressed. It is not easy to describe the annoyance of a sing-song, the noise of the actors and instruments (musical I will not call them) is infernal; and the whole constitutes a mass of suffering which I trust I shall not again be called upon to undergo. The play commenced by a compliment to the Embassador, intimating that the period for his advancement in rank was fixed and would shortly arrive. Some tumbling and sleight of hand tricks, forming part of the evening's amusements, were not ill executed. Our host, Chun-qua, had held a situation in the financial department, from which he was dismissed for some mal-administration. He has several relations in the service, with whom he continues in communication. His father, a respectable looking old man with a red button, assisted in doing the honours. With such different feelings on my part, it was almost annoying to observe the satisfaction thus derived by the old gentleman from the stage. Crowds of players were in

---

① 广州外江梨园会馆伶人换班的情况详参黄伟《外江班在广东的发展历程——以广州外江梨园会馆碑刻文献作为考察对象》，载《戏曲艺术》2010 年第 3 期。这些碑文参见中国戏剧家协会广东分会、广东省文化局戏曲研究室编《广东戏曲史料汇编》第一辑，1963 年，第 36–66 页。

attendance occasionally taking an active part, and at other times mixed with the spectators — we had both tragedy and comedy. In the former, Emperors, Kings, and Mandarins strutted and roared to horrible perfection, while the comic point of the latter seemed to consist in the streak of paint upon the buffoon's nose — the female parts were performed by boys (The profession of players is considered infamous by the laws and usages of China.) Con-see-qua, one of the Hong merchants, evinced his politeness by walking round the table to drink the health of the principle guests: the perfection of Chinese etiquette requires, I am told, that the host should bring in the first dish.[①]

［译：章官是主要行商之一，他为大使提供了晚宴与"唱戏"，或者说戏剧演出。晚宴主要是英式，只有很少几道中国菜，显然是特意安排的。戏的恼人难以形容，演员与器具（我不愿叫它们乐器）地狱般的喧闹；整个演出让人痛苦难熬，我确信我再也不愿被要求来经历了。戏剧以恭维大使开始，称大使晋升官级的时期已定，并且指日可待。翻跟头和戏法是晚上娱乐的一部分，表演得不错。我们的东道主章官曾在财政部门任职，因一些弊政被革职。他在公务中仍有些关系，继续联络着。他的父亲是一位看起来便可敬的老人，戴着红色顶戴，也来尽地主之谊。看到这位老先生从演出中获得的满足几乎让我气恼，因为对我而言，感受是如此不同。在活跃的部分，有时会有大量演员上场，而其他时候演员又混于观众中。我们既看了悲剧，又看了喜剧。悲剧中，皇帝、王公与大臣们趾高气扬，咆哮到了可怕的极致。而喜剧中的滑稽点似乎在于画在小丑鼻子上的条纹。女性人物由男孩来扮演。（原注：演员被中国的法律和习俗视为低劣职业。）行商昆水官在桌旁转着，为主要客人们的健康而敬酒：有人告诉我，一个完美的中国礼节需要主人亲自端上第一道菜。］

章官（Chun-qua），或称刘章官，名刘德章（？—1825），于乾隆

---

① Henry Ellis, *Journal of the proceedings of the late embassy to China*, London, 1817, pp.418-419. 翻译参考了刘天路、刘甜甜译，刘海岩审校《阿美士德使团出使中国日志》，北京：商务印书馆 2013 年，第 286–287 页。此中译本将"Chun-qua"音译为春官，将"Con-see-qua"音译为<u>丛熙官</u>，误。

五十九年（1794）至道光五年（1825）充当东生行行商。①参加晚宴的行商至少还有昆水官（Con-see-qua）。昆水官或称潘昆水官、潘昆官、坤水官，为丽泉行洋商潘长耀使用的商名。嘉庆元年（1796）创设丽泉行，道光三年（1823）病故。因生意亏折，家产被查抄。②从引文可知，章官以英餐和戏曲招待了使团。演出以例戏《跳加官》开始，既有喜剧，又有悲剧，人物有皇帝、王公、大臣和小丑等，有些出目上场演员很多，还有票友参与其中。艾利斯除了对翻跟斗和戏法有点认可外，对演出的其他方面都极不欣赏。使团医官麦克劳德对这次演出的记录更为奇特，让人难以想见是怎样的戏剧场景，足见他对中国戏剧的陌生：

> During the whole of the entertainment, a play is performing on a stage erected at one end of the hall, the subject of which it is difficult, in general, for an European to comprehend, even could he attend to it for the deafening noise of their music. By collecting together in a small space a dozen bulls, the same number of jack-asses, a gang of tinkers round a copper caldron, some cleavers and marrow-bones, with about thirty cats; then letting the whole commence bellowing, braying, hammering, and caterwauling together, and some idea may be formed of the melody of a Chinese orchestra. (Their softer music, employed at their weddings, and other occasions unconnected with the stage, is not unpleasing to the ear.) Their jugglers are extremely adroit, and the tumblers perform uncommon feats of activity.③

［译：在整个宴饮过程中，一部戏剧在建在大厅尽头的戏台上上演。它的题材对于一般欧洲人难以理解，甚至喧闹的音乐都足以让人却步。在小小的舞台上，聚集了许多公牛，同样多的驴，一伙补锅匠围着一口铜锅，几把剁肉刀和几根骨头，和大约三十只猫；然后牛吼、

---

① 梁嘉彬：《广东十三行考》，广州：广东人民出版社，1999年，第301-302页。
② 杨国桢：《洋商与大班：广东十三行文书初探》，载龚缨晏主编《20世纪中国"海上丝绸之路"研究集萃》，杭州：浙江大学出版社，2011年，第518页。
③ John M'Leod, *Narrative of a Voyage, in His Majesty's late Ship Alceste, to the Yellow Sea, Along the Coast of Corea, and Through Its Numerous Hitherto Undiscovered Islands, to the Island of Lewchew; with an Account of Her Shipwreck in the Straits of Gaspar*, London: John Murray, Albemarle Street, 1817, pp.149-150.

驴嘶、锤击、猫叫之声开始齐鸣，由此可能对中国交响乐的旋律产生一点了解。（他们轻柔点的音乐，例如婚礼上或其他与舞台无关的场合中所用，并不难听。）他们的杂耍极其娴熟，翻筋斗者表现了非凡的敏捷技艺。］

行商设戏筵宴请宾客在当时广州文人的日记中也颇常见，反映了知识精英阶层对十三行戏剧活动的参与。例如文人谢兰生的日记中记有嘉庆二十四年（1819）四月二十七日"过万松园观剧"、十月十三日"天宝梁君请十六日戏席"，①等等。万松园为行商伍氏的别墅，除谢兰生外，观生、张如芝、罗文俊、黄乔松、梁梅、李秉绶、钟启韶、蔡锦泉等嘉道间的名流也时常过从。②天宝即天宝行，创立于嘉庆十三年（1808），梁君即其开创者行商梁经国。③

法国人福尔格（Paul-Émile Daurand-Forgues）（1813—1883）（又名老尼克，Old Nick）在其《开放的中华》④一书中，记载了他于道光十六年（1836）七月初七受邀参加了行商秀官（Saoqua）家中的晚宴，书中对此次宴饮有以下描述：

> 一番恭维后，他领着我们进了宴会厅——这是一间位于宅子的正屋，即主人所住的地方。
>
> 大厅内，左右两边摆放着四张印尼苏拉特木料做成的桌子，呈一个大平行四边形，留有足够的空间通向一个椭圆形的门。门边立着两只巨大的古瓷瓶，插满色彩鲜艳的花朵，其中高高地夹着两扇宽大的孔雀羽毛。第五张桌子，也就是缥官（笔者注：误，应译作秀官）的桌子，摆在大厅的最内侧，在进门的边上，正对着另一端的是一个小戏台。整顿晚宴期间，戏台上翻筋斗和走钢丝的杂技演员以及歌手不停地表演着，虽然似乎没人瞧他们一眼。虽然桌子足够四人甚至六人

---

① （清）谢兰生著，李若晴等整理：《常惺惺斋日记（外四种）》，广州：广东人民出版社，2014年，第8、18页。
② 《番禺县续志》卷四十叶十九，台北：台湾成文出版社，1967年，第569页。
③ 梁嘉彬：《广东十三行考》，广州：广东人民出版社，1999年，第323页。
④ Old Nick, Ouvrage Illustré Par Auguste Borget, *La Chine ouverte*, Paris: H. Fournier, Éditeur, 1845.

入座，但每张桌子只坐两位客人，左右留出空间，不挡住看表演的视线。①

秀官（Saoqua），即马佐良（1795—1865），顺泰行商，原名马展谋。可见，在他住宅宴会厅内也设有戏台，为宴请中外宾客助兴。对主、客就座的位置也做了特意安排，让人人都能看到演出。

二、家庭演戏

除了上述行商与中外官员、商人等宴饮要请戏班助兴外，在行商的家庭生活中，也经常要演戏，例如乔迁新宅。《蜃楼志》中行商苏万魁新居建成后家中演戏庆祝：

> 万魁分付正楼厅上排下合家欢酒席，天井中演戏庆贺。又叫家人们于两边厅上摆下十数席酒，陪着邻居佃户们痛饮，几于一夜无眠。到了次日，叫家人入城，分请诸客，都送了即午彩觞候教帖子，雇了三只中号酒船伺候，又格外叫了一班戏子。到了下午，诸客到齐。演戏飞觞，猜枚射覆。②

行商人家结婚更要演戏，例如《蜃楼志》中行商苏吉士（笑官）结婚：

> 腊尽春回，吉期已到……苏家叫了几班戏子，数十名鼓吹，家人一个个新衣新帽，妇女一个个艳抹浓妆，各厅都张着灯彩，铺着地毯，真

---

① ［法］老尼克著，钱林森、蔡宏宁译：《开放的中华——一个番鬼在大清国》，济南：山东画报出版社，2004年，第25页。书中尚配有一幅名为"Un Diner"（晚宴）的插图，博格特（Auguste Borget）所绘，然而此图所绘内容与文中内容明显不吻合。其实，此画的原型为阿托姆《中国官员的晚宴》一画，见 Thomas Allom, *The Rev G. N Wright, M.A., The Chinese empire illustrated,* Vol.6, The London printing and publishing company, 1858。而阿托姆画中的戏剧演出场面是模仿亚历山大《一部中国戏剧》（*A Chinese Theatre*）而来。亚历山大画作现藏大英图书馆，为画册 *Album of 278 drawings of landscapes, coastlines, costumes and everyday life made during Lord Macartney's embassy to the Emperor of China. Between 1792 and 1794* 中第168幅，画册编号 WD961: 1792–1794。

② （清）庚岭劳人说、愚山老人编《蜃楼志》，台北：台湾广雅出版有限公司，1983年，第43页。

是花团锦簇。到了吉日，这迎娶的彩灯花轿，更格外的艳丽辉煌。晚上新人进门，亲友喧阗，笙歌缭绕，把一个笑官好像抬在云雾里一般。①

可见，行商财力充沛，迎娶及婚礼上要同时请数家戏班。并且不但男方家里演戏，女方家中也要演。《蜃楼志》写到袁大人到行商苏吉士家中下聘礼时：

> 戏子参了场，递了手本，袁侍郎点了半本《满床笏》。酒过三巡，即起身告别。②

《满床笏》演郭子仪及全家皆封高官，所用笏排列满床之事，专供喜庆场合之用。

富有的行商，家中往往妻妾众多。梨园戏子都是男伶，不便为女眷演戏。因此行商家中还专门设有家班，全由女伶组成，即女戏。并在私家园林中建造戏台，供女眷们消遣，也可用来招待其他行商家中的女眷：

> 再说吉士因如玉回清远过节去了，只与姐姐妻妾们预赏端阳，在后园漾渌池中造了两只小小龙舟，一家子凭栏观看。又用三千二百两银子，买了一班苏州女戏子，共十四名女孩，四名女教习，分隶各房答应。这日都传齐在自知亭唱戏。到了晚上，东南上一片乌云涌起，隐隐雷鸣，因分付将龙舟收下。
>
> 次日端阳佳节……（苏吉士）着人到温家、乌家、施家，请那些太太奶奶们到来，同玩龙舟，并看女戏。③

行商苏吉士的家班由14名苏州女孩和4名女教习组成，平时分属于他的各房妻妾，为她们唱曲；聚集在一起，则是一个完整的戏班，可以搬演整出剧目。苏州是昆曲的繁盛之地，可见此时行商人家对昆曲的喜爱。观

---

① （清）庚岭劳人说、愚山老人编《蜃楼志》，台北：台湾广雅出版有限公司，1983年，第104页。

② 同上书，第230页。

③ 同上书，第254–255页。

戏与观龙舟同时,可知此自知亭应是临水而建,观剧环境优雅,并"可以利用水的回声作用增添乐音的幽回效果"。①

英国人艾伯特·史密斯(Albert Smith)(1816—1860)于 1858 年 9 月 15 日(星期三)游玩了潘启官(Puntinqua)的花园。庭官是潘正炜的号,但潘正炜已于 1850 年离世,此庭官或指潘正炜的族人、海山仙馆的主人潘仕成(1804-1874)。② 史密斯记述了两次鸦片战争后潘氏花园破败凋零的景象,而花园中的剧场建筑依然存在:

> There was a well-built stage, for sing-song pigeon, and a pavilion for women opposite to it, between which and the theatre water ought to have been.③

〔译:有一座建造精良的舞台,专为唱戏之用,其对面为一座亭,供女眷们看戏之用,在亭子与剧场之间本来应该有水。〕

《法兰西公报》(Gazette de France)1860 年(咸丰十年)4 月 11 日登载了一封寄自广州的信,文中大谈寄信者所见潘氏住宅的豪奢,谈及"妇女们居住的房屋前有一个戏台,可容上百个演员演出。戏台的位置安排得使人们在屋里就能毫无困难地看到表演"。④ 按年份,此潘氏庭院也应指潘仕成的海山仙馆。海山仙馆还见诸同光朝人俞洵庆的描述:"距堂数武,一台峙立水中,为管弦歌舞之处。每于台中作乐,则音出水面,清响可听。"⑤ 可见潘仕成的私家花园将戏台设在水中,利用水的回声增加音乐之美,还设有看戏的亭子,坐在堂内或亭中都能看戏,更加方便了家中女眷。其情

---

① 廖奔:《中国古代剧场史》,郑州:中州古籍出版社,1997 年,第 25 页。

② 关于潘仕成的身份是否为行商,学界有争议,但其与十三行商人的密切关系则无可置疑。参见蒋祖缘《潘仕成是行商而非盐商辨》,《岭南文史》2000 年第 2 期;陈泽泓《潘仕成身份再辨》,《学术研究》2014 年第 2 期;邱捷《潘仕成的身份及末路》,《近代史研究》2018 年第 6 期;等等。

③ Albert Smith, *To China and back: being a diary kept, out and home*, London, 1859, p.43. "sing-song pigeon" 是当时的广州英语 "Canton English" 或 "Pidgin English" 中对中国戏曲的普遍叫法,详参本书第五章。

④ 转引自〔美〕亨特(Hunter William C.)著,沈正邦译:《旧中国杂记》,广州:广东人民出版社,1992 年,第 90 页。

⑤ 俞洵庆:《荷廊笔记》,转引自黄佛颐编纂,仇江等点校《广州城坊志》,广州:广东人民出版社,1994 年,第 609 页。

形正可与《蜃楼志》的描述相互印证、补充。

三、组建洋行班

行商是广州戏曲的一大消费群体，也许是由于对艺术和服务水准的更高要求，富有的行商们更直接组建戏班，参与到梨园行会当中。广州外江梨园会馆成立于乾隆二十七年（1762），会馆所立乾隆三十一年（1766）《不知名碑记》记载了一个专为十三行演戏的"洋行班"：

> 洋行班主江丰晋 陈广大
> 　师傅李文风
> 　管班沈岐山
> 　众信崔雄士 陈友官 尹君邻 郑华官 李彩官 欧文亮
> 　　周士林 许德珍
> 　子弟阿二 阿陛 广龄 金宝 长庆 国寿 四喜 九宁
> 　　德官 玉保 阿保 阿福 阿九 官友
> 　　　　　　　　　共花钱拾陆员①

广州外江梨园会馆为来广外省戏班的行会组织，具有行业垄断的性质。据记载，外江班是当时广州梨园的霸主，而本地班只准许在乡村搬演。②洋行班为十三行行商组织的戏班，本属本地班，但能够在外江梨园会馆上会，可见其实力之强，可能是行商财可通神的缘故。其成员欧文亮在会馆乾隆二十七年（1762）《建造会馆碑记》中属姑苏朝元班；其师傅李文风和众信崔雄士、许德珍都出现在乾隆二十七年的碑文中，也可能来自姑苏；其子弟，从名字看，可能是广东本地人。可知，行商也许因其他戏班雇主太多或水平欠佳，因而出钱聘请姑苏师傅及一些成员，教广州本地的子弟演唱昆曲，专门为洋行服务。

---

① 中国戏剧家协会广东分会、广东省文化局戏曲研究室编：《广东戏曲史料汇编》第一辑，1963 年，第 42 页。
② 杨懋建：《梦华琐簿》，载傅谨主编《京剧历史文献汇编》第一卷，南京：凤凰出版社，2011 年，第 498 页。

四、出口戏曲题材外销画

行商垄断着中国的外贸，对于茶、丝等主要货物，外商必须从行商手里购买；对于一些装饰性物品例如绘画、扇子、漆器等，则可直接从中国商铺购买。尽管如此，仍有史料说明，至少在19世纪初，英国官方机构会通过行商来购入中国外销艺术品。这些装饰性艺术品上经常被绘以中国的各类事物，其中戏曲图像便经常出现。

例如1803年英国东印度公司董事会给广州十三行行商写信，为印度事务部图书馆征购了一批中国植物题材绘画。1805年董事会再次写信，称这些画得到高度赞许，期望再为他们制作一些混杂题材画作。似乎正由于此信，又一批外销画于约1806年被送达，其中便有36幅中国戏剧题材的画作。① 这36幅画原藏于印度事务部图书馆（The India Office Library），1982年转归大英图书馆（The British Library），架号：Add. Or. 2048—2083。它们形制统一，欧洲纸，水彩画，宽54厘米，高42.5厘米。每幅画的正下方都题有剧名，这36出戏分别是：《昭君出塞》、《琵琶词》、《华容释曹》、《辞父取玺》、《克用借兵》、《擒一丈青》、《疯僧骂相》、《项王别姬》、《误斩姚奇》、《射花云》、《周清成亲》（按：大英博物馆藏同内容外销画上题名"张青成亲"）、《遇吉骂闯》、《齐王哭殿》、《义释严颜》、《李白和番》、《单刀赴会》、《崔子弑齐君》、《醉打门神》、《三战吕布》、《五郎救第》（按："第"同"弟"）、《包公打銮》、《回书见父》、《威逼魏主》、《斩四门》、《金莲挑帘》、《由基射叔》、《醉打山门》、《菜刀记》、《酒楼戏凤》、《王朝结拜》、《渔女刺骥》、《卖皮弦》、《辕门斩子》、《建文打车》、《贞娥刺虎》和《匡胤盘殿》。此外，与这36幅同批送抵印度事务部图书馆的还包括两套船舶画，其中有两幅描绘广府戏船的画作。编号分别为：Add. Or. 1978和Add. Or. 2019。广州的戏船，后来被称为红船，是早期的广州本地班与后来的粤剧班的生活场所与出行工具。②

这批外销画的写实度非常高，将中国戏剧的服饰、装扮、道具、布景

---

① 这些通信现存大英图书馆，编号：Mss. Eur. D. 562.16，参见Mildred Archer, India Office Library, *Company drawings in the India Office Library*, London: Her Majesty's Stationery Office, 1972, pp.253—259.

② 以上38幅画均可参见王次澄、吴芳思、宋家钰、卢庆滨编著：《大英图书馆特藏中国清代外销画精华》第6册，广州：广东人民出版社，2011年。

等舞台面貌和演员们赖以生活和巡演的戏船都相当逼真地呈现于英国读者的面前。

此外，行商的后代或曾帮助过粤剧的发展，并在光绪朝始创广州公开营业的商业戏院。据说，较早出现的粤剧细班（童子班）是清咸丰间的"庆上元"班，由艺人兰桂和华保两人任主教。他们和老艺人邝明（邝新华之父），早年曾在琼花会馆协助李文茂起义。清朝禁演粤剧，二人就借用十三行富商伍紫垣在河南（今海珠区）溪峡的花园，招收了一批儿童来传授技艺。对外则说是家庭娱乐活动。① 伍紫垣（1810—1863），名崇曜，原名元薇，字紫垣，商名绍荣，其父伍秉鉴殁后任怡和行行主。"光绪二十五年，广州五大富商中的潘、卢、伍、叶四家，在他们居住的河南（海珠区）寺前街附近，开设了一间戏院叫'大观园'。这是广州有史以来第一间公开营业的戏院。"② 此四家的祖上都是行商。

至此，我们对十三行商人与戏曲的关系做初步总结。长期作为中西贸易的唯一枢纽，宏观上，行商对外贸易上的经营情况，影响着广州外江梨园会馆的兴衰。具体联系上，行商组建戏班，参与到广州梨园行会当中；家中宴会厅、园林中都设有剧场，时常设戏筵宴请官员、文人、外国商人大班等，特别是每有外使访华，更要隆重演戏娱宾；每逢喜事、节庆家中都要演戏，甚至同时雇请数班，另有女子家班，专供行商家中众多的女眷消遣。可见，行商无疑是广州戏剧的一大参与和消费群体。演戏款待外国人，特别是被限制在商馆区的外商，并将戏曲题材的外销画出口到国外，对于清代戏曲对外传播产生的作用是不可替代的。并且由于行商巨大的戏曲需求所致，在十三行所在的商馆区街道上还汇集了诸多的戏曲相关商铺，包括戏服铺、戏筵铺、搭戏棚铺、鼓乐铺、乐器铺，等等，都被如实地描绘在了19世纪初的广州外销画中，③ 反映了由十三行所带动的整个广州戏剧生态的繁荣。

十三行与戏曲的关系，无论对于十三行研究还是戏曲史研究都是一全新的话题。事实上，发端于15世纪末的"全球化"浪潮，至18、19世纪越发强劲；作为中西唯一贸易枢纽长达近一个世纪的十三行，是"全球化"与清代中国的重要联结点。以往的戏曲史研究往往对清代所处的国

---

① 赖伯疆：《粤剧史》，北京：中国戏剧出版社，1988年，第301-302页。
② 同上书，第314页。
③ 详参拙作：《外销画中的十三行街道戏曲商铺考》，《中华戏曲》第59辑，2019年第2期。

际政治、军事、经济等因素考虑不足，考证十三行与戏曲的关系，既为"全球化浪潮中的清代戏曲"这一以往被忽视的面向做出尝试性探索，也为理解十三行在清代社会、文化、政治中扮演的角色提供了一个独特的视角。

事实·理论·策略：鲍曼对新自由主义意识形态的批判

广东财经大学 陶日贵　深圳大学 田启波

作为当代西方最负盛名的思想家和资本主义老牌斗士，齐格蒙特·鲍曼（Zygmunt Bauman，1925—2017）自 20 世纪 80 年代晚期以来，一直致力于对现代性的反思和批判，先后出版了"现代性三部曲"与"后现代性三部曲"，以及流动的现代性系列[1]，对当代西方社会理论产生重要影响[2]，甚至被誉为"当代西方用英语写作的最伟大的社会学家"[3]。虽然鲍曼写作主题不断变换，但对资本主义的批判则是一以贯之的，其目的在于探究和揭示资本主义钳制乃至封闭人类选择可能性空间的运作机制。立足资本的视角分析现代性的生成及其转型，是鲍曼现代性批判思想的一个显著特征。如果说鲍曼对第一期现代性的批判主要针对的是"沉重的资本主义"，那么他对第二期现代性或后现代性和流动的现代性的批判主要针对的是"轻快的资本主义"[4]，

---

[1] 现代性"三部曲"有：《立法者与阐释者》《现代性与大屠杀》《现代性与矛盾性》；后现代性"三部曲"有：《后现代伦理学》《生活在碎片中：论后现代道德》《后现代性及其缺憾》；流动的现代性系列包括《流动的现代性》《流动的时代》《流动的恐惧》《流动的生活》等。

[2] 贝克的自反性现代性理论深受鲍曼著作的影响。见〔德〕乌尔里希·贝克、〔英〕安东尼·吉登斯、〔英〕斯科特·拉什：《自反性现代化——现代社会秩序中的政治、传统与美学》，北京：商务印书馆，2004 年，第 225、252 页。

[3] Peter Beilharz: "Reading Zygmunt Bauman: Looking For Clues", *Thesis Eleven*, Volume 54, August 1998, pp.25-26.

[4] 〔英〕齐格蒙特·鲍曼：《流动的现代性》，欧阳景根译，上海：上海三联书店，2002 年，第 90 页。"沉重的资本主义"又称福特式资本主义，轻快的资本主义又称后福特式资本主义或全球资本主义。鲍曼把至今为止的现代性历史分为两期，即"现代性/后现代性"，后来又改称为"稳固的现代性/流动的现代性"。

而新自由主义意识形态则是"轻快的资本主义"的理论体系。鲍曼晚近写作主要关注后现代性和流动的现代性主题，其实质是对新自由主义意识形态进行全面批判，在他那里，"轻快的资本主义"甚至是比"沉重的资本主义"危害更大也更难对付的一种资本主义。鲍曼对新自由主义意识形态的批判不仅是贯穿其晚近著作的一根红线，而且具有多维立体的特征，既有事实层面的实证批判，也有理论层面的悖谬分析，还有操作层面的策略揭示。鉴于新自由主义意识形态仍是当代资本主义国家主流意识形态，同时也是国际垄断资本主义对我国进行思想渗透的最主要思想武器，这一批判对于当今中国正确认识和有效抵制新自由主义意识形态具有一定的借鉴和参考价值。

一、事实批判：新自由主义意识形态化的实践后果

20世纪70年代，西方发达国家陷入空前的滞胀困境，具有强烈国家干预色彩的凯恩斯主义备受批评，于是作为凯恩斯主义的替代理论的新自由主义迅速走上历史前台，其间经历撒切尔、里根主义的强力推行，东欧剧变时的急遽扩张，特别以"华盛顿共识"出台为标志，新自由主义最终实现了由学术理论、经济政策到范式化、意识形态化的转变。"新自由主义作为话语模式已居霸权地位……它已成为我们许多人解释和理解世界的常识的一部分。"① 新自由主义核心理念是贸易自由化、定价市场化、财产私有化、责任个休化，推崇市场原教旨主义，认为依靠个人和企业的自由，能够最大程度地促进人的幸福。世界经济政治新自由主义化的过程，也是经济全球化不断深入的过程。在鲍曼看来，今天全球化的世界并非如新自由主义宣传得那般美妙，而是一种单向度的全球化，为极少数权力资本赚取财富带来空前便利的同时，给人类绝大多数人口造成了前所未有的困境。

一是全球普遍失序。在鲍曼那里，全球化不过是混乱无序的代名词。全球化传递的最基本信息就是世界事务处于无中心的失控状态，社会变得动荡不定、无法把握，灾难常常不宣而至，令人猝不及防，危险和恐惧弥漫于全球各个角落。在他看来，当前世界混乱无序状态具有以下特点：其一，我们周遭世界的变化是反复无常的。如人们的工作、生活模式及社会

---

① 〔美〕大卫·哈维：《新自由主义简史》，王钦译，上海：上海译文出版社，2016年，第3页。

秩序常常在毫无征兆的情况下瞬间消失，突如其来的变化具有令人无法理解的非逻辑、非理性的特征；其二，世界事务虽具有自生自发的自然性特征，但并非自然原因所致，而是人为制造的结果，在这点上，鲍曼与吉登斯、贝克的观点是一致的，只是吉登斯和贝克更多把原因归结为如科技等现代性机制本身的自反性，而鲍曼则明确指认不受约束的全球性资本是罪魁祸首；三是全球失序状况至今未见有变好的迹象。鲍曼忧心的是，现实中为应对全球无政府状态而采取的绝大多数举措，不仅于事无补，反而加剧了全球乱象，并使之进一步固化。他说，现代性曾经是一大进步，承诺使人类摆脱恐惧，它不仅将终结所有的意外和灾祸，也将终结所有的幻觉和不公正，"但是，原本以为的逃离路径却变成了漫长的迂回之途。五个世纪过去了……我们的时代再次成为恐惧的时代"①。

二是贫富空前极化。鲍曼在其著作中运用大量实证材料对新自由主义宣扬的"滴涓效应"，即富人有钱最终也会让穷人受益的观点进行揭露和批判。在他看来，凡是新自由主义化的地区，贫富差距总在以空前的速度扩大。首先，国家与国家、地区与地区之间、一国或地区内部各群体之间的贫富差距都在扩大。鲍曼在《全球化》（1998）中提到，世界头358名全球亿万富翁的总财富相当于23亿占世界人口45%的最穷人口的总收入，只有22%的全球财富属于占世界人口大约80%的发展中国家。②后来他在《此非日记》（2011）中又写道，尽管一些贫穷国家在追赶富裕国家，但全世界范围内最富和最穷的个人之间的鸿沟还在持续扩大。③"全球化是一大悖论：它对极少数人非常有利的同时，却冷落了世界三分之二的人口或将他们边缘化了。"④其次，新生穷人境况极其悲惨。鲍曼注意到，生于20世纪60年代中期至70年代末的所谓"X一代"两极分化趋势明显，他们中大部分人都遭受过失业的体验，患抑郁症的人日渐增多。⑤并且，今天的穷

---

① 〔英〕齐格蒙特·鲍曼：《流动的恐惧》，徐超友译，南京：江苏人民出版社，2012年，第3页。
② 〔英〕齐格蒙特·鲍曼：《全球化》，郭国良、徐建华译，北京：商务印书馆，2001年，第67页。
③ 〔英〕齐格蒙特·鲍曼：《此非日记》，杨渝东译，桂林：漓江出版社，2013年，第108页。
④ 〔英〕齐格蒙特·鲍曼：《全球化》，郭国良、徐建华译，北京：商务印书馆，2001年，第68页。
⑤ 〔英〕齐格蒙特·鲍曼：《废弃的生命》，谷蕾、胡欣译，南京：江苏人民出版社，2006年，第2页。

人在历史上第一次失去了社会位置，成了名副其实多余的人，因而被排除在道德义务之外，被贴上懒惰和犯罪等标签，不断遭受侮辱和监禁。更可怕的是，全球化使得冗余人口数量呈几何级攀升，几乎人人都可能成为潜在的多余。鲍曼的《废弃的生命》（2005）一书集中记述了诸如经济移民、难民等我们这个时代被排斥群体的悲惨命运。

三是政治日益崩溃。一般来说，政治意味着协同一致的集体行动，意味着公共事务和私人忧虑之间的相互转换，是人类集体解决自身困境的唯一有效途径。鲍曼认为："我们从未像现在一样需要政治，因为现在政治已经变得很困难、而且丧失能够架起桥梁的大部分能力了。"① 当前的政治溃败主要源于全球化过程中的政治无能，即资本可在全球范围内移动，而政治只能停留在地方，这种不对称性的权力结构反过来又迫使地方性政治进一步放弃其社会职能，从而在根本上损害了政治信任和政治存在的基础。"民族国家的物质基础被摧毁了，主权和独立被剥夺了，政治阶级被消除了，它也就成了那些大公司的一个普普通通的保安部门……"② 在鲍曼看来，当前形形色色共同体的兴起，不过是现代西方民族国家政治走向衰落的一种应急反应和替代物，它们无论口号多么迷人，皆与以往民族国家不可同日而语，不具有后者的经济社会保障功能。③ 在全球层面，"政治真空一次又一次邀请了暴力协商"④，全球政治权威的不在场使得暴力与恐怖主义的界限变得模糊，这表明反恐战争不可能取得胜利；在生活层面，因价值基准权威的缺失，"许多邻里和家庭暴力都把侦查战策略应用到了生活政治"，并且伴随民族国家对政治建构雄心的放弃，种族和宗教边界也变成了侦查战（在没有规范的情形下，通过战役或暴力进行侦查之意）双方的另一个战场。⑤ 美国作为世界范围内的民主主导者并没有阻止自己成为蔑视人权的

---

① 〔英〕齐格蒙特·鲍曼、凯茨·泰斯特：《与包曼对话》，杨淑娇译，台北：巨流图书公司，2004年，第146页。
② 〔英〕齐格蒙特·鲍曼：《全球化》，郭国良、徐建华译，北京：商务印书馆，2001年，第63页。
③ 〔英〕齐格蒙特·鲍曼：《作为实践的文化》，郑莉译，北京：北京大学出版社，2009年，第56页。
④ 〔英〕齐格蒙特·鲍曼：《被围困的社会》，郇建立译，南京：江苏人民出版社，2005年，第87页。
⑤ 同上书，第86页。

元凶或帮凶，各个地方的民主也未能阻止人民退回到自己的私人庇护所。[①]

四是人伦关系恶化。在鲍曼看来，全球化带给人类的首先是一个伦理挑战。全球化让每一个人的行为都具有远距离后果，我们的所作所为都与他人命运相连，这意味着在伦理上我们每一个人要对他人负责。但现实则是另一番情形，失控的世界让人类重新回到霍布斯世界，即一切人反对一切人的野蛮状态。[②]首先，逃避责任成了当代人主导生活的策略。今天"避免为后果负责是新的流动性带给自由流动、不受地方限制的资本的最令人垂涎、最珍贵的好处"[③]，正是资本这种不负责任的行为才使全球陷入失序混乱状态。当恐惧无所不在时，逃脱一切束缚和责任，以最大限度保持灵活性不失为一种理性选择，如今极端的利己主义、个人主义泛滥成灾与此背景不无关系。其次，对排斥的恐惧使人际关系变得更加紧张。全球化带来的冗余人口以前所未有的速度激增，而以往处理冗余人口的通道已被堵塞，"各个社会都将越来越将排外实践针对自身的人民"。[④] 第三，消费社会的兴起加速了人类伙伴关系的解体。鲍曼认为当代全球化社会是一个消费社会，消费社会的消费者是一种特殊的群体，他们是"感觉追寻者和经历采集者"，与世界和他人的关系主要是美学上的关系，追求的是最大刺激和瞬间满足。在人际互动中，双方同时都是消费者与被消费的对象，毫无道德责任可言。值得注意的是，消费本身也是最具私人性的，当一切问题的答案贴上了价格标签，并且可以通过购买获得，与他人合作解决问题不仅没有必要，甚至变得不可理喻。事实上，在鲍曼那里，当前脆弱的人际关系与我们面对邪恶时的无力感是相辅相成的。商场巨人安然公司轰然倒台，原因就在于公司"你死我活的工作文化"摧毁了雇员们的士气和内在凝聚力。[⑤]

---

① 〔英〕齐格蒙特·鲍曼：《个体化社会》，范祥涛译，上海：上海三联书店，2002年，第39页。

② 〔英〕齐格蒙特·鲍曼：《怀旧乌托邦》，姚伟等译，北京：中国人民大学出版社，2018年，第23页。

③ 〔英〕齐格蒙特·鲍曼：《全球化》，郭国良、徐建华译，北京：商务印书馆，2001年，第10页。

④ 〔英〕齐格蒙特·鲍曼：《废弃的生命》，谷蕾、胡欣译，南京：江苏人民出版社，2006年，第70-71页。

⑤ 同上书，第114页。

二、理论解构：新自由主义意识形态的悖谬逻辑

身为社会学家，鲍曼批判的影响力主要还是体现在其独特的理论分析上。即立足于"陌生化"的理论策略，娴熟运用多种思想和话语体系，层层撕开新自由主义意识形态的伪装，揭橥新自由主义意识形态的内在悖谬。

一是运用"资本分离论"批判"普惠论"。鲍曼在吸收了马克斯·韦伯关于现代社会起源于"家庭和生意分离"思想和马克思关于资本主义基本矛盾思想的基础上，创造性地提出现代资本分离的思想，从资本的视角解读现代性历史。在鲍曼那里，现代性在其近四百年的发展中，共发生过两次大的资本分离，每一次分离都深刻影响了现代性历史进程。第一次资本分离发生在 19 世纪中叶的欧洲，其中以英国最为典型，资本因脱离伦理的束缚获得了空前自由，这次分离所导致的灾难性后果在马克思、恩格斯早期著作中有详尽的描述；随着欧洲民族国家的建立，特别是福利国家在发达世界的普及，资本最终走向与劳动结盟，其破坏性在民族国家范围内得到了规制。当代全球化是资本主义历史上"第二次分离"，资本借助于先进的信息技术和互联网，突破了民族国家的界限，最大限度地实现了其在全球自由流动的梦想，但至今未见其有被规制的迹象。[1] 鲍曼把资本与民族国家、资本与劳动力相结合的现代性称为"稳固的现代性"，把资本与民族国家、资本与劳动力相分离的现代性称为"流动的现代性"，在他看来，现代性之所以从"稳固阶段"转向"流动阶段"，最主要的还是资本逐利的本性使然：当思想观念而非体力、消费者而非生产者成为资本利润的主要来源时[2]，对于资本而言，维持原先资本与劳动力相结合的模式，既无利可图，也束缚了自己的行动，因此采取去捆绑式的"脱身"策略，既可以享受"治外法权"的特权，无视任何行为后果，又不必支付管理成本。总之，从资本与地方及劳动力的结合到资本与地方及劳动力的分离，绝不是如新自由主义宣称的那样出于"滴涓效应"的普惠式动机，而是资本在新的历史条件下为实现其利益最大化调整其统治策略的必然结果。

二是通过对"政治的解构"批判"解放论"。新自由主义宣称今天人

---

[1] 〔英〕齐格蒙特·鲍曼:《被围困的社会》,郇建立译,南京：江苏人民出版社,2005年,第 67 页。

[2] 〔英〕齐格蒙特·鲍曼:《流动的现代性》,欧阳景根译,上海：上海三联书店,2002年,第 238 页。

们所能享受的自由"除了还需要在某些地方略加调整之外，可以说已经达到了我们所能想象之完美境地"[1]，社会生活的私人化或个体化就是人的彻底"解放"。在鲍曼看来，新自由主义宣称的自由只是人的行动不受外在干预的自由，也就是柏林所说的消极自由或权利自由，[2]但权利自由或法律上的自由毕竟不是事实上的自由，自由由权利上升到能力，须以必要的资源做支撑。对穷人而言，没有财富的再分配，自由再多也无意义。问题在于，资源的再分配唯有通过政治途径才能实现，而当新自由主义把"现实存在的自由，被解释成不存在政治权威强加的约束"时，资源再分配的任务就被永远搁置了。即使对那些具有选择能力的人而言，在当前政治衰败的条件下，所谓"选择自由在扩展"也必定是不实之词。鲍曼强调，无论在何种情况下，个人选择总会受到两种约束机制的限制，即选择议程和选择法则，前者规定选择的范围，后者明确何种选择优先。从现代性历史来看，立法是设定选择议程的主要工具，教育是确定选择法则的主要媒介。但在鲍曼看来，"现今的政治制度正置身于这样的过程之中：或明或暗地放弃（至少是在削弱）其在议程与法则设立中的作用"[3]，决定人们选择范围的真正权力已经落到瞬息万变的市场手里。同样，当今的选择法则也主要由市场压力来塑造。无论在选择议程还是在选择法则方面，个体都没有更大的发言权；新自由主义"不过是将个体从政治公民转变为市场消费者"，通过自由选择的借口以达到让所有人服从市场暴政之实的目的。[4]

三是通过"文化多元论"批判意识形态"终结论"。在鲍曼那里，由现代知识阶层最先提出的、后被新自由主义尊崇为"政治正确性"神圣准则的多元文化主义，本质上是一种终结一切意识形态的意识形态，为全球性权力资本的统治服务。其一，多元文化主义宣称没有一种选择优于其他选择，即使存在我们也无从知晓，这就意味着意识形态的批判不再被认可，社会反思工作便告终结，其实质是把"差异"绝对化，为虚无主义、犬儒主义的滋生提供了温床。鲍曼是"文化多元论"的拥护者，在他那里，文化多样性不仅是人类生活的本来样态，也为生活选择开启更多的可能性；对文化多样性的承认只是事情的"起点"，其价值只有通过对话才

---

[1] 〔英〕齐格蒙特·鲍曼：《寻找政治》，洪涛等译，上海：上海人民出版社，2006年，第1页。
[2] 同上书，第63页。
[3] 同上书，第64—65页。
[4] 同上书，第69页。

能确立起来，而今天多元文化主义的诡异之处恰在于把"起点"视为"终点"。其二，多元文化主义在当前条件下极易演变为多元共同体主义，从而使社会隔离和分裂状况进一步加剧。一般来说，文化是以共同体为单位的，在当前全球处于不安全和不确定性的背景下，文化就成了堡垒的代名词：文化差异"在狂热的防护墙与导弹发射台的建设中"被用作了建筑材料，"居民每天都要证明他们坚贞不渝的忠诚，并有意避免与外来者的亲密接触""即使相互交流，往往也是把枪管当电话使用"，因为保卫共同体优先于所有其他责任。①因此在鲍曼看来，多元文化主义不过是当代知识分子的"屈服性的和解宣言"，是一种与以往意识形态全然不同的新型意识形态，不仅放弃了对社会进行质疑的使命，也是当前寻求通过对话、协商解决全球性问题的主要障碍。

四是运用"两种生活论"批判"无可选择论"。鲍曼援引布尔迪厄的观点，指出当前新自由主义所宣扬的"再也没有社会的拯救""我们都是天定的个体"已经成了我们时代无处不在的强势话语，其意在强调：个人要勇敢地承担其处理一切事务的责任，除此之外别无选择。在鲍曼看来，新自由主义"无可选择"的训告，其本身就是一种先定的选择，正是这种设定，预制了人的选择范围和社会走向。人的行动和据以行动的条件是两个不同的领域，人之行动的条件是不能选择的，若我们说某事不可改变，那就意味着把某事纳入"条件"领域，结果我们在这件事上真的不能做任何事情，这是一个自我实现的预言。②事实上，人的行动和据以行动的条件之间的界限并非截然清晰的，两者之间是相互依存、相互塑造的共生关系。我们关于生活的叙事即"所述的生活"，自一开始就干预了我们现实生活即"所过的生活"。鲍曼指出，当前社会的不确定性和无保障状况主要源于失去控制的全球性资本自行其是，全球性问题的解决之道只能是全球性的政治行动，而新自由主义则号召人们依靠个人力量来寻求全球性问题的解决办法，这不仅不能解决问题，而且使问题的源头离我们越来越远。在他看来，一切表述不仅开启某些可能性，同时也会关闭其他一些可能性，新自由主义的全球化叙事阻止了人们"彻底地追踪把个体的命运与作为的

---

① 〔英〕齐格蒙特·鲍曼：《共同体》，欧阳景根译，南京：江苏人民出版社，2007年，第176页。
② 〔英〕齐格蒙特·鲍曼：《个体化社会》，范祥涛译，上海：上海三联书店，2002年，第10页。

社会进行运作的方式和方法连接起来的各种纽带"，[1] 要打破新自由主义意识形态的话语霸权，首先需要我们对当前的人类处境进行重新表述。

三、策略揭示：新自由主义意识形态的惯用伎俩

新自由主义之所以能够在全球迅速蔓延，并且仍是当代西方主导性意识形态，既有现代性历史的原因，也有现实中社会矛盾激化和经济技术条件变化的背景，除此之外，其在运作过程中采用的相关策略技巧也是其不可忽视的重要因素之一。概括起来，鲍曼在其论著中直接或间接提到的新自由主义意识形态策略主要有以下四种类型。

一是动荡化策略。当代全球化最令人忧心的莫不过是社会生活动荡不定，生活路标和定位点不停变化，社会犹如流体一般，变动不居、难以把握，长期性的生活规划和行动遭到遗弃，时刻准备变换生活策略、时刻准备背信弃诺的灵活性成为最高的生存策略，生活由一段段的小插曲所组成，它们无法组成有意义的序列，这就是鲍曼描述的流动的现代性生活的大致场景。可以看出，这一场景很难产生协同一致的集体力量和政治行动来对抗全球性资本。这就是鲍曼所指出的："动荡不定则成了建立全球权力结构的主要障碍，也是进行社会控制的主要技巧。这一结果的部分原因是采取了处心积虑的'动荡化'策略，它是由超民族而且越来越超地域的资本初发其端，并由几乎毫无选择的地域性的国家政府小心翼翼地加以实施；这一结果也部分地因为权力争夺和自我防御的新的逻辑沉淀下来。"[2] 鲍曼把当前全球无政府状态归因于全球性经济权力与地方性政治权力之间的不对称性，因而他一再呼吁，应对全球性问题的根本出路只能是全球性政治平台的搭建。问题是，当今社会的动荡不定已经成为一种强大的个体分化力量，当被袭击的恐惧弥漫四周、挥之不去时，一种自我保存、自我防御的逻辑，即应对全球性问题的地方性方案和个体化方案，自然就会优先于所有其他方案，其结果只会加剧社会的分隔和分裂，使协作和联合的前景更加渺茫，这当然是权力资本最想要的结果。大卫·哈维同样也认为，世界范围内的危机制造、危机管理、危机操控，已经发展成为一场精心的再分

---

[1]〔英〕齐格蒙特·鲍曼：《个体化社会》，范祥涛译，上海：上海三联书店，2002年，第13页。

[2] 同上书，第30页。

配表演。①

二是简化策略。是指新自由主义把某个具有丰富内涵的任务和要求，简化为其中某一项内容和任务以转移矛盾焦点、维持现实秩序的一种策略。鲍曼说，在迅速全球化的今天，现存政治制度确实无法保障确定性，他们经常做的，是将人们对不可靠、不确定、不安全的普遍焦虑简化为其中的人身安全问题。②这种简化策略好处有二：一方面有利于重建现实政治的合法性，毕竟经济已经全球化了，经济生活最重要的决定因素已超出政治能力所及范围，而人身安全则属于法律和秩序的对象，也是现存政治唯一能见成效的领域；另一方面，在安全大旗下，人与人之间、共同体之间的猜疑、割裂会进一步加剧，重建公共领域和集体行动不会进入议事议程，人们的注意力会被引向与搭建全球政治平台完全相反的方向。如对恐怖主义、"千年虫"等事件的夸大宣传，其本身就是自我实现的。在鲍曼看来，我们这个时代政治上的安全战略无非是要处理动荡化策略所带来的诸如经济移民、难民、单身母亲、吸毒者、刑满释放人员等副产品，对他们进行集体施暴，把他们非道德化、罪行化乃至刑事化，"使陷于过度焦虑中的社会能够有信心地说出恐惧是什么，和怎样缓和这种恐惧"③，不仅可以转移民众的注意力，扩大政府的权力，更重要的是，"目睹穷人的境况也牵制了不穷的人们，并使他们不越雷池一步"，不敢去想象另一个不同的世界，更不用说去试图改变现存的世界。④

把贫困简化为饥饿是新自由主义简化策略的另一种表现。鲍曼指出，当前主流媒体"把贫困和匮乏这一问题仅仅化约为一个饥饿问题。这一策略可谓一箭双雕。贫困的真正规模被有意地贬低了（8亿人永远处在半饥饿状态，而大约40人——占据世界总人口的三分之二——生活在贫困中）"⑤。除此之外，把贫困等同于饥饿，也掩盖了贫困的其他方面，如恶劣

---

① 〔美〕大卫·哈维：《新自由主义简史》，王钦译，上海：上海译文出版社，2016年，第169页。
② 〔英〕齐格蒙特·鲍曼：《寻找政治》，洪涛等译，上海：上海人民出版社，2006年，第5页。
③ 〔英〕齐格蒙特·鲍曼：《工作、消费、新穷人》，仇子明、李兰译，吉林：吉林出版集团有限公司，2010年，第137页。
④ 〔英〕齐格蒙特·鲍曼：《个体化社会》，范祥涛译，上海：上海三联书店，2002年，第145页。
⑤ 〔英〕齐格蒙特·鲍曼：《全球化》，郭国良、徐建华译，北京：商务印书馆，2001年，第63页。

的生活条件、疾病、文盲、种族仇杀或战争、家庭解体、社会联系削弱、毫无前途和低下的生产力等,这些是不可能通过增加食物供给加以解决的。①并且,一幅幅令人恐怖的饥荒图,与工作及工作场所的消失,与地方性贫困的全球原因之间的所有联系也都被谨慎地回避了,观众在电视里甚至看不到一件劳动工具、一块耕地或一头牛。另外,鲍曼还发现,新自由主义对贫困的讨论,通常是在纯粹经济领域的认知框架下进行的,但贫困也不完全属于经济问题,它们也悄无声息地掩饰一些东西,如新生穷人在全球秩序再生产中所扮演的角色。②

　　三是转换策略。是指新自由主义利用两个概念之间的关联性,将一种情境或问题转换为另一种情境或问题,从而成功实现回避主要矛盾和问题目标的一种策略。新自由主义较典型的做法,就是运用贝克等西方社会理论家提出风险社会理论来讨论当代全球化过程中的危险和恐惧问题。而在鲍曼看来,"通常,将注意力从危险转移风险不过是另一种托词,是一种逃避问题的企图,而不是达至安全行为的办法"③。风险是可计算的危险,我们可以对现有可知的导致风险可能发生的各种因素和条件进行评估,测算出不幸事件发生的可能性概率,由此对可以行动的后果进行评估和制订预案。问题是,现如今我们置身于其中的全球化生活情境类似于"在雾中行走",能够计算出来的危险都是集中在可见的、已知的且在近处的危险,"但是到目前为止,最可怕、最令人恐惧的危险正是那些不可能或极端难以预见的,那些始料未及,很有可能无法预见的危险"④。如此,我们的注意力和精力总是在忙于计算风险,而把更严重的关切即全球不确定性的来源置于一旁。事实上,贝克自己也认为主流话语这种回避"不可计算之威胁"的做法很具有反讽意味。⑤

　　把不平等的经济问题转换为有差异的文化问题,也是新自由主义的惯

---

① 〔英〕齐格蒙特·鲍曼:《全球化》,郭国良、徐建华译,北京:商务印书馆,2001年,第70页。
② 〔英〕齐格蒙特·鲍曼:《个体化社会》,范祥涛译,上海:上海三联书店,2002年,第143页。
③ 〔英〕齐格蒙特·鲍曼:《流动的恐惧》,徐超友译,南京:江苏人民出版社,2012年,第13页。
④ 同上。
⑤ 〔德〕乌尔里希·贝克、〔英〕安东尼·吉登斯、〔英〕斯科特·拉什:《自反性现代化——现代社会秩序中的政治、传统与美学》,北京:商务印书馆,2004年,第230页。

用手法。文化差异是把不同的行为的人相互区别开来的东西,这种解释至少是当代西方正统社会科学的重要支柱之一,但在鲍曼看来,这里存在着很多误解或误导。不同类型的人遭遇不同的命运,几乎都被解释为是这些不同类型的人拥有的不同选择偏好、倾向导致的结果。简言之,不同的文化决定着不同的命运。鲍曼指出,众所周知,癌症患者的死亡率与他们的收入紧密相关,癌症患者中富人的死亡率比穷人患者明显要低很多,其存活时间也比穷人更长,在对其相关原因的解释上,主流媒体一般都倾向于做文化分析,如指出穷人比富人抽烟更多,但从不提比戒烟更困难的因素,如慢性营养不良、低下的生活条件,或者无法支付一次性治疗所必需的费用。① 新自由主义通常用多元文化主义或更具普遍性的文化主义来解释青少年犯罪、反社会行为以及恶劣的学校表现的高发率等现象,在鲍曼看来,"这是故意为'我们'和'他们'之间根本没有希望相互融合的残酷事实做一个掩饰罢了"。②

四是自由策略。是指新自由主义通过倡导个人自由、废除一切限制个人自由的做法,从而瘫痪政治行动以维护权力资本特权的一种策略。③ 鲍曼指出,当代全球化进程"与多数反面乌托邦的设想相反,既没有因独裁、屈服、镇压和奴役而导致一败涂地的结果;也没有因总体秩序内私域的'扩张'而引发出一塌糊涂的结局。结果恰恰相反,人们,或正确或错误地,对现实中存在着的那些限制人的行动和选择自由的枷锁和束缚,正在迅猛地被加以清除,表示怀疑。秩序的可靠和坚固,是人类自由力量的典型产物和结晶"④;构成文化的是"提议而非禁令,是建议而非规范",规范调节政治已被刺激需求的政策所取代,寻求快乐变成了维持现实秩序的主

---

① 〔英〕齐格蒙特·鲍曼:《个体化社会》,范祥涛译,上海:上海三联书店,2002年,第53–56页。
② 同上书,第56页。
③ 〔英〕齐格蒙特·鲍曼:《自由》,杨光、蒋焕新译,吉林:吉林人民出版社,2005年,第92页。
④ 〔英〕齐格蒙特·鲍曼:《流动的现代性》,欧阳景根译,上海:上海三联书店,2002年,第7、8页。在鲍曼看来,通过"自由"来实现维护统治的目的,这是新自由主义意识形态区别于其他意识形态的独特之处。大卫·哈维也高度认同这一观点,他说,"自由"已成为一把"精英打开走向民众的大门"的钥匙,"任何将个人自由提升到神圣位置的政治运动都有被新自由主义收编的危险"。见〔美〕大卫·哈维:《新自由主义简史》,王钦译,上海:上海译文出版社,2016年,第41、43页。

要手段。①在他看来，现代民主政治的核心是，拆除限制公民自由的藩篱，让公民获得自由，为的是让他们能够个别地或集体地为他们自身设立藩篱，而不是被迫的彻底的个体化，这种自由"自我设限"的观点已全然不为人知，原因在于新自由主义一直把"所有限制都是禁止""任何自我设限的尝试都被视为通往集中营的第一步"当作至理名言加以宣传。②他说，当前的政治经营者和文化代言人，几乎都放弃了作为社会评判终极基准的"公正模式"，而一致赞同"人权规则/标准/尺度"，乃是这一策略的具体表现。③人权原则的实质在于，尽管自由权利可以独立地被享受，但它们不得不通过集体来争取，且唯有集体地争取才可能得到承认，于是就有了共同体划清边界和严密防守的热情，这种"承认之战"不仅会因忠诚的测试沦落到对个体进行控制的地步，在当前规范权威机构缺失的背景下，也在促进着分隔和分裂以至最终封闭对话的大门。④

四、结　语

出于分析的需要，我们把鲍曼对新自由主义意识形态的批判从三个维度分开梳理、介绍，事实上，这三个维度在鲍曼的写作中并非独立的，而是相互补充、互相确证地有机融合在一起的。

纵观鲍曼对新自由主义意识形态的批判，我们发现，无论立足哪种维度，鲍曼始终没有脱离马克思唯物史观这一科学的分析框架。如，在事实维度，鲍曼对当下社会不公的极度厌恶和新生穷人命运的深切同情，主要源于马克思主义的价值立场；在理论维度，鲍曼资本分离理论的底色是马克思现代性思想和世界历史理论，其两种生活理论也不过是马克思"人既是历史剧中人也是历史剧作者"的翻版；在策略维度，鲍曼所揭示的四种策略无不体现了马克思唯物史观关于经济基础与上层建筑辩证关系原理，特别是上层建筑反作用于经济基础的原理。正是运用了马克思唯物史观这

---

① 〔英〕齐格蒙特·鲍曼：《被围困的社会》，郇建立译，南京：江苏人民出版社，2005年，第194页。
② 〔英〕齐格蒙特·鲍曼：《寻找政治》，洪涛等译，上海：上海人民出版社，2006年，第4页。
③ 〔英〕齐格蒙特·鲍曼：《共同体》，欧阳景根译，南京：江苏人民出版社，2007年，第89页。
④ 同上书，第94页。

一根本方法论，鲍曼的批判才显现出在认知经济全球化、应对新自由主义挑战方面的当代价值和启示。这些启示主要有：首先，在世界认知上，强调当今时代人类面临的各种困境大多与全球性资本和地方性政治的不平衡性有关，而着力维护这一结构性失衡的正是新自由主义意识形态；其次，在路径选择上，倡导建立以对话和协商为基础的多边主义全球性方案，拒绝重回过去的、单边主义的地方性甚至个体化的解决方案；再次，在应对新自由主义的策略方法上，揭示了新自由主义意识形态的狡黠之处在于通过人类自由的名义实现了总体秩序固化的目的，强调舆论上的话语解构和实践中为每个个体自尊自立提供必要的生存保障等在抵制新自由主义方面的基础性作用。

需要注意的是，因受后结构主义解构策略的影响，鲍曼在贯彻运用唯物史观分析方法上表现出明显的不彻底性，在对新自由主义意识形态做出有力批判的同时，并未拿出一套切实可行的替代性方案，这无疑在一定程度上影响了其批判力度。一方面，运用马克思的资本逻辑分析全球资本主义的结构性矛盾和危机，如提出资本主义基本矛盾在当代集中表现为风险生产社会化与风险解决办法私人化之间的矛盾，脱离财富再分配的人权模式和文化主义政策不过是强化资本全球统治秩序的重要策略等观点，对当代发达社会的现实具有很强的解释力。另一方面，在如何走出全球化困境的道路选择上，过于强调主体选择的不确定性，而弱化了唯物史观中的必然性逻辑，对作为未来理性化担纲者的无产阶级及其革命逻辑失去信任，寄希望在不触及资本主义私有制的前提下，通过唤醒人的道德责任来恢复被遗弃的公共领域，重建全球范围内经济与政治的平衡，实现知识分子与大众之间的联合，这在当前全球化条件下是不可能实现的，需要我们加以审慎对待。

论后人类理论的生成机制与研究范式

深圳大学　江玉琴

我们已经处于一个后人类时代[1]。人类身体发生变异甚至产生与机器的重组,人类遭到前所未有的挑战,自由人文主义的主体观念、人类中心主义建构与所有他者的二元观念受到质疑与消解。这也是福山深感不安的地方,因为"当前生物技术带来的最显著的威胁在于,它有可能改变人性并因此将我们领进历史的'后人类'阶段"[2]。福山由此特别强调人性的独特性,认为人性与宗教一起构成了我们最基本的价值观,而这种价值观在生物科技的冲击下甚至值得动用国家权力来加以保护。显然福山预见到了科技发展的后果,人类肉身正在遭到侵蚀和改变,人类外在世界正在走向巨大革新,但他并未在意身体本身的作用,而只是寄希望于人类的心灵认知这一自由人本主义所认为的独特性,力图持续稳固人类居于世界主宰的核心地位以拯救这场危机,这显得过于理想化,忽略了人类本体论与存在论本身就已经在生物科技和信息技术冲击下产生的动态发展。这也正是我们需要重新讨论人类、后人类与后人类主义的原因所在。

---

[1] 关于这一点,凯瑟琳·海勒在《我们何以成为后人类》,布拉伊多蒂在《后人类》,哈拉维在《赛博格宣言》等都做了充分的论述。

[2] 〔美〕弗朗西斯·福山:《我们的后人类未来:生物技术革命的后果》,黄立志译,桂林:广西师范大学出版社,2016年,第10页。

一、后人类主义的生成语境：后人类境况中的人类身体变异与危机

显而易见，在这种后人类境况中，身体研究成为讨论的核心。

首先，作为人类存在的物质基础，身体最突出反映了人类面临的新境况。

凯瑟琳·海勒考察了自 20 世纪 50 年代以来的计算机技术发展成果，发现从图灵测试开始的信息化处理到莫拉维克的人—机信息流联结概念、人类本质被看作信息流，人机合一已经成为当前人们对生物科技与计算机科技发展的大胆预测，彻底颠覆了人类目前的哲学与文化观念。海勒强调，无论机械人是否和人类一样可以自主思想并具有自己的情感，但这里首先需要关注的是：人类肉身所承载的人类本身已经发生了变化。海勒将之称为"表现的身体"与"再现的身体"概念。如果人的身体并不具备独一无二性，当技术推动人的身体与以处理信息流为基础的机器联结在一起时，人与机器/技术的身份就交织在一起，人类主体也就产生出新的阐释。因此海勒提出，"后人类"就是人类肉身与机器界面融合，无论如何理解人类，人类都已经进入到后人类时代。[1]关于这一未来景象，哈拉维用赛博格（cyborg）来指称。"赛博格就是一种控制论的有机体，一种机器与有机体的混合，它是社会现实的创造物，也是虚构的创造物。社会现实存在活生生的社会关系，是我们最重要的政治建构，也是一种世界正在发生变化的虚构。"[2]

除此之外，还有大量的科学家试图证明，在未来，智能机器将取代人类，人工生命将成为这个星球上最重要的生命形式。朗顿将人工生命表达得非常清楚："人工生命是关于人造系统的研究，整个人造系统展示的行为必须具有自然生命系统的特征；传统的生命科学关注对生命机体的分析。通过努力在计算机以及其他人造媒介之内合成具有生命特征的行为，人工生命是对传统生物科学的补充；生物学建立在经验性基础之上，将经验性基础延伸到地球上已经发展了的碳链生命之外，人工生命可以为理论生物学做出贡献，把'我们知道的生命'放置到'可能的生命'这个更广泛的

---

[1] 参阅凯瑟琳·海勒：《我们何以成为后人类》，北京：北京大学出版社，2017 年，第 4—5 页。

[2] Donna J. Haraway, *A Cyborg Manifesto: Science, Technology, and Socialist-Feminism in the Late Twentieth Century*, University of Minnesota Press, 2016, pp.4–5.

场域中。"① 人工生命模拟代表了另一种由碳基生命形式通过的进化论路径。从这个角度来看，人类世界都将崩塌。

显然海勒、朗顿、哈拉维的"后人类"指向现在的危机与未来的前景，因此她和哈拉维都试图借助于文学作品来展现科技发展与人类社会面临的新问题，探索解决问题的可能路径，这是因为"文学文本并不只是被动的管道。它们在文化语境中主动地形塑各种技术的意图和科学理论的能指。它们也表达一些假说。这些假说与那些渗透到科学理论中的观念非常相似"②。文学作品的虚拟性与计算机技术的虚拟性契合，我们通过文学作品来理解科技想象的抽象形式如何与物质形式交织在一起，认识并理解"信息如何失去它的身体，电子人如何被创造为一种文化偶像/标志和技术性人工制品，人类何以变成后人类"③。哈拉维认为，当代科幻小说充斥着赛博格，动物与机器合成的创造物，这类形象在世界上处于非常矛盾的境遇，因为他们既是自然的，也是人工的。"赛博格作为一种虚构，构画了我们的社会现实与身体现实，而且作为一种想象性来源正在产生某种卓有成效的结合。"④ 这也是文学叙事研究对我们理解后人类特性的重要意义所在。

其次，基于后人类身体变异而产生出对人类本质主义的质询。

在理解这一后人类境况的路径中，布拉伊多蒂提出了自然—文化的观点，即"后人类状况不是一系列看似无限而又专断的前缀词的罗列，而是提出一种思维方式的质变，思考关于我们自己是谁、我们的政治体制应该是什么样子、我们与地球上其他生物是一种什么样的关系等一系列重大问题"⑤，因此后人类是与后现代、后殖民、后工业、后女性主义等理论相互呼应的一种理论思考，是一种全新的思维方式。这种思维方式模糊或者打破各个范畴之间以及各个范畴内部（男/女，黑人/白人，人类/动物，生/死，中心/边缘等）质的分界线。"人类就落入以生命为主要对象的控制与商品化的全球网络之中。"⑥ 显然布拉伊多蒂将后人类并非只看作肉身

---

① 朗顿：《人工生命》，第1页；又见凯瑟琳·海勒：《我们何以成为后人类》，北京：北京大学出版社，2017年，第312页。

② 凯瑟琳·海勒：《我们何以成为后人类》，北京：北京大学出版社，2017年，第28页。

③ 同上书，第32页。

④ Donna J. Haraway, *A Cyborg Manifesto: Science, Technology, and Socialist-Feminism in the Late Twentieth Century*, University of Minnesota Press, 2016, p.7.

⑤ 罗西·布拉伊多蒂：《后人类》，宋根成译，郑州：河南大学出版社，2018年，第2页。

⑥ 同上书，第93页。

自然的改变，而是从人类发展史看到人类中心主义的弊端，由此提出基于人类、生态、环境的关系而产生的新人文认知。她从人类、生态、环境、技术的整体系统重新考量人类、人性及其在当代的发展。后人类其实是一个"批判性的工具来检视一种新的主体立场的复杂建构"[1]，如一方面承认我们全球关联在一起并且在技术上是个媒介社会，另一方面成为重新估量人类的基本参考单位，因为我们交织在星球范围内的人类与非人类的机构之中。

既然后人类境况为我们提出了新问题，而这些新问题的根源在于人类身体的变异，身体研究为我们深入后人类叙事提供了路径。身体本身从来就不是孤立的存在，"所谓的'灵魂'不是独立的精神实体，而是身体的内在构成——既被身体的行动所塑造，又依赖正在发生的身体经验"[2]。这也是王晓华在《身体诗学》中强调的，身体诗学起源于"西方诗学中从退隐到回归的身体"研究，也是约翰逊提出身体观念应该应用到文学研究中，活的身体成为文学的起源演绎了西方诗学研究演绎的"从身体出发"的部分路径。[3] 后人类主义将基于身体研究产生出新的维度与意义。

二、基于人文主义的后人类主义？

正是基于上述科技发展导致的人类身体与认知的变化，在 20 世纪末到 21 世纪初人们开始聚焦在这一领域进行理论的梳理与探讨，后人类主义/后人文主义（posthumanism）也应运而生。英美学术圈内出版学术著作系统讨论后人类与后人类主义思想的第一批人是 1990 年末期和 2000 年代初的凯瑟琳·海勒，卡雷·沃尔夫、内尔·巴德明顿、伊莲娜·格莱汉、罗西·布拉伊多蒂等人。而最早提出后人文主义概念的是伊布·哈桑（Ihab Hassen），他早在 1977 年发表的《作为表演者的普罗米修斯：走向一种后人文主义文化》的文章中就意识到人工智能将给人类及其社会带来的巨大影响，提出"这个我们不知道的东西，人工智能，从最粗略的计算器到最

---

[1] Rosi Braidotti and Maria Hlavajova, "Introduction", Posthuman Glossrary, Bloomsbury Academic, 2018.
[2] George Lakoff & Mark Johnson, *Philosophy in the Fresh*, New York: Basic Books, 1999, p.563. 本引文转载自王晓华：《身体诗学》，北京：人民出版社，2018 年，第 53 页。
[3] 王晓华：《身体诗学》，北京：人民出版社，2018 年，第 53-54 页。

超越性的计算机，有助于改变人类的形象、人类的概念。他们也是新人文主义的代名词"[1]。同时哈桑也指出了这一新的人类形象带给人文主义的冲击并由此发出对地球的警告。因此，后人类主义/后人文主义是对人文主义的悖反与超越吗？

显然后人类主义/后人文主义的论述必然无法剥离人文主义概念。人文主义概念源于文艺复兴时期学者对人与人性的观念的建构。人文主义的奠基人是笛卡尔。17 世纪笛卡尔在《谈谈方法》一书中就指出，理性是"让我们人类区别于动物的唯一东西"[2]。这个核心的"判断的力量以及区分对错能力……所有人类都有同等的能力"[3]。正是这种能力决定真理，即笛卡尔认识的人类是"我思，故我在"。这也意味着人类的本质取决于人类的理性头脑，或者灵魂。C.B. 麦克弗森则认为"人类的本质是不受他人意志影响的自由，自由是一种占有功能"[4]。因传统的启蒙和后启蒙人文主义思想，人类长期假设他为世界中心的主体，因他的优越性而获得定义，表达了人类不依赖神圣性权威，具有理性智能的主体。

后人类主义理论家沃尔夫在研究中发现，当我们去搜索维基百科，发现人文主义的概念很完备，人文主义是一个宽泛伦理哲学的范畴，它证实了人类的尊严和价值，基于人类拥有普世的人类品质即拥有决定正确与否的能力——尤其是理性。它也是大范围的更具体的哲学体系的一部分，并构成了几种宗教思想派别。人文主义包括寻找真理和伦理的信念，通过人类，也意味着支持人类的利益。但沃尔夫也指出，聚焦在自我决定的能力上，人文主义忽略了超验判断的有效性，如依赖信仰而不是理性，依赖超自然的力量，或者寓言式神圣起源的文本。人文主义者采用普世的伦理，依赖于这种人类状况的普世性，提出了解决人类社会和文化问题等方案[5]。

---

[1] Ihab Hassan, Prometheus as Performer: Toward a Posthumanist Culture?, *The Georgia Review*, Vol31, No.4, 1977, p.846.

[2] Rene Descartes, "Discourse on the Method of Rightly Conducting One's Reason and Seeking the Truth in the Science". In *Descartes: Selected Philosophical Writings*, ed. and trans. John Cottingham, Robert Stoothoff, and Dugald Murdoch, 20–56, Cambridge and New York: Cambridge University Press, 1988，p.21.

[3] 同上文，第 20 页。

[4] 转引自凯瑟琳·海勒：《我们何以成为后人类》，北京：北京大学出版社，2017 年，第 4 页。

[5] Cary Wolfe, *What is Posthumanism*, University of Minnesota Press, 2010, p.x.

达尔文进化论与社会达尔文主义强化了人类对于世界的掌控,"进化的悖论必须将人文性合适地称之为文化、自然的技术主人——包括对人类特性的掌控,也即对动物性的掌控"。由此将人类与动物、文明与野蛮等我—他者的二分法,建立人类观念的超越性。

人类中心主义的人文主义观点在 20 世纪 60 年代遭到解构主义思潮的抨击和消解。福柯在 1966 年《词语的秩序》中、列维·斯特劳斯在 1962 年《野性的思维》中都指出,"人类"主体意识与观念是启蒙时代发明的。福柯认为,至少在 17 世纪称之为人文主义的时候,它就已经被迫来依靠某种人类的概念,这个概念借自于宗教、科学或政治。但福柯认为启蒙与人文主义之间存在一种张力,而不是一致性,即人文主义怀疑"复活与宗教权威"。沃尔夫认为这也影响到他对后人文主义的介入。"当我们谈论后人文主义的时候,我们并不是谈论关于进化的、生物的、技术的合作而产生的解构人类中心的主题,而是谈论我们应该怎样面对这些主题,用什么思想面对这些挑战。"① 显然沃尔夫进行后人文主义的讨论时也并非持与人文主义对立的态度,而是采用了不同的视角进入。沃尔夫由此提出,"后人文主义"就是我们不能再依赖"人"作为一个自主的、理性的存在,来提供一种阿基米德观点来理解这个世界。

而巴德明顿则断言说,笛卡尔对人类中心主义的断言存在着盲点和悖论。"因为如果一种机器——保持了它幻想场景的精神——以这样的方式被建构,它已经可以称作为'每一个场合的肌体'。它将根据笛卡尔的自我辩论,不再可能维持一种明显的不同于人类与非人类的界限。"② 这也意味着笛卡尔将理性与自由思考作为人类本质特性遭到解析。而实际上这样的解构早在解构主义大潮中就如潮水涌。这也是赫布里奇(Stefan Herbrechter)所说的,后人文主义具有对于"人文主义"的批判性,它的批判性本身就具有一种双重功能:它一方面联合技术文化变化的激进特性,另一方面强调思想传统的某种连续性,这些连续性介入到人文主义中,部分已经进化出人文主义传统③。

作为后人类主义研究的重要学者,巴德明顿(Neil Badmington)梳理

---

① Cary Wolfe, *What is Posthumanism*, University of Minnesota Press, 2010, p.xv.
② Neil Badmington, Theorizing Posthumanism, Cultural Critique, No.53, Posthumanism, 2003, p.18.
③ Stefan Herbrechter, Posthumanism:A Critical Analysis, Bloomsbury Academic, 2013.

了人文主义中人类主体被解构的历史。他发现，尼采和德里达都预测了"人类"的终结。德里达使用"启示录口吻"来叙述人类的终结。在《人类的终结》(1968)一文中，德里达批判了他的某些同时代人通过"确证一种绝对的突破和绝对的差异性"来探讨"人文主义的问题"以建立人类中心主义的思想，各种"真理"体系以编码的方式隐藏在经典哲学形成结构的逻辑里，这些真理都以二元对立的辩证法为逻辑中心。而德里达强调"越界"，强调中心的真理或超验所指并非不可变更的存在，没有任何一个词具有所谓纯粹的语义。表意的过程是语义不断变化的过程。针对这一情况，借助利奥塔德对后现代状况的论述，即"后现代性并不是一个新的时代，但是重写某些现代性宣称的特性，所有现代性宣称建基于它在解放人文性方面的合法性来贯穿科学和技术的整体。但实际上重写已经发生作用，而且在很长时间里对现代性本身发生作用"[1]，巴德明顿认为，后人文主义是对人文主义的重写，是进入到弗洛伊德的那种"贯穿"，即对于心理苦痛和创伤，没有什么东西时可以突然冲破的"贯穿"，是耐心重写。因此巴德明顿指出，"后人文主义的任务就是解开这些暗恐的时刻，在这个时刻开始漂移，以某种方式阅读人文主义，反对自身和已有成果"[2]。这本身就包含了对于后理论意义的重新思考。"后人文主义中的后——并不是标志或产生出对人文主义遗产的绝对突破，也不应该是寻求人文主义'书写的坟墓'，而是采用批判实践的形式，这个发生在人文主义内部，组成的不是唤醒而是贯穿在人文主义的话语之中。"[3]

因此，后人文主义并不致力于一种特殊的方法论或阐释学实践。它鼓励跨学科研究，重新评估过去的理论论辩。后人文主义强调对思想/身体的二元性挑战，强调具身性认知出现的问题及现代生命和认知科学促生的人类哲学、认知、幻想和人类对他者的阐述[4]。后人文主义就是超越人—他者的二元对立，认识到世界的存在是一种"非二元的、自然—文化互

---

[1] Lyotard, Postmodernism Condition, 1991, p.34.
[2] Neil Badmington, Theorizing Posthumanism, Cultural Critique, No.53, Posthumanism, 2003, p.21.
[3] 同上。
[4] Edgar Landgraf and Gabriel Trop, "Posthumanism after Kant", in Book Posthumanism in the Age of Humanism, edited by Edgar Landgraft, Gabriel Trop, and Leif Weatherby, Bloomsbury Press, 2018.

动"①，因此后人文主义是超越自我的生命，对结束人文主义与反人文主义的对峙，"以人文主义历史性衰落的假定为基础，同时超越去寻找新的可能性……它努力的方向是制定新的方式来实现人类主体的概念化"②。这个主体是人类与生物、环境、科技融合在一起的主体，它在"人类"与"非人类"的疆界之间穿透、呈动态发展趋势。布拉伊多蒂等这一观点也在杨乃女、林建光《后人文转向》的前言中得到回应。他们指出，20世纪末到21世纪初的各种不同后人类理论都致力于检讨或重构"人"的论述，但实际上，我们关心的不仅是"人类"的问题。"我们不但对'人类'自身的问题有责任，我们对赖以生存的环境也有责任。这也是为何该处理人与非人的关系已然成为当代人文研究的重要课题。"③因此后人类主义／后人文主义的讨论也并非只针对人本身，还包括人与社会、环境的整体思考。

三、后人类主义的重要维度：后身体诗学

身体异化表现了人类身体与思想的萎缩，身体异化成为后人类的基本特征，即：身体丧失了人类在漫长历史发展中构建的功能与审美，在假肢（机械性）或动物身体（动物性）的表征中剥离人的特性，也由此产生人类自我的否定与背离。身体异化指向对人类科技理性和科技乌托邦的批判与反对。过度科技文明的追求导致身体成为人类研究的对象，而非人类本身的主体性载体。忽略人文关怀与区域发展的泛全球发展最终会将人类带入世界的终结。后人类文学的身体叙事引导我们如何来理解我们面临的新状况。那么文学叙事与身体再现也将有助于我们深入了解后人类主体性与文化建构。

沃尔夫由此强调后人文主义与人文主义之间的内在关联。后人文主义应该被看作是"人文主义之后"，而不是作为"后人类"的一种主义形式的附属存在。传统的人文主义和"后人类"或"超人类"技术－狂喜，在沃尔夫看来，都导致了"一种人文主义的强化"，因为它们都保留了基本

---

① 〔意〕罗西·布拉伊多蒂著，宋根成译，《后人类》，郑州：河南大学出版社，2018年，第4页。
② 同上书，第53页。
③ 杨乃女、林建光主编:《后人文转向》，台中：国立中兴大学出版社，2018年，第7页。

的态势,这种态势将解放人类真正的自我。[1] 当前流行文化中的后人类,想象了人类的挑战在很大程度上是来自对身体存在的挑战,来源于我们假设的人类与自然世界不可分割的联系。因此后人文主义并非将人类重新概念化,而是认识一个完全新颖的、被认为更好的人类形式。从这个观点来看,身体限制并局限了个体自由。身体的改变、甚至剧烈的变异可以取代原来瘦弱的身体,为已经存在的具身化的人类本身获得一种延伸的生命周期和提高的能力。[2] 后人类,正如流行文化中想象的状况,在自我之中加入这种优越的能力,追求后身体的修订与异变,给人类昭示出乐观的后人类未来。这也是布拉伊多蒂描述的未来愿景,她希望创建一种后人类人文学科,以新叙事的方式说明全球化人类星球维度、道德进化来源、人类及其他物种的未来、技术设备的符号系统、强调数字人文学科的翻译过程,指引走向后人类宣言因素的性别和种族角色以及以上所有的制度内涵。[3] 这呈现为崭新的人文学科规划,将引领文学研究和学术探索走向可持续的后人类未来。

---

[1] Cary Wolfe, What is Posthumanism, University of Minnesota Press, 2010, p.xv.
[2] Myra J. Seaman, Becoming More (than)Human: Affective Posthumanisms, Past and Future, *Journal of Narrative Theory*, Vol. 37, No.2, 2007, p.248.
[3] 〔意〕罗西·布拉伊多蒂著,宋根成译,《后人类》,郑州:河南大学出版社,2018年,第240页。

香港青少年价值教育再塑造

香港风采中学　何汉权

2019 年，乃"东方之珠"近十年来最暗淡无光的时期，一些别有用心之人，冲击法律，走上暴力违法之路，更让各界人士忧心忡忡的是香港青少年犯罪年轻化，以及由整年的社会动乱带来的价值教育扭曲，将对青少年造成深远影响的大问题。笔者身为香港一分子，同时从事教育专业多年，责无旁贷，故本文将探讨此重要议题，并提出关于未来如何再塑香港青少年价值教育的看法及建议。

事实上，香港青少年集体冲击法律早有苗头可见。2012 年，国民教育科事件，已有学生组织首次非法占领政府总部；2014 年，由大学法律学者等人带领，以争取双普选为题，鼓动"违法达义"，发动 79 日非法占中，大量青少年跟风，并成为其中违法大型行为的助力，所谓"雨伞运动"，本质上就是霸占金钟、占领铜锣湾、堵塞旺角的违法活动；2016 年又出现旺角"砖头暴动"，维持秩序的警察已被飞砖所伤；以上社会事件中，不少年轻学生受严重的错误引导，走上违法暴力之路。而 2019 年，借逃犯条例的修订，发生了近八个多月的社会冲突与动乱，打、砸、堵、烧都有，上演了一幕幕血淋淋"私了"事件，当中为首者不少是年轻人。按警方公布，自去年 6 月中旬社会动乱以来，近 9000 名被捕人中，有 3666 人，即四成为学生[①]。后政府再有详情报告：截至 2020 年 6 月 30 日，与"反修例"事件相关的被捕人共 9216 人。当中有 3725 名学生（占全部被捕人

---

① 香港01报章：《修例风波一周年｜警拘千六未成年人　少年9度被捕　小六生遭拘4次》（https://www.hk01.com/ 社会新闻 /483467/ 修例风波一周年 – 警拘千六未成年人 – 少年9度被捕 – 小六生遭拘4次，最后浏览日期 2020 年 8 月 20 日）。

40.4%），而大专学生和中学生分别占 5 成半和 4 成半[①]；再看 2020 年 1 月至 3 月，涉及青少年暴力行劫的严重罪例，在警方破获的 47 案劫案中，竟然有半数以上又涉及 13 岁到 20 岁的青少年[②]，情况让人十分忧心！

更甚的是那些处心积虑、诱惑社会大众，煽动激情的年青一族走上违法与暴力的"法律学者、律师及大律师"，公开提倡"违法达义"、"暴力有时候可以解决问题"、"有案底可让人生更精彩"、"'你唔想俾我拉，唔该你唔好犯法'，系一种非常落后的法律观"等错误观念，更把此歪风气带入本不应掺入政治等因素的校园，包括大学、中学及小学等，可怕的居然有号称教育专业者予以附和、推波助澜，似乎容不下学生有良善、和平、友爱的价值观念，完全与核心价值教育背道而驰！

上述问题若然不设栏杆阻止，香港青少年问题不会最严峻，只会更严峻。当务之急，仍从根本——即教育着手，联系社会各界，建构全面认知、国史、国学及国情教育的跨级别、全社会、全方位有法有情有理的进行推广工作，共同再塑香港青少年价值教育，教育始终是重要的"人心回归工程"。

何为价值教育？价值教育不单涉及个人，如不吸毒、不赌博、不接触不良信息、有良好个人品格等等，当中亦应涉及社会层面，对整体而言，发展价值教育是当前必须。青年需要清楚知道自己的身份，这是他们应有的权利、义务及责任。身份认同是生活上所需，青年若没有一个清楚身份认同，便没有归属感，没有公民意识，没有家国观念，更不会为港为国贡献出力[③]（胡少伟、蔡昌，1999：46-47）。在公民社会中，人与人交往，必须具有高尚的素质和秉性，所谓品格六大支柱（six pillars of characters）[④]：

[①] 香港特区政府新闻公报：《2020 年上半年治安情况》（https://www.hk01.com/ 社会新闻 /483467/ 修例风波一周年 – 警拘千六未成年人 – 少年 9 度被捕 – 小六生遭拘 4 次，最后浏览日期 2020 年 8 月 20 日）。

[②] 香港文汇报：《黑暴制造「破窗」青年犯罪激增》（http://pdf.wenweipo.com/2020/03/07/a20-0307.pdf，最后浏览日期 2020 年 8 月 20 日）。

[③] 胡少伟、蔡昌：《比较港日两地师范生的国家观念》。香港教育工作者联会编：《香港教育——青少年的品德和公民教育》，香港：三联书店（香港）有限公司，1999 年，第 46-47 页。

[④] 徐贲：《统治与教育——从国民到公民》，香港：牛津大学出版社，2012 年，第 304 页。

1. 尊重（respect）
2. 责任（responsibility）
3. 公平（fairness）
4. 信赖（trustworthiness）
5. 关怀（caring）
6. 公民责任（citizenship）

为达致香港青少年拥有公民教养（civility），拥有良好价值培养[①]。最终，中国香港人感到骄傲的"中国"，不只是疆域上的"国家"，而是一种价值理念，一种对祖国文化认同，以自己的生命，去活出的"好生活"[②]。

具体从何着手？正如钱穆先生所说的，凡一国之民，当对一国之历史要有初步的认识和了解，一国之民，对本国的历史当有温情敬意、同情与谅解[③]。笔者执信，在香港推动国民教育之根本，实源于国史教育（香港向称中国历史），唯有从国史的演变，于川流不息的长河里，方有国学（中华文化）可述，故以国史作引入，重塑价值教育，可以为一个最直接的方法。以国史为教材，早在唐代已有说法，正如唐代史学理论家刘知几所言："史之为用，其利甚博，乃生人次急务，为国家之要道，有国有家者，其可缺之哉！"正正说出，历史有何作用。历史之为历史，简易而言，并非单纯过去所有发生的事件，大家都知道，采摘资料，最终成着手，为人所诵读，当中有其标准。张荫麟就通史撰写凡例，提出五大标准，当中包括：（1）新异性；（2）实效性；（3）文化价值；（4）训诲功用；（5）现状渊源。[④]将历史放入价值教育之中，以古鉴今，成为日常生活的指南，这正正是对今天香港青少年问题的良方。而笔者对于国史的内在价值有十点看法[⑤]：

1. 印证国家及民族发展，当中承载是非黑白、人情与道理的一门具理性逻辑及引发情感之学问；
2. 能渗出对民族搏成和融洽，持守着温情与敬意；

[①] 徐贲：《统治与教育——从国民到公民》，香港：牛津大学出版社，2012年，第225页。
[②] 同上书，第614页。
[③] 钱穆：《国史大纲》，上海：国立编译馆出版，1947年，（序）第1页。
[④] 张荫麟：《中国上古史纲》，台北：里仁书局，1995年，第11–14页。
[⑤] 香港大学中国历史研究文学硕士同学会：《十周年纪念特刊》，2019年。

3. 强化国民的群己观念，权利与义务的平衡；
4. 国家与民族发展的灵魂与动力的重要源流；
5. 爱国爱民之所系；
6. 建构国民身份认同与国家集体认同不可或缺的重要学习内容；
7. 贵古重今，迈向高度文明与文化认真学习，对国民质素提升起关键作用；
8. 不党、不卖、不私、不盲的宝贵学问；
9. 没有避讳议题的学问探索；
10. 国家民族发展的过去与现在，永无休止的对话，这些对话具有时代感与现实感，导引向前。

历史教育的基本立场，不单在过去，还在现实，以及未来。一个合格的公民，一个有教养、有责任心、有个性、有信仰的国民，一定有着与其身份相适应的历史修养和历史认识；国史教育是公民教育实践的一部分，它有着广阔的视野，可以从人类社会发展史的各种角度，整体地把握公民资格的概念，深刻理解"公民"及"公民权"的真实意义。它可以从人类文明史的高度，更好地发展个人的道德性和社会性。历史教育在着眼公民资格养成时，强调人的个性自觉，强调以认识人性为基础的公民意识和民主意识，并据此提升社会责任感。具体而言，国史教育可以在以下几方面提升学生的公民意识：

1. 精神方面，通过帮助学生欣赏以往社会的成就，让学生理解到个人为了某一特定的事业献身的动机；
2. 道德方面，通过帮助学生承认行为中的因果关系，探究在对历史的不同解释背后反映出了怎样的观点和价值观；
3. 社会方面，通过识别历史上不同的社会组织方式，了解不同的政治结构；
4. 文化方面，通过说明学生认识历史造就的不同文化之间及文化内部结构的差异性，探究文化结构及文化发展的数据和不同的解释。

历史学习亦能对增强公民权利意识发挥重要作用。如可增进学生政治史方面的知识和能力。通过典型事例，了解议会和其他政府形式的主要特征、公民权的发展历程、国家形态和国际组织的角色以及由政府影响带来的不同行为方式等。亦可给学生提供讨论本国以及世界范围内各种社会的本质和多样性的机会；更可培养学生调查访问和交流的能力；尤其是以"史实"为先，"道理"、"感受"随后，再辅以"明辨性思维"（critical thinking）评估材料和分析各种历史观点的能力。

历史学习对于培养见多识广且积极主动的公民是必需的。通过由历史学习中培养出来的洞察能力和理解能力，学生将会主动思考其权利、责任以及在公民社会中应做何种贡献。历史提供了一个参考框架，学生利用它能够进行明辨性思维，而且能够形成对于当今国际事件有见地的看法。

应该说，各国的社会科教育界有个共识，即以合格公民培养为己任的社会科教育是最为重要的公民教育学科，它不突出纯粹的政治性、道德性，也不突出单纯的法律性、社会性。它是通过具体的学习问题，整合各种学习资源和学习方式，运用公正的社会价值观、道德准则、法律保障、基本的知识与技能，赋予每个公民权利，让他们有能力参与社会的各项事务和活动，行使公民权利，并善尽公民的义务。公民教育所倡导的价值观念，有着指导人们行动和选择个人或社会信念的作用。

就如今香港教育系统来说，虽然自1997年所推行的教育及课程改革，已一再强调以不同方式把价值渗进教育之中的重要性，在初中、高中也有中国历史科，课程范围上至三皇五帝，下至现代发展，纵横五千年历史发展，似有一通史性理解，学生能够更系统认识国家变化。可惜的是，就算中国历史科即将成为必修科，无论初中或者高中都缺乏培养学生研习国史风气，加上科目多集中于政治变化，而对国家文化、有关中国人的价值观，少有发挥空间，难以在学科之中投入情感，价值教育成效甚微。

笔者认为在中国历史科课程中，其中一个合适的教学方针是以历史故事形式作为引子，将有关价值表达出来，最后达到学生能够确立自己国民身份为目的，令学生有效建立应有价值观。中国历史里面有许多重要的故事，这些故事都是曾经发生过并有证据可依，并非虚构寓言，当中记载了我们祖先的重要智能和价值。英国史家泰莱（Taylor）认为"真实是之生活胜于虚渺之想象"[1]。可见，能够善用这些前人的故事，会是我们重要的教育宝库，而历史亦以人物为重心。希腊史家波利比乌斯（Polybius）亦说

---

[1] A. J. P. Taylor (1976). *Essay in English History*. New York: Penguin Books, p.16.

"个人乃行动之主脑"①。举例来说：大禹治水的故事，我们将为公忘私的精神说出来；周幽王烽火戏诸侯，说明为政者需要诚信；班超投笔从戎，带出人要立志等等，若言价值教育的重塑，我国古代不少仁人志士的言行堪称为政者借镜。

对于在一国两制之下，如何确保中国语文科、中国历史科及中国文学科得到永续发展，在小学、初中乃至高中，培育学生的中国情怀、家国观念及身份与价值的认同，使学生、青年的家国情怀得以慢慢孕育，笔者认为这方面还有待且需尽快重审审视上述学科发展。

至于如何培养学生研习国史风气，落实从国史着手重塑价值教育，笔者认为应大力提升"体验式"学习，即鼓励香港青少年与内地及世界各地学校交流，以"香港心、中国情、世界观"为三大方向并由此建构生命共同体；交流不只是单向的，亦应是互动往来复的，"走出去"之余，亦应"请入来"。所以，除了让学生、让青年走出去外，亦应鼓励亚洲以至欧美等国家的青年进入香港。通过这些实践交流计划，达至频密互动、相互交流之效果，再现香港国际大都市的风貌。

什么叫体验？从教学的角度来看，体验就是在真实情景中与环境的种种事物接触而产生的经验。青少年用心去感受、关注、理解、认同学习课题中的人物、事件、现象、思想、观点等学习对象，如课堂中利用不同情境的设计提升学员的体验兴趣，把学习者导入学习情境之中，让青少年于参与中学习，使他们对所学到的知识更具体、更深刻、更持久。

而体验式学习（Experiential Learning），又称"发现式学习"、"经验为主学习"、"活动学习"或"互动学习"，是先由学员参与一连串活动，然后分析其经历的体验，使他们从中获得一些知识和感悟，并且能将这些知识和感悟应用于日常生活及工作上。体验教育协会把体验教育定义为："由直接经验建立知识，技巧及价值观的一个过程。"② 基本上，体验学习就是把一个概念设计成一个交互式的学习过程。学员可透过自己的亲自参与和领会，了解概念与活动内容的关系，而不再是由教师单向式地教授。由于这些经验将成为学员生活的一部分，所以对学习非常有效。到最后，学员的态度将有所改变，行为、技巧将有所扩展，而认知及人际关系亦会得

---

① Stephen Usher (1969). *The Historians of Greece and Rome*. New York: Taplinger, p.113.
② 义务工作发展局（2015），《体验式学习》。(http://www.volunteerlink.net/datafiles/A039.pdf，最后浏览日期 2020 年 8 月 20 日。）

到提升。

体验式学习源自杜威（John Dewey，1859—1952）的经验学习模式，影响全球教育深远。他提出了"从做中学"（learning by doing）这个基本原则，强调教学必须从青少年的经验出发，重视青少年学习的主动性，主张避免成年人、教师们过多干预在其学习过程中，将教学的重心由教师转移到青少年身上；如此，教师可教得少，而青少年却能够学得多。杜威认为透过反思的过程，青少年才能将原初未经反省的经验转化为更深一层的反省经验[1]，这样的学习意义乃是由青少年自己所建构的，而非是教师由外而内强加灌输的。由青少年自己所建构的学习意义，是深刻而久远的，因为青少年已经内化了学习结果。其后库伯（David A. Kolb）上承杜威的理念，建构了著名经验学习法的理论（图一），强调学习是一个循环周期，学习者需亲身经历，然后不断从经验中反思、归纳及验证；而总结反思之后，学习者归纳经验，再透过应用而不断去循环验证。[2]

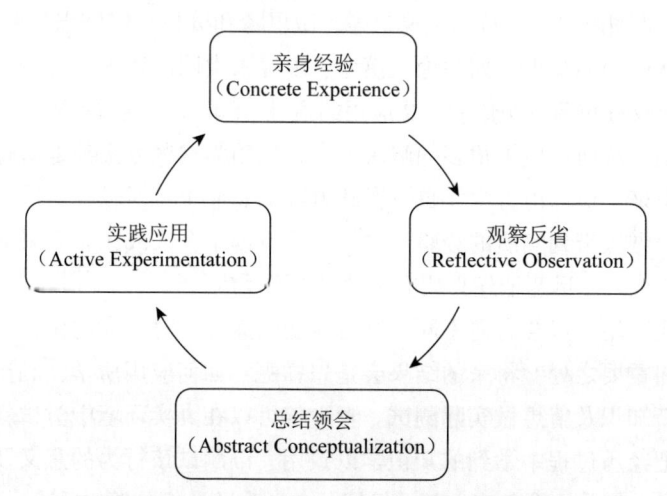

图1 库伯（David A. Kolb）的体验学习理论

亲身经验，包括青少年对个别事件、人物及情况的处理。在日常生活中，存在不同事情及人物的互动，有些是我们亲身参与的事情，有些是我们看到、听到、关注到、触动到的事情，这些经历都产生很多不同的经验。

---

[1] 吴木昆:《杜威经验哲学对课程与教学之启示》，载《台北市立教育大学学报》2009年第20卷第一期。

[2] 徐贲:《统治与教育——从国民到公民》，香港：牛津大学出版社，2012年，第164页。

体验式学习以活动作为媒介，青少年由被动转为主动，并亲身参与活动。带领者引导参与者运用本身既有的能力，建立团队间之分工合作、人际沟通协调、领导与被领导等，以及面对挑战或压力时的解决能力。而且过程所产生的经验是千变万化的，每个参与者的体会也各有不同。这样产生的体验经验，亦是许多讲授式课程达不到的效益。[1]

观察反省，是将所经历的事情及人物的互动的资料做综合和整理。利用比较过去的活动和经验，从另一角度观察自己的表现，并探讨达成目标的方法。在反思经验的过程中，青少年可看到他人怎样进行活动，怎样组织信息及执行计划。青少年借此反思与检视问题产生的核心意义所在，并联结过去既有的概念架构与经验，以发展出突破规则的限制与创新的想法，找到问题最终的解决方法。[2]

总结领会，包含两方面：第一，运用理性逻辑分析所呈现的数据及信息、对本身的启发、对其的意义、总结是次的经验，并将个人的发现、学习、联想起相关理论/模式/观念等，做思考和分析，以增强经验的总结；第二，从已知的知识（如理论、模型）中寻求类同的体验。青少年须分别从共通点及分歧两者领悟能广泛应用的道理。[3]青少年透过反省、讨论、分析及评估，从而产生了很多的解决方案，也因为这些方案都是由青少年自己思考出来，所以由青少年自行实践方案的意愿也相对较高；然后再把这些想法、做法带到实质的经验当中。此更有助于个人或团队未来面对新的情势与挑战时，迅速地建立适应及做出正面反应。

实践应用，将会有何不同？有何改变的途径？对个人的生命、学习或工作有何重要之处？将来的结果会是怎样呢？如何应用所学？利用对初步结论、新知识及猜想做实际测试。青少年可以在真实环境中尝试新学习的行为，把经历过程中学到的知识学以致用，以测试该行为的意义及带来的感觉，青少年并应准备建立新的目标，主动尝试及承受新的风险。[4]

就体验式学习之实施而言，体验学习是过程，不是结果。传统教育的一个难题，是青少年只从课堂上学习知识，而很少有应用其知识解决实际

---

[1] 中华体验学习发展协会（2005）：《何谓体验学习？》（http://www.pataiwan.org/page/explore.php，最后浏览日期2020年8月20日）。

[2] 同上。

[3] 同上。

[4] 同上。

生活中遇到的问题。因此，教学的重心应由"教师教"转移至"学生学"，青少年在学习过程中是参与者而非旁观者，让他们主动建构其知识，逐渐意识到学习是一个通过实践运用循序渐进的过程。

上文引述乃笔者近年致力提倡"国史教育 4E 模式"的灵感由来。所谓"4E 模式"即取自"Education"（教育）、"Engagement"（参与）、"Experience"（体验）及"Exposition"（表扬），简而言之，就是希望生在香港这个中西同融的弹丸之地的青少年，走出课室、跨出学校，甚至是离开香港前往境外，透过亲身体验，从过程中汲取知识、增加见识等，带领者（老师）与被带领者互动，产生教育别人与自我教育的效果（Education），一起积极参与、共同获取宝贵经验，最终达至双赢、促进成长与发展的奖励（Exposition），特别在理想与精神层次上，得到难以言喻的突破！古语有云："读万卷书不如行万里路"，过程中，教学者可以因应环境的变化加以引导，培养其"香港情怀、国家观念、世界视野"，让青少年真正实践到"从做中学"的概念。

以笔者所属的机构为例，为鼓励学生从游历活动中学习，亦借此弘扬研习国史之风气，每年暑期按历史主题举办中学生游历学习之旅，并邀请历史学者担任随团顾问，如香港大学名誉院士丁新豹博士等，同时还有前线教学专业者等，与学生共同出行，旅程后，撷集各参与者之感思及心声，集结成书分享予全港中小学等。

至今所举办的游历学习计有：2011 年辛亥百周年"香港·广州·武汉之旅"；2015 年抗日战争胜利纪念七十周年之"日本东京之行"；2017 年探索"一带一路"之"乌兹别克·哈萨克斯坦学习之旅"；2018 年，回应改革开放 40 年之"北京·天津之旅"；2019 年纪念"五四"百周年之"北京·巴黎双城之旅"。从近十年的实践中，可见此类游历学习活动无疑是个好选择，青少年认定自己是学习者的身份，旅程中除了获得主要的生活技能，如沟通技巧、应变能力、自我照顾能力等；另一方面，可发现当学生穿行于古迹之中，实地考察，更能主动观察、发问、思考历史从古至今的细节等，对于学习国史更趋于有效、自律性的学习。更重要的是，透过历史的实地追寻动人故事，可将香港、国家与世界紧密结合。

当然凭借一会之力，能力有限，影响力亦有限，但若能联系社会有志推动国史、国学、国情的香港民间组织及机构，互相协作，群策群力，将此推而广之至全港学界乃至各界，惠及莘莘青少年，成效可见一斑。香港特区政府无疑担任不可或缺的牵头角色，此外，对于香港青少年价值教育再塑也有着不可推卸、急需跟进的重大责任。

孟子曾说过："天下溺，援之以道。"① 今天所谓道，其实就是要有良好的制度。香港特区政府未能及时响应香港青少年问题，并非钱财不足，而是对青年政策的重视不足，缺全盘及长远计划所致。综观回归已二十多年的青年政策，整体而言，存在几个主要问题：一是政府本身欠缺清晰的蓝图，最终导致只是见步行步，多数政策沦为短期项目形式；二是以往由于不同部门都有份参与青年政策，包括民政事务局、教育局、社会福利署、康乐文化事务署等等，由于部门之间互不统属，自会各自为政，令服务政策规划、人力资源规划，及资源调配的优先次序上，不同的系统不能互相配合，亦缺乏统筹、监察、成效管理及问责机制。虽现有属香港民政事务局管辖的"青年事务委员"（1990年2月成立），后再"升格"由政务司司长直接领导"青年发展委员会"，专门负责有关青少年政策，但事实上，"青年事务委员会"只是一个咨询机构，权力薄弱，政府大可不必聆听委员意见，亦谈不上执行什么政策，从政府文件已可见当中原因②：

青年事务委员会实为一非法定的咨询组织，就青年发展事务向政府提供意见。委员会工作多元，包括就青年发展的课题进行研究、举办或赞助青年发展活动、资助香港青年前往内地交流及实习、透过"国际青年交流计划"让青年前往海外进行交流活动，以及制定"青年发展基金"的拨款准则等。

香港必须拥有独立的专责部门——"青年事务政策发展局"，或类似高层次的法定组织，负责统领政府各部门工作，结合香港实际情况，定期对青年不同需要、范畴做出策略性研究，为香港制定长远的青年政策，整合及调拨资源，以期政策及措施到位。该委员会成员必须包括：政府官员、立法会议员、社福机构、学者、大中小学代表等等，负责统筹青年政策，并且定期向社会汇报工作。

此外，也可邀请关心青年议题的社会人士做顾问、订立会议时间表，并定期检讨会议的成效等；另一方面，由于历史关系，香港民间社团、志

---

① 中国哲学书电子化计划：《孟子·离娄上（十七）》（https://ctext.org/mengzi/li-lou-i/zh，最后浏览日期2020年8月20日）。

② 香港政府新闻公报（2016）：《政府委任青年事务委员会委员》（http://www.info.gov.hk/gia/general/201604/01/P201604010748.htm，最后浏览日期2020年8月20日）。

愿团体乃至宗教团体，在不同的范畴已做了大量的青年工作。青年事务局应该与他们合作，不只应检讨现有相关服务，亦应尽快制定清晰长远的青年政策，拟定一份详列策略、行动、预算、时间表等细节的行动方案。该部门以协调、具成本效益，及可持续发展的方式，制定短期（三年）、中期（五年）及长期（十年）目标，以符合香港青少年需要、国家需要的政策，以十年为一循环，再做检讨。

再者，"青年事务政策发展局"还应承担聆听香港青少年要求、"建立青年于社区"等工作。近年来青年人参与对政府抗争有增加趋势，行动亦越来越激烈化，有立法会选举的、有社交网络发表意见的、有街头冲突的，最坏的"发展"成为前文所述"违法达义"的社会事件等，形形色色，由此可见，青年人表达不满不再是从前一时冲突那么简单，有学者认为这是由于"后物质主义"（post-materialism）倡议有关，碍于篇幅，本文不在此详述。其实，年轻人渴望参与社会事务，本非坏事，更是一个良好公民应有之本分，当然前提是必须基于正确的价值观。就如今香港现况，可以另先考虑由政府拨备资源给予社会非牟利团体，让中学生多些参与社会事务，由学校进入社区，将年轻人的声音，由街头放回社区等。香港特区政府是时候，且是迫切需重申审视有关政策，并尽快做出实际行动，以配合香港青少年价值教育再塑造的"人心回归工程"。

最后需加以补充的是，面对整个社会价值混乱不堪的现况，针对香港青少年问题除了从根本上对症下药，同时也不能忘了"治标"，香港特区政府必须严正、严谨肃清歪风邪气，订立更具体的青少年保护条例，确保青少年拥有健康成长的环境，例如现今新电子媒体、社交媒体不断涌现，甚受年轻人欢迎，可惜传递内容很多不实，误导、激烈的言论是愈演愈烈、害人害己，甚至在过去不久的多场社会运动中，成为不法分子散播文宣的平台，充斥着攻击国家、民族乃至鼓吹暴力、危害社会安全的不实言论，香港特区政府对此应予以追究，对违反法例的要提出检控。

2020年6月11日，行政长官林郑月娥根据《基本法》第48条第三款，签署经立法会通过的《国歌条例》；6月30，全国人大常委会通过《港区国安法》，自此成为除《基本法》外，必须在港执行的法例。《国歌条例》及《港区国安法》的通过及落实，为完善香港维护国家主权、领土完整，以及"一国两制"重回正轨指明方向，也是为香港社会早日恢复稳定做出的必要和及时的决定。香港特区政府应牢牢依据"三法"（国家宪法、香港特区基本法以及所属附件港区国安法），整顿香港社会面貌，为再塑香港青少年价值教育缔造合适的环境，而每一位中国香港人包括青少年亦需谨记遵法守法乃应负之责，勿存侥幸心态，以身试法、知法犯法！

全球化的发展、粤港澳大湾区建设的来临等，势必为年轻一代带来越来越多的挑战，同时机遇也接踵而来。青年是社会的栋梁，是未来主人翁，被寄予厚望，没有人希望看到年青一代沉沦，在歧路上越走越远，而是希望年轻人能拥有正确的价值观。年轻人唯有明白香港、国家、世界乃牢不可分的生命共同体，而不是带着偏颇、狭隘等有色眼镜，才能迎接挑战、充分把握机遇，建设更好的未来。这是每一位真正关心、爱护年青一代的衷心愿望，同时也是当下大家应团结一致，共同巩固及展开"香港青少年价值教育再塑造"，坚持守法、尊重、和平、善良、守责以及爱家、爱国、爱民族的核心价值！

法国巴黎的"文化大师饶宗颐先生纪念会"追述

法国阿尔多瓦大学　李晓红

饶宗颐先生离开我们一年半了,想到这位为人类文明付出毕生心血的文化大师辞世的日子,一切就仿佛发生在昨天。

2018年2月6日,巴黎凌晨00:24,突然接到饶公的衣钵弟子、香港大学饶宗颐学术馆副馆长郑炜明教授发来的一条微信消息:"昨天才见过饶师,今早1点左右,他已于睡眠中羽化。"不久这一无法回避的现实就被证实了,饶宗颐先生确已于2月6日在香港仙逝,享年103岁。法国时间2月6日凌晨1点45分,我在微信朋友圈发出了饶公辞世的消息。一时间,吴承学、王静、齐冲等43位海内外教授学者和朋友发来"饶公千古!"悼念之词填满了微信评论区。饶公仙逝的消息震惊了中国,震惊了海外,震惊了整个学界!

当天下午,我去拜见了恩师、汉学家汪德迈教授。一进门,看见老师凝重的神情,已经猜到三分。汪教授沉默了半天,方心情沉重地说:"我不愿意听到这个消息,但我早已有思想准备。"他说:"我无比尊重的老师饶宗颐先生的仙逝,让我非常悲痛。他的离世不仅是中国学术界和世界汉学界的重大损失,同时也是人类文明的重大损失。我想整个中国都会被他离世的消息震惊,悼念这位一生致力于中国传统文化研究、开拓与西方文化艺术交流的先行者。"接着汪先生又说:"饶宗颐先生对我的影响非常大。作为他的弟子,我一定要去香港参加他的葬礼,和我的中国老师做最后的道别,慰问他的家人、亲属以及老朋友。"

次日,法国《欧洲时报》社长张晓贝先生致电,希望尽快刊登悼念饶公的文章。我怀着十分沉痛的心情作文《东方文化的骄傲——饶宗颐先生，您走好》。文章很快就在《欧洲时报》上发表了。远在美国的国际考古学暨历史语言学学会会长刘正教授得到消息，特以"学会特急消息"栏目在该学会会刊上以《本学会终身名誉会长著名历史学家、文学家、哲学家、文字学家饶宗颐院士今日下午仙逝！》为题发布了第65期学会通讯。刘正教授还建议编辑一本饶公的纪念专辑，请各国学者参与撰写对饶公的悼念诗词（专辑后于2月15日编辑完成）。2月7日，香港朋友询问巴黎是否举办饶公的追思会。对于这一问题，我向福建师范大学文学院的好友欧明俊教授寻求意见。欧明俊教授建议："组织追思会，义不容辞。"他还提议把纪念会的所有情况都整理记录在案，发给郑炜明教授，也发给有关单位，作为文献保存。于是这一纪念活动的安排在两个小时内就决定了。

2月8日凌晨，饶宗颐先生治丧委员会组长郑炜明教授从香港发出消息，通告饶宗颐先生葬礼将于2月28日在香港殡仪馆举行，并附丧礼仪式秩序表。我即刻将消息转与老师。汪德迈教授随即订好了2月25日赴香港的机票并确认酒店，准备和女儿一起赴港参加2月28日在香港举行的饶宗颐先生的葬礼。8日早晨，我在微信朋友圈里发出香港政商各界将举行饶公葬礼日期的消息，香港严波生等17位海内外朋友陆续发来哀悼信息。2月10日，我向汪德迈教授征得了举办追思会的许可，同时联系了巴黎中国文化中心的严振全主任。严主任得知我们希望在巴黎举办饶公追思的意愿后，表示大力支持，决定在2月22日下午4点在文化中心举行"饶宗颐先生纪念会"。他建议改"追思会"为"纪念会"，用以鼓励人们发扬饶公精神，继承中国传统文化。考虑到会议规模等具体问题，且当时正是中国春节前后，法国也正值学校冬假时节，为了让更多人知道开会的消息，严主任紧急签署了邀请文件。同时，我们根据汪教授提供的很多学界朋友的通讯方式，向相关单位和个人发出了邀请。

经过十余天的筹备，纪念会于2月22日下午4点在巴黎中国文化中心举行。沈中文副主任首先代表严振全主任致辞。他介绍了饶宗颐先生辉煌的一生，回顾了饶先生对中国文化研究、中法文化交流以及世界文化研究的杰出贡献，表示了极为沉痛的悼念之情。会议方选择了三位与饶宗颐先生的汉学研究有关，并有不同程度师承关系的学者作为代表进行发言。汪德迈教授主讲，我主持并协助。

第一位主题演讲人汪德迈教授，在国际汉学界享有盛誉，被誉为"法国大儒"。汪德迈曾在1961—1964年期间被法国戴密微先生派往香港大学学习，师从饶宗颐，与饶公结下了近50年的师生情。演讲中，汪教授介绍道："饶宗颐曾慷慨地帮助过包括我在内不少到港学习的法国年轻汉学家。他仁慈宽厚，不仅在生活上照顾我们，在学业上更是倾注他全部身心和精力。饶先生自始至终关心和支持法国乃至欧洲汉学的发展。得到他指教过的法国学者很多人后来都成为法国汉学界的中坚力量。"汪教授还满怀深情地谈到饶公对自己的培养："在香港期间，我一方面在香港大学听饶公讲《文心雕龙》的课，一方面每周去他家里，得到饶公单独为我和另一名印度学生在家中讲解《说文解字》的特殊优待[1]。我深知对一位研究者来说，时间是多么宝贵，饶公当时有很重要的工作，本身自己的时间就不够用，但是为我们前来求学的外国学生的上课和答疑，他却从不吝惜时间。"

再谈到饶公和自己的另一位老师戴密微（Paul Demiéville）的深厚友谊。那是1954年，英国皇家亚洲学会于剑桥大学主办的第二十三届东方学会国际会议上，饶宗颐在会上宣布破译了一篇《老子想尔注》的抄卷（即现存于英国剑桥大学编号为 S 6825 的敦煌残卷）[2]。正是这篇演讲引起了著名的敦煌学学者戴密微先生的特别关注。他盛邀饶宗颐来巴黎工作，两人从此结下了深厚的跨国情谊。

在谈到饶宗颐教授的典范作用和对中国文化乃至世界文化所做的贡献时，汪教授这样说："饶宗颐先生的学术研究和讲学的足迹遍及世界多个国家。他的《敦煌本老子想尔注校笺》《殷代贞卜人物考》《词籍考》等17部著作轰动国际学术界。他曾来过法国七八次，大部分时间都住在我家。在1964年12月受戴密微先生邀请，来法国研究伯希和敦煌文献原件的那八个月，他白天去法国国家图书馆敦煌手稿库，晚上到我家继续工作。我看到他常常工作到深夜，一天只睡几个小时。他投入了大量精力，也因此做出了很多成果，例如《敦煌白画》《敦煌曲》等等。"

在中法文化交流的结点上，汪教授特地举例说明，饶教授对法国文化精神十分钦佩并为其深深吸引："我曾经两次陪同饶先生去巴黎南部40公

---

[1] 印度外交官白春晖，见汪德迈撰，李晓红、周轶伦、房维良子译：《饶公选堂之故事》，《国际汉学通讯》，2014-6，第9期，北京：北京大学出版社，第243页。

[2] 同上，第241页。

里处的皇港小学校参观。17世纪，路易十四时代存在的这个'小学校'孕育了包括帕斯卡尔（Blaise Pascal）、拉辛（Jean Racine）这样伟大的文学家、戏剧家。这所乡间皇港小学校提倡的法国古典学的精神感动了饶公，以至于他在2003年就把自己的学术馆更名为法文的'小学校'。"汪德迈先生在演讲总结时感慨地说："我一生中最幸运的事就是拜饶公为师。他是我一生都可以信赖和依靠的人。在我看来，饶先生身上带着中国人文思想中那最珍贵的东西——文以载道厚积薄发的文化传统，以及一种始终'内圣'重于'外王'以求灵魂之伟大的思想。"

第二位主题演讲人本应是法国汉学家马克教授，但他因故缺席。马克曾经是汪教授的博士生，毕业后在法国高等实验研究院任教。80年代，马克教授被法国远东学院派到香港，在汪教授推荐之下，他成了饶宗颐先生的学生，受饶先生言传身教。他在悼念信中写道："尊敬的李女士，非常感谢您发来的消息。遗憾的是，22日我不在巴黎，但是这一天我会与您在一起，以纪念无与伦比的杰出学者、具备常人不具备的超常才能的艺术家饶宗颐教授。自从我80年代首次在香港居住以来，随后的几十年，我是他中国学领域的研究生。无论是在沙田的香港中文大学，还是在跑马地饶公的家中，或是在世界其他地方的国际会议上，饶教授一直给我最好的学术指导。同时他与我分享着研究领域之外的生活和快乐。我庆幸上天让我有机会与大师相识，并有幸在去年6月他来巴黎举办画展期间，与他重逢。我谨在此祝福已去天堂的恩师'选堂'大师，一路走好。马克。"

作为第三位主题演讲人，本人专门谈及了自己2013年和2015年两次参加香港大学举办的"饶宗颐与华学"国际学术研讨会，以及2017年饶公重游皇港小学校时，陪伴汪德迈教授，见到饶宗颐大师的亲身经历。演讲是这样开始的："令我特别难以忘怀的是在2013年'第二届饶宗颐与华学暨香港大学饶宗颐学术馆成立十周年庆典——国际学术研讨会'上，亲眼见证了饶公和汪德迈教授深厚的师生情。见到他老师时的那一刻，汪德迈教授兴奋不已，难以言表，躬身去与饶公轻轻地握手。饶先生先看了汪老一眼，低下了头。饶先生的表情是那样深沉，久久不语，似乎问汪先生、问老天：'今日相见，何日再重逢？'静默站立持续了片刻，然而他们彼此关注的眼神、难舍难分的深情却永远定格在那一刻，留在我的脑海里挥之不去。这真挚的情感跨越国界，穿越年龄，令人无比动容。"

纪念会随后放映了香港大学饶宗颐学术馆精心制作的饶宗颐先生纪录

片，汪德迈教授为大家做了简单的讲解。大家结合纪录片，跟随饶公的足迹，深入了解其生平和学术成就。最后，我朗诵了与好友欧明俊教授合作的《哭送饶公》的诗作，期间几度哽咽难言。

哭送饶宗颐先生

欧明俊 李晓红

2月6日，
一个伟大的灵魂，
饶宗颐先生，
辞别了香港。
日历上记下了，
这一天的表情，
叫做悲伤。

江河呜咽，草木含悲。
饶公此次去，何日复来归？

苍天有泪，哭别贤人。
冷月无声，痛丧斯文。
细读旧作长拭泪，重睹遗容倍伤神。

哲人其萎，大雅云亡。
学问传万代，清名长流芳。

我哭饶公，内心痛楚。
我送饶公，饶公千古！

会后很多法国学者都动情地说，饶公的这样执牛耳、硕果仅存的文化大师百年难遇。一位参加纪念会的法国人告诉前来采访的新华社记者："我不是汉学家，只是一个对中国文化感兴趣的普通法国人。有关饶宗颐的纪录片让我更好地了解了这位伟大的学者,他博大精深的研究震撼了我。"还有一位旅法学者参会后很感慨地说:"非常感人的纪念会。饶公仙逝后继有人。这叫传承,中华文化的传承!"汪德迈教授带来私人收藏的饶宗颐先生生毕生心血:《饶宗颐二十世纪学术文集》、《莲莲吉庆》画展的图录等。人们久久地留在大厅里,一遍又一遍地翻看着,流连忘返。

法国高校科研单位的一些重要学者郑重受邀,出席2月22日的纪念活动。其中有法兰西学士院铭文与美文学院终身秘书、曾多次促成中法文化交往的著名学者冉刻(Michel Zink)院士、法兰西学士院美术院高立昂(Jean-François Collignon)通讯院士、法国索邦大学考古艺术史系远东研究院顾乃安(Antoine Gournay)教授、法国亚洲研究中心知音(Véronique Alexandre)教授、法国国家科研中心赵冰研究员等大学或国家科研机构的专家学者。

这次《饶宗颐大师纪念会》会议的召开,巴黎数家重要中文媒体派出记者前来参加纪念会,并撰文报道此事。《欧洲时报》高俊青:《饶宗颐大师纪念会在巴黎中国文化中心举行》;新华社驻法分社记者张曼:《国学大师饶宗颐纪念会在巴黎举行》;《法国侨报》记者曾竞、灵犀、程鑫儒:《"万古不磨意 中流自在心"国学大师饶宗颐纪念会巴黎隆重举行》。会后,彭玉平、张先堂等160多位海内外教授学者和各界朋友在我的微信朋友圈留言,以表悼念饶宗颐先生之情。

我们怀念饶宗颐先生,追述纪念会,因为它的意义远远超出了会议的本身。饶公的仙逝是全世界学术界的重大损失,但作为一代国学大师,他的治学精神和为人处世哲学为学术界立下最高的标杆,他的一句名言:"万古不磨意,中流自在心"将永远激励着我们前进。

Chère Li Xiaohong,

Merci infiniment pour cette annonce. Je ne serai malheureusement pas à Paris le 22, mais je me joins de tout cœur à vous pour commémorer la personne de l'éminent lettré, du savant incomparable et de l'artiste aux multiples talents que fut le Professeur Jao. Il était aussi mon maître en études chinoises, depuis mon premier séjour prolongé à Hong Kong au début des années quatre-vingt et tout au long des décennies suivantes. Que ce soit à l'université chinoise de Shatin, chez lui à Paomatei ou ailleurs dans le monde à l'occasion de conférences internationales, le Prof. Jao m'a toujours prodigué les meilleurs conseils, me communiquant sa joie de vivre et d'étudier. Je bénis le Ciel de m'avoir permis de connaître Maître Xuantang et d'avoir pu lui rendre un ultime hommage lors de son exposition à Paris l'automne dernier.

Cordialement!

Marc Kalinowski 马克

互鉴与会通

——饶宗颐与汪德迈学术思想比较

福建师范大学 欧明俊

饶宗颐先生开一代学术风气，走出去看世界，学贯中西，旧学新知博洽，被誉为"东学西渐"的先行者。汪德迈先生长达 70 年执着于汉学研究，传播中国文化，被国际汉学界誉为"法国大儒"。在与欧洲汉学界交往中，饶先生与法国学者最为投缘，他与洋弟子汪德迈先生结下五十多年友谊，是汪先生最尊重、最亲近的老师，亲密无间，平等对话，切磋砥砺，经常就学术问题写信讨论，彼此信任和尊重，师生情堪称典范。饶公和汪老亦师亦友，交往密切，疑义相与析，纵论中西文化。他们是国际学术大师，各执东西方学术界之牛耳，开一代风气。他们有崭新的学术理念，学术视野宏阔，学问博大精深。两人为代表的中法学术和文化交流，互学、互助，相互借鉴，相互提高，跨学科、跨语际、跨国界会通研究，大格局、大气象、大境界，取得举世瞩目的学术成就，在国际汉学界享有崇高声誉。他们是现当代国际汉学史的创造者和见证人，本身就是一部活的当代国际汉学学术史。可以预见的是，饶公和汪老学术思想研究必将成为国际汉学研究的新的学术增长点，以其学术思想比较研究为中心，可串起现当代中法学术和文化交流史以及整个国际汉学史，可拓展和深化国际汉学研究，其学术意义是不言而喻的，对当代中国国际文化交流和文化建设也有重要的应用价值。

一

2015 年，汪德迈先生《我与我的老师饶宗颐》一文回忆，当时欧洲没有人研究甲骨文，戴密微收到饶公刚在香港出版的研究甲骨文的著作，不太明白，他要一个年轻人到香港跟饶公学习研究甲骨文。从1961年到1964年，在香港三年中，汪先生非常刻苦跟饶公学习，在香港大学上饶公的《文心雕龙》课，饶公还在家里给他"开小灶"，教他《说文解字》，识别甲骨文。汪老研究中国古文字学和语言学，得饶公真传，如指出《说文解字》中关于日月升沉与草木关系的象形字和会意字有不少。汪老还跟饶公参加国际学术研讨会，结伴远赴印度、斯里兰卡、缅甸、泰国和柬埔寨旅行。饶公对异国文化始终持开放、包容态度，"但老师并没有因其在汉学上的卓越成就而变得傲慢，反而是慷慨地将学识授予学生"[1]。饶公每次到巴黎，几乎都是住在汪老家中，每当理解汉语文学典故上遇到困难，汪老都会向饶公求教，很快得到答案。汪老眼中，饶公就是一本"活字典"，更如同一个"活图书馆"。汪老一直感恩饶公的帮助，出版书籍也特别向饶公致敬。1978年，饶公第三次长时间到法国工作，汪老邀请老师参加他领导的研究项目。[2] 汪老每逢饶公寿辰等重要活动都参加。2006年，饶公九十寿诞，汪老带来戴密微与饶公往来书信等珍贵史料，还带来法国远东学院重印的《黑湖集》。2012年3月10日，香港大学饶宗颐学术馆"饶宗颐讲座"成立仪式上，饶公谈他与汪老的缘分："我与汪德迈教授相识已经超过半个世纪。他是一位非常杰出的汉学家，对中国古代的法家和儒家学说都有深入的研究。我们曾经在法国、印度和香港一起讨论学术，砥砺切磋，有许多非常愉快的回忆。这次，汪教授能远道而来，使我能与老朋友重逢共聚，真是人生的一件美事。"[3] 近四十年来，饶公多次邀请汪老参加香港大学举办的一系列学术研讨活动，对中法文化交流做出独特贡献。2015年3月17日，适逢香港中文大学贺饶公百岁华诞，汪老主讲香港中文大学"饶宗颐访问学人计划"讲座，以《我与我的老师饶宗颐》为题，回顾自己与饶公师生之谊。[4] 2019年1月18日，汪老荣获"会林文化奖"，答谢词说："给我中国文化精髓教育的是恩师饶宗颐先生。他一直教

---

[1] 《法国汉学家汪德迈：庆幸师从饶公》，《中国新闻网》2015年3月18日。
[2] 参见李晓红：《硕果仅存、各执牛耳：饶宗颐与汪德迈的中法大师情缘》，《欧洲时报》2017年7月14日。
[3] 同上。
[4] 参见陈民镇：《东成西就：饶宗颐先生的法兰西情缘》，《中华读书报》2019年5月22日第7版。

我以'内圣'的人格高标准严格要求自己，我努力做了，但是距离这个境界还很远。"① 饶公为推动世界汉学研究，始终帮助和支持法国汉学界的发展，影响法国汉学发展走向，指导年轻一代法国学者。汪老出任法国远东学院院长，不断推荐法国学者到香港造访饶公，他们的汉学研究都得到饶公指导，饶公是他们信赖和依靠的人，如马克（Marc Kalinowski）教授、傅飞岚（Franciscus Verellen）教授等，法国远东学院在香港中文大学成立永久中心。

饶公与戴密微（Paul Demiéville）最为默契，相互敬重，结下深厚友谊。1956年，饶公于香港东南书局出版《敦煌本老子想尔注校笺》一书，首次破译今存于大英博物馆编号 Stein 6825 的敦煌遗书中残卷，《老子想尔注》抄卷当时尚未获鉴定，西方汉学家中无人能辨认。此著填补了学术空白，传到法京，受到高度重视，并引发后来欧洲道教研究的长期计划，法国道教思想研究权威康德谟（Maxime Kaltenmark）将其列为教材，著名道教研究者施舟人（Kristofer Schipper）深受其影响，他尊饶公为道教文献研究的开拓者。② 汪老受饶公影响，也精于道教研究，《中国教给我们什么》一书认为，道家批评儒家违反"自然"，同时批评儒家的基础——语言和文字。老子《道德经》中所谓"道可道，非常道；名可名，非常名"，意思是语言毁坏"无为而治"的"自然"与"道"。《道德经》描绘的理想是无语言、无政治的"小国寡民"。《庄子》对儒家使用语言文字的评论又进一步，将语言分为"卮言""重言"和"寓言"三个层次。2018年5月3日，汪老在福建师范大学文学院做了题为《论庄子：从道教和佛教思想说开去》的学术报告，从儒家之道与道家之道的相异性展开，从老子在《道德经》中运用的语言谈到《庄子》用寓言阐述"不可道"之道。他认为语言文字本身只是工具，最根本的是直指大道，直指本心。他论证了禅宗在文字、书画等形式中的诙谐、怪异等表现方式与庄子寓言在语言上的悖论有相似之处，并指出"庄子的寓言是导致佛教禅宗公案的先验性的悖论"。汪老认为佛教传入中国，同时伴随着庄子思想的复兴，这一点可由西晋郭

---

① 蒋肖斌：《"法国大儒"汪德迈：比大部分中国人更懂甲骨文》，《中国青年报》2019年1月22日。
② 参见施舟人：《饶公的〈老子想尔注〉研究和世界道教学的发展》，《饶公学术研讨会论文集》，香港：香港翰墨轩出版公司，1997年。

象及其思想得到集中体现。[1]

饶公最早认识的日本汉学家是吉川幸次郎，吉川认为文学是一切学问的基础，进行学术研究应从文学入手，饶公对此深表赞同，也认为中国文化、中国学问，文学最重要，他说："一切之学必以文学植基，否则难以致弘深而通要眇。"[2]他极为重视古典文学研究，同时也创作大量诗、词、赋、骈文，研究与创作相辅相成。[3]汪老接受饶公和戴密微双重影响，重视中国文学研究。他认为中国诗歌魅力无穷，他从文字学研究进入中国文学研究，如论《诗经》"国风"，以中国人"国风"观与西方人神学观比较。他的中国文学研究涉及修辞学、诗学等。2019年8月，北京师范大学举办第六届跨文化学研究生国际课程班上，汪老讲座《中国文学起源三讲》以"中国无比的文学怎样出现？"为题，论述"官方文学""孔子的开启与介入""《文心雕龙》和中国文学的特征"，认为中国文学的起源以表意文字开始，具有独特性，即"非口语性"和"文言性"，文言是与口语无关的文言文学，中国文学与印度、希伯来、希腊等文化中文学起源与口语传统密切相关的情况不一样。他论述了孔子以前原始文学进化情况、孔子对中国文学发展的创造性贡献、《文心雕龙》呈现的中国文学特征，视角新颖。[4]汪老特别欣赏法国伟大诗人克洛岱尔剧作《缎子鞋》，指出从《缎子鞋》中可看出一个深具法国传统的作家如何吸收中国和日本的戏剧艺术来创造自己的作品，这是一个文化融合成功的典型例子。

饶公说："以戴密微先生的渊博，他对中国文学的推崇，有他的独特的看法与爱好，国人就更不能不自尊。我们一定要先树立学术自尊心，然后才能发扬中国文化的伟大传统。"[5]汪老也反复强调中国人自己一定要树立学术自尊心，发扬中国文化的伟大传统。饶公给法国汉学家很多帮助，汪老认为，戴密微在文学方面受到饶公影响很大，他本来没有研究文学，研究的是佛学，因为他与饶公关系密切，受饶公影响，以后开始研究文学。

---

[1] 汪德迈：《〈"英雄文化"与魏晋文学〉序言》，刘志伟《"英雄文化"与魏晋文学》（修订版），上海：上海古籍出版社，2018年，第1页。
[2] 饶宗颐：《〈固庵文录〉后序》，饶宗颐《固庵文录》，沈阳：辽宁教育出版社，2000年，第279页。
[3] 参见陈民镇：《饶宗颐先生古典文学研究述略》，《饶学研究》第3卷，广州：暨南大学出版社，2016年。
[4] 参见北京师范大学官网报道。
[5] 饶宗颐：《我所认识的汉学家》，《光明日报》2000年4月6日。

戴密微认为研究汉学最大的好处在于通过文学来了解中国，他的学术路向是由敦煌文学进入中国文学，他说到了晚年才醒悟出中国文学的伟大。他以为，就世界范围看，无论论质还是论量，其他国家的文学都无法与中国文学相比。戴密微80大寿时，饶公为其写骈文寿幛《戴密微教授八十寿序》中，特别指出他对中国文学的推崇。①

饶公对汪老的汉学研究道路影响非常大。饶公《文心雕龙》研究成果具有国际影响，②汪老熟读《文心雕龙》，推崇《文心雕龙》是最能代表中国文化的古代著作之一。汪老认为，中国文学从一开始就拥有他国文学无法比拟的地位，他引用《文心雕龙·原道第一》："文之为德也大矣，与天地并生者何哉？"③认为中国文化最初的私人文学作品是孔子所修编的经书，因此，经书成为中国文学的基础，他引用《文心雕龙·宗经第三》："三极彝训，其书言经。"④

汪老继承饶公的"道"，在法国传授年轻一代汉学家，弘扬汉学。汪老说："用一生来研究一个国家和一种文化，是世界上最迷人的事！"⑤汪老是中西学术互动交流的见证者、推动者，一生热爱中国文化，说："汉语是我职业生活的全部。"⑥近四十年来，他多次到中国参加学术会议，做学术演讲，努力促进中法文化交流。2016年，他被中华人民共和国国家新闻出版广电总局授予"第十届中华图书特殊贡献奖"，感谢他对中国图书翻译、出版和促进中外文化交流做出的贡献。2019年1月18日，汪老获得"会林文化奖"，他的答谢词说："作为一个文化人，作为一位热爱中国文化的法国汉学家，我努力想做的是向我的学生们传播中国文化所教会我的一切。"⑦他认为对中国文化的研究会促进法国文化的发展，他帮助法国学者

---

① 饶宗颐：《我所认识的汉学家》，《光明日报》2000年4月6日。
② 参见郭景华《饶宗颐〈文心雕龙〉研究述略》，《饶宗颐教授百岁华诞国际学术研讨会论文选集》，香港：香港紫荆出版社，2016年；陈民镇《饶宗颐先生古典文学研究述略》，《饶学研究》第3卷，广州：暨南大学出版社，2016年。
③ 刘勰著，范文澜注：《文心雕龙注》，北京：人民文学出版社，1958年，第1页。
④ 同上书，第21页。
⑤ 李永群、王远：《汪德迈：用毕生精力研究汉文化》，《汉学家，助中华文化四海生根》，《人民日报》2017年2月15日。
⑥ 《"汉语是我职业生活的全部"：著名法国汉学家汪德迈先生专访》，《航向法国》记者达明视频采访，2015年9月12日。
⑦ 蒋肖斌：《"法国大儒"汪德迈：比大部分中国人更懂甲骨文》，《中国青年报》2019年1月22日。

更深地明白中国文化的深邃、伟大。

二

　　2001年11月2日，饶公在北京大学题为《预期的文艺复兴工作》的演讲中，认为西方的"文艺复兴"其实是对希腊文化的重新整理，带动了整个欧洲的文化。近年来，由于中国出土文献的极大丰富，21世纪应该是重新整理古籍的时代，不要辜负地下的宝物和考古学家的恩惠。因此他充满信心地预言21世纪将是中国"文艺复兴"的时代。如何才能实现"文艺复兴"呢？饶公的设想是重新塑造"新经学"。《汉书·艺文志》将《乐》列在前面，乐以致和，"致中和，天地位，万物育"，"和"表现了中华文化的最高理想，在科技领先的时代，更当发扬光大，以免把人沦为物质的俘虏。饶公认为，当前是科技带头的时代，人文科学更要跟上，"人"的学问和"物"的学问同样重要。我们应该好好认识自己，自大与自贬都不必要。他说，从"洋务运动"以来，国人对自己的传统文化失去了信心，外来的冲击使得许多知识分子不惜放弃本位文化，向外追逐驰骛，已经动摇了国本。"知彼"的工作还没有做好，"知己"的功夫却甘自抛掷。现在，应该是反求诸己、回头是岸的时候了。我们国家现在提出和谐的观念，这个很好。①饶公强调，世界上没有一个国家没有他们的"Bible"，经学几乎贯彻了汉以后的整部历史。"五四"以来，把经学纳入史学，只作史料来看待，不免可惜！饶公认为，西方的"文艺复兴"运动是对古典的新发掘与认识，从古代文明的研究，为人类智识引起极大的启迪，古文明研究的扩大，使人们对整个世界的看法有崭新的认知，添加了进一步对历史文化的洞察力。反观吾国近半世纪以来地下出土文物丰富的总和，比较西方文艺复兴以来考古所得的成绩，可相匹敌。事实上，中国已成为世界国家的一个环节，在全球性的总的考察之下，中国的考古、古文明研究的事业，亦和世界分不开，如果自己不做，亦有人家为之越俎代庖，所以我们不能不急起直追。经书里面，许多精义对现代人还有极大的启迪。饶公强调，"经"是从事实中提炼出来的思想精华，中国文化的主体是经学。重建"新

---

　　① 饶宗颐：《预期的文艺复兴工作》，后以《新经学的提出——预期的文艺复兴工作》为题收入《饶宗颐二十世纪学术文集》卷4《经术、礼乐》，北京：中国人民大学出版社，2009年，第5—9页。

经学",意味着重建中华民族的核心价值。饶公强调要重新塑造中华民族新时代的"圣经",他说:"经书是我们文化精华的宝库,是国民思想模式、知识涵蕴的基础;亦是先哲道德关怀与睿智的核心精义、不废江河的论著。重新认识经书的价值,在当前是有重要意义的……'经'的重要性,由于讲的是常道,树立起真理标准,去衡量行事的正确与否。"① 饶公提倡"新经学",具有"世界眼光",他主张不能只从中国本身看中国,而应从世界的观点看中国。他反思"五四"以来轻视和批判经学造成的弊端,呼吁重新重视经学,树立起真理标准,尊重民族传统主流文化的价值。刘勰《文心雕龙·宗经第三》曰:"经也者,恒久之至道,不刊之鸿教也。"② "经"的价值地位至高无上,地位独尊。经学是中华文化的"主心骨",历久弥新,永远不会过时,其核心地位是不容置疑的。"新经学"存旧统,更开新域,为中华民族的伟大复兴和美好未来,为人类未来指出一条光明大道。③

饶公赞同汤一介主持编纂《儒藏》,把"经书"中的"常道"介绍给世界各国。④《周易》乃"六经"之首、"大道"之源,是中国最古老的文化典籍,饶公将其视同东方《圣经》,认为每个国家和民族都应有其代表性。饶公通过出土文献研究《诗经》《尚书》《周易》等经典,尤其是易学,如复原马王堆帛书《周易》卦序排列、对数字卦的讨论等,多有创见。⑤ 他强调以"礼"为切入点探究传统文化,强调"礼"和"礼制"在古史研究中的重要性,通过卜辞材料探究"殷礼",复原殷商社会真貌,反对以"萨满主义"研究早期历史。饶公以儒家思想为根本,扩展为天地四方之学,指出如果经学不能复兴,则中国学术整体复兴不可能。⑥

2001 年 11 月 10 日,"深圳读书月"首开读书论坛,饶公演讲《中国学术与人文传统》,认为欧洲讲人文传统,是在人的发现之后。中国的人

---

① 饶宗颐:《新经学的提出——预期的文艺复兴工作》,《饶宗颐二十世纪学术文集》卷4《经术、礼乐》,北京:中国人民大学出版社,2009 年,第 6-7 页。
② 刘勰著,范文澜注:《文心雕龙注》,北京:人民文学出版社,1958 年,第 21 页。
③ 参见欧明俊:《论饶宗颐先生的"新经学"思想》,第三届饶宗颐与华学国际学术研讨会论文,2017 年 11 月 21 日。
④ 汤一介:《编纂〈儒藏〉的经验(发言稿)》,《周易研究》2009 年第 5 期。
⑤ 参见游志诚:《饶公〈易经〉学述论》,《饶公教授百岁华诞国际学术研讨会论文选集》,香港:香港紫荆出版社,2016 年;彭林:《饶公推动经学重建的几件往事》,《文汇报》2018 年 2 月 23 日。
⑥ 参见刘梦芙:《为往圣继绝学 启来轸以通途——饶宗颐先生之儒家思想与人文精神》,《孔子研究》2008 年第 3 期。

文传统可追溯到一个"文"字，比西方要早一千年。中国人很早就建立起伦理观念，开始对祖先的祭祀，中国文化靠祖先观念维系，形成一个圈子，几千年延续不断。但糟糕的是，这也阻碍了我们同别的宗教、别的文化来打交道。饶公说，把"人文"二字倒过来就是"文人"，周代铜器里的文人不是指写文章的人，而是说具备最高道德的人。我们的古人很推崇这种具有道德力量、特立独行的人。《易经》中说"文明以止，人文也"。中国有悠久的人文传统，"人文"既有别于"天文"，也有别于"神文"，最注重的是人世间的道德。"仁、义"是中国人文传统的最高点。饶公认为，在文化上，中国人与西方人有很大不同，中国的人文传统是否还有现实意义，值得中国人认真考虑，也值得全世界认真考虑。①

　　西方文化强调人与自然分，"人定胜天"，中国传统文化强调是人与自然合，即"天人合一"。2006年12月，在香港中文大学庆祝饶公九十华诞晚宴上的讲话中，饶公提出"天人互益"新概念，认为《易经》讲"天人合一"，不妨说成"天人互益"。他强调一切的事业，要从益人而不是损人的原则出发和归宿，这比"天人合一"更为重要。"天人互益"以《易经》"益卦"为理论根据，马王堆《易》卦的排列，以"益卦"作为最后一卦，结束全局，这与今本《周易》以"既济""未济"二卦作结不同，而异曲同工。要向古人文化里学习智能，不要"天人互害"，而要造成"天人互益"的环境，朝"天人互惠"方向努力才是人间正道。②饶公思考人类的未来，认为人对自然也是善有善报，恶有恶报。反思"人类中心主义""地球中心主义"，反思全球化同时意味能源消耗、环境恶化，大自然正在惩罚人类破坏所造成的恶果。饶公"天人互益"的思想很伟大，重视和谐社会建设，心系国家、民族和人类未来。③

　　汪老指出，中国最早的封建社会是在周朝，远在欧洲中世纪之前。中国封建主义以宗法为基础，追求一种理想化的礼仪制度。而礼仪源于古代宗教中的"宇宙而上学"的合理性，发展成带有理性的"礼仪主义"，礼

---

① 夏和顺：《饶宗颐：一生好学终成通儒》，《深圳商报》2009年4月23日。
② 饶宗颐：《天人互益》，《新亚生活月刊》第34卷第7期，香港中文大学新亚书院，2007年3月，第2—3页。
③ 参见欧明俊：《会通之学——饶宗颐先生学术的博大气象》，郑炜明主编《饶学与华学——第二届饶宗颐与华学暨香港大学饶宗颐学术馆成立十周年庆典国际学术研讨会论文集》，上海：上海辞书出版社，2016年。

治是治理社会的一种很特别的方法。饶公《王道帝道论》论述王道复古的周朝生产方式,深入挖掘了孟子的"王道"思想。汪德迈法文版《王道:古代中国制度》论述了"宗教与家族制度""政治与礼仪制度"。

受饶公影响,汪老到法国高等研究实践学院教授儒家思想史,20世纪80年代初,法国有研究中国佛教和道教的专家,但是没有人研究儒教,因此他决定教儒学史。与饶公观点一致,汪老非常赞赏中国古代的"天人合一",重视人与自然关系的和谐,指出不要过分破坏自然,这是至今仍对人类地球环境保护拥有重大价值的哲学。汪老指出,西方因为没有"天人合一"的说法,因此,科学反而起了破坏自然的作用。

饶公和汪老都支持汤一介主持编纂《儒藏》。2009年,汪老《〈儒藏〉的世界意义》指出,1978年以来,中国经济的飞速发展表明了适应现代化要求的中国的文化能力。与此同时,面对后现代化的挑战,西方反而表现出无能为力,如全球环境的破坏、富国与穷国之间经济差距的扩大、核武器扩散、不同种族之间的地区冲突增多。西方人文主义面对近代社会以降的挑战,迄今无法给出一个正确的答案。那么,为什么不思考一下儒家思想可能指引世界的道路,例如"天人合一"提出的尊重自然的思想、"远神近人"所倡导的拒绝宗教的完整主义以及"四海之内皆兄弟"的博爱精神呢?可能还应该使儒教精神在当今世界诸多问题的清晰追问中被重新认识。《儒藏》的重要意义是给当代思想家从中国传统最重要的思潮中汲取精神遗产的一个平行的通道。希望这不仅针对中国的当代思想家,同样也针对世界思想家。《儒藏》的出版或也可将中国人文主义汇集并将成为后现代全球人文主义的组成部分,就像李约瑟所说的那样:潮宗于海。[①] 汪老向世界推广中国文化,也希望中国文化真正走向世界。汪老和饶公的学术思想都有超越性,都谈"天人合一",关注中国文化未来,关注人类未来。2015年9月,汪老《汤一介——21世纪儒学研究的复兴者》称赞汤一介主持编纂《儒藏》这一伟大工作很像孔子对"五经"的编修,孔子修编"五经",开了编修个人文章之路,开中国文学之路。他是革命家(即"素王"),使中国文字开始了民主化的第一步。而汤一介编纂《儒藏》也是旨在为当今中国的思想拓开一条新路,就是要在中国本土文化的基础上开辟现代化的新

---

① 汪德迈:《〈儒藏〉的世界意义》,《光明日报》2009年8月31日。

路，而不是模仿西方的现代化。①

饶公解释"儒"为"安""和",《释儒——从文字训诂学上论儒的意义》一文探求"儒"的原始意义。② 汪老认为,真正反映孔子思想的乃是孔子所编著的"五经"。孔子为中国古典文化的创始人,而非一个宗教的创始人。中国的文言文,由于孔子所做的工作,超越了史官和占卜的功能,使之成为诸子的思维工具,使中国文学从一开始就拥有了他国文学无法比拟的地位。③

2011年12月17日,汪老和汤一介对谈中西文化的互补性。汪老认为,中国的人文主义中有许多宝贵的财富,一个关键的概念是"仁","亻"加"二",反映了中国人对"仁"的基本看法。然而,"仁"的概念对西方人非常陌生。西方的人文主义是建立在神学基础上的,这个神学来自犹太教、基督教和柏拉图主义,经过阿奎那的阐发,形成了西方人文主义的神学传统,即人的价值来源于神,人的形象是按照上帝的形象创造的。而在中国的人文主义中,人是自然的一部分,是宇宙的一部分,人与自然界一同参与整个宇宙的运动,因此有"天人合一"的概念。人的价值观不同,对"人"这个概念的理解也不同,这是中西文化的一个根本差异。2012年3月10日,香港大学饶宗颐学术馆主办的"饶宗颐讲座",汪老讲《中国传统中至高的社会标准:文学的"文"和伦理的"仁"》(Utmost Social Standards in Chinese Tradition——The Literary Wen and the Ethical Ren),饶公亲临现场。汪老认为,在世界历史上,"文"为中国文化独有。在别的国家文化中,所谓"文字",不是"文",只是"字",无论是表音还是表意,都仅仅是口语的单位符号。中国的"文"具有非常强大的想象力,比如说《易经》里体现中国文化的占卜学,它里面的文字就是八卦中的"变",即文章感应自然而表达天道。同样,在道德中伦理的"仁"中,也应该和"文"一样,感应自然而表达天道。在过去,"仁"所代表的礼仪制度,让人际关系伦理化,社会因此和谐。到了全球化的今天,礼仪制度被弱化,

---

① 参见汪德迈:《汤一介——21世纪儒学研究的复兴者》,汪德迈《中国文化思想研究》,北京:中国大百科全书出版社,2016年,第99–100页。

② 饶宗颐:《饶宗颐二十世纪学术文集》卷4《经术、礼乐》,北京:中国人民大学出版社,2009年,第215–228页。

③ 周春悦、汪德迈:《"全球化时代话孔子——世界孔子学院日"汪老教授访谈录》,《对外汉语教学与研究》2014年第1期。

过度增强的个人主义,对地球产生了危险的影响。汪老强调,要消除这个影响,思考中国传统文化中"仁"的根本含义,太有必要。文学的"文"和伦理的"仁"是中国传统中至高的社会标准。他希望中国可以在已有的三大思想体系的基础上(儒家的"仁"、道家的"自然"、佛家的观音文化)复兴传统文化,赋予人类新的未来。汪老肯定儒家思想为中国精神的根基。①

汪老反思,在西方,平等和人权的原则助长了某种个人主义思想:个人高于集体,个人利益高于集体利益。个人主义的泛滥导致了西方社会普遍的危机,这是一种"社会性"的危机:每个人都赋予自己无限的自由的空间,致使社会联系乃至社会精神受到破坏。他强调每个文化本身的价值都值得尊重,西方的个人主义价值观和东方的集体主义价值观都有其优秀的一面,都应该得到继承,再好的价值,如果被推向极端或被歪曲,也会产生很多副作用。②

汪老指出,中国很多人没有把西方好的价值拿过来补充或者修正自己的文化,而是把西方一些错误或者不好的东西拿来为我所用。一个人在看待另一种文化时,会带有一定的倾向性,这种倾向性或许也是一种缺陷,即容易在他者的文化中注意那些令人好奇的东西,而没有看到这种文化的真正价值,因此觉得自己的文化是最优越的。其实这是拿自己文化中优秀的东西与其他文化中稀奇古怪的东西进行比较得出的错误见解。应该利用别的文化的优点,并保护自己的文化,希望中国能很好地保护自己与他国文化不同的特点。③

1978年,汉学家施舟人和饶公在巴黎大学高等学院决定了中国应该有一个"五经"翻译项目。施舟人接葛兰言、马伯乐法脉,多年来一直为"五经"翻译项目奔走。2008年,翻译项目启动,孔子学院总部支持,施舟人主持,饶公等国内外大学者参与。汪老表示,在现代文明出现危机的情况下,没有一件比多语种翻译中国"五经"更紧急的事情,中国古文明现在成了救世良药。可以把"五经"看成是中国的"Pentateuch"。一直到今天的后现代时期,《圣经》并没有失去它的价值,当然,中国的"五

---

① 参见《深圳商报》2012年3月11日,记者钟华生报道。
② 参见汤一介、汪德迈著,陈力川、金丝燕译:《谈中西文化的互补性》,《跨文化对话》2012年第30辑。
③ 同上。

经"更是这样。但只有真正了解其内容,"五经"才不会失去永久不衰的价值。①"五经"的重要性,汪老以《易经》为例,强调《易经》中"与天地合其德,与日月合其明,与四时合其序"的哲学思想体现了人类与自然的和谐,在当今全球越来越严重的环境保护危机之下,《易经》的这种哲学思想可以说比以前显得更加重要。汪老提出:"我希望通过'五经'翻译项目的实施,将来能够把中国固有的人文主义思想与其他世界主要文明融合在一起——为了人类的将来,为了地球的将来,这是我们现在必须做的大事。"②汪老探讨与《圣经》阐释学相对立的儒家注疏问题。认为,经书之首就是《易经》,它在中国的地位相当于西方文化里的《圣经》,这部书是圣人深奥哲理之宝。在中国各个历史时期,没有一部书像《周易》这样被阅读、研究和一再修订。③

汪老《新汉文化圈》分析了"汉字文化圈"各国在历史进程中的成败得失,并指出现代化并非只有西化一途可走。认为儒家伦理是某种人道主义,而且这种人道主义同西方文化所发展起来的人道主义有很大反差,尤其体现为两个世界中的个体在面对其所属的各个群体时,有不同的行为变化。"新汉文化圈"影响力的不断扩大也吸引美洲和欧洲越来越多的年轻思想家开始学习汉语和日语,他乐见"新汉文化圈"的崛起。④

汪老强调用新的观点去解释儒学,让人们了解儒学丰富的历史渊源,而摒弃容易让西方误解的东西。认为儒家思想不是宗教,而是一种治国理念,即礼的规范机制(礼理治),而非如西方体制那样以权的规范机制(权理治)去治理国家。西方文化传承中最重要的东西而中国传统文化中完全没有的是"权理"(droits)。相反,中国也有非常重要的西方没有的有关传统方面的概念,就是"礼仪"的"礼",因为如果没有"礼",社会里平常人与人之间的相互关心就没有了。这方面西方应学习中国传统。遗憾的是,"五四运动"以后,中国人看不起"礼仪",不重视"礼"。

汪老认为,儒家思想有深刻的反个人主义色彩,是与西方不同的另一

---

① 汪德迈:《重新研究和翻译"五经"的意义》,《周易研究》2009 年第 5 期。
② 柳霞:《汪德迈:多语种翻译〈五经〉迫在眉睫》,《光明日报》2009 年 8 月 4 日。
③ 汪德迈:《〈儒藏〉的世界意义》,《光明日报》2009 年 8 月 31 日。
④ 参见陈彦《汉字与汉文化区域——读〈新汉文化圈〉》,《读书》1986 年第 11 期;梅越《读〈新汉文化圈〉》,《汉字文化》1994 年第 4 期;梁宗华《汪德迈视野中的"新汉文化圈"》,《理论学刊》2005 年第 11 期。

种人道主义，儒家的群体主义原则就是社会先于个人而存在，儒家"礼治主义"与西方法制传统显然对立，但是事实上在"汉文化圈"国家内，虽然建立起了全套必需的法律机制，但礼治精神并没有消散，"与其说礼仪处于一种边缘的位置，毋宁说它在深层结构中起作用，在那些为制度所规定的异常有生命力的日常习俗中起作用"①。他认为，使具儒家传统的社会根本性地区别于具罗马-基督教传统的社会的东西，那就是"礼治主义"与"法制主义"的对立。促使社会有序运转的关键，是比法律更为重要的礼仪。中国文化从来没有忽视过法律，只不过它从两个完全分离的层面发展了法律，这与西方文化有所不同。这两个层面是公共生活层面的刑法和私生活层面的习俗，对于前者，中国传统限制了其适用的领域，而后者则与西方的私法一样规整、复杂，却从没被确立为正式的法规。②汪老《中国文化思想研究》一书中特别考察了中国文化的基本特点"礼治"，主张用整体观点考察中国思想的特殊性。③汪老不赞同认为中国人不具有任何个人主义倾向的观点，认为他们只不过以一种不同于西方的方式实践着个人主义，而西方处理社会关系的方式也与他们不同。汪老认为，儒家思想坚持将亲情外延至整个社会乃至全人类（孔子说："四海之内，皆兄弟也。"）的职责，使所有人际间关系变得人道化（儒家的仁义道德），而西方极端个人主义只会令社会分解成一个个做着"布朗运动"的"基本粒子"。他强调儒学是中国文化的基础，能够用来帮助其他国家的文化发展。西方资本主义另一面，是一种特殊的"去个性化"特征，意味着一个"匿名"的社会。汪老注重在当今世界诸多问题的追问中重新认识儒教精神，儒家思想的复兴同国家必须面对的所有社会问题所带来的混乱密切相关。强化儒家道德思想的回归，儒家思想与某股思潮之间姗姗来迟的对接，这股思潮真正具有革新意义。④

汪老强调法家文化对中国文化的影响，特别是对政治文化的影响。汉代，法家和儒家是合起来的，现在把儒家作为文化主流研究是对的，但不

---

① 汪德迈著，陈彦译：《新汉文化圈》，南昌：江西人民出版社，2007年，第132页。
② 参见曹丹红译《汪德迈：汉文化圈的新聚合》，法国《争鸣》杂志专访。
③ 汪德迈：《中国文化思想研究》，北京：中国大百科全书出版社，2016年，第54–86页。
④ 参见汪德迈、程艾兰著，耿升译《法国对中国哲学史和儒教的研究》，《世界汉学》1998年第1期；程艾兰《儒学在法国——历史的探讨，当前的评价和未来的展望》，《孔子研究》1989年第1期；吴星杰《中法文化交流与儒学在法国的传播》，《沈阳师范大学学报》2007年第2期。

能过分强调儒家影响，而轻视法家影响。

三

　　法国语文学发达，注重从语言文字基础入手研究。饶公把古典语文学称为"小学"，认为对古典语文基础训练的重视，中外一致，希望大家正视传统语言文字学。强调中国"小学"理念和法国"小学"理念的相通之处，法国人与中国人对自己古典文学的看法相似。[①]饶公非常欣赏法国文化，产生共鸣，强调中西文化相互理解、欣赏，加强中西古典学的对话，理解、认识自己和他者的文明。饶公从甲骨文和出土文献中发现义理，置于整个中国文化背景中来研究，不是就文字论文字，不是单纯考据，而是提升为高深理论。饶公研究问题，喜从语言上追上去，认为语言文字考订也是文化史的工作，以传统训诂学方法溯本追源，将语言文字学运用到文化史研究中去，从目录学上通观全局。他会通中外古文字学，熟悉日本、韩国、越南考古学研究，甚至欧洲史前文化研究，结合中亚、印度、南亚文化考察，研究儒、释、道及近东宗教文化。

　　饶公和汪老都重视从甲骨文、从古文字入手研究中西文化。饶公说："造成中华文化核心的是汉字，而且成为中国精神文明的旗帜。"[②]饶公《符号·初文与字母——汉字树》提出字母出自古陶文"字母学假说"，提出"史前文字学"研究设想。20世纪80年代开始，饶公就中国新石器时代各区系的刻画符号发表一系列文章，并结合西亚、南亚等地材料加以讨论。他多方追溯汉字演化轨迹，并与腓尼基字母、苏美尔线形文等古文字做比较，从全新角度探索汉字起源问题。[③]

　　饶公的长处是古典学，尤其钟情于中国古典学研究，也重视法国古典学研究，中国古典学与法国古典学共通互补。汪老认为饶公是中国古典学的捍卫者，古典文化是中国文化的中心。与饶公一样，汪老非常主张古典

[①] 参见陈韩曦：《饶宗颐学艺记》（修订本），广州：花城出版社，2014年，第190页。
[②] 饶宗颐：《符号·初文与字母——汉字树》，上海：上海书店出版社，2000年，第174页。
[③] 参见钱存训《评饶宗颐著〈符号·初文与字母——汉字树〉》，《文献》1999年第2期；李学勤《文字起源研究的新视野》，《重写学术史》，石家庄：河北教育出版社，2001年；陈民镇《"史前文字学"的设想与实践——饶宗颐先生与史前刻画符号研究》，《饶宗颐教授百岁华诞国际学术研讨会论文选集》，香港：香港紫荆出版社，2016年。

学，汪老的传统是西方的，饶公的传统是中国的。汪老特别强调古代哲学，汪老学问的基础是法国的人文科学，常用的是现在的语言学概念，研究中国人的思想。饶公研究古文字非常深，汪老跟饶公学习分析表意文字，明白表意文字的特点和重要性，汪老《中国思想的两种理性——占卜与表意》一书研究从表意文字到占卜学，依靠了饶公的研究和贡献。他认为，强调中国上古占卜文字不仅决定了表意文字的产生，更反映了中国人的一种逻辑表达形式。中国汉字的起源并不是为了语言交流而创制，是一种在古代占卜活动中逐渐发明、具有科学性和思辨性的文字类型，创造者应该是古代的占卜家们。① 在全世界最伟大的文化中，中国文化与西方文化差异最大，表意文字是中国文化特征的最明显标志，文字是完美传递思想的媒介。汉字具有抽象性、表音性特点。中国思想源于文字，文字的起源为占卜，占卜对中国思想模式的形成起到决定性作用。作为科学原型的史前中国占卜技术所展开的思维并非宗教性的神学，而是准科学性的占卜学。中国文字的创造归于龟卜兆纹的"外推法"。通过中国古典文化最突出的特征，凸显占卜学决定性的变化使中国文化与源自神学的西方文化分道扬镳。汪老从中国精神的哲学、科学、文学与政治等多重角度提出了"关联性思想"这一中国思想特性。②

西方文、言一致，语言学地位很高，一切学术以语言为根本；而中国是文、言分离，以文字为根本，文学最重要，语言在其次，中西语言学观念差异很大。汪老认为，与其说古代中国是"官僚性"的国家，不如说它是"文言文性"的国家。中国文学是一种因文言的存在而拥有的世界上最高雅的工具，中国文学比西方文学更讲究、更细腻，因为中国文学的工具西方是没有的，中国有表意文字，而西方没有表意文字，这一点很重要。中国古典诗歌是无与伦比的。

汪老认为，中国古代文字与哲学、宗教、科学、思维特征关系密切，汉字是中国文化的基础，汉字生成（造字系统）主要靠会意字和形声字，中国文化思想具有同源相生、自成一体特点，与西方文化思想有根本差异。他认为《易经》中所见卜文伴随着哲学思考应运而生，无论是对未来的预

---

① 汪德迈著，于珺译：《"占卜学"对"神学"、表意文字"对"拼音文字"》，《跨文化对话》2012 年第 29 辑。
② 汪德迈著，金丝燕译：《中国思想的两种理性——占卜与表意》，北京：北京大学出版社，2017 年，第 1—8 页。

言还是对过去的因果解释，最后都落脚到对历史的哲学思考。① 文言文离自然语言相当远，十分系统规范化（六书的系统性文字代替自然产生之词，卜辞类似数学方程式的句构，代替自然语言句构），体现另一种高度的抽象性。②

汪老强调指出，西方文学起源于古典神话的口述（《伊利亚特》《奥德赛》），中国文学则起源于占卜学著（史），用文言文记录原本与卜辞有关的各种资料，③ 这是中西文学根本差异的根源。最重要的是，中国表意文字从源头看，远不止是一种书面文字，而是一种真正的语言，一种文言（这种说法出自中国），相比口头语言，文言具有极大的独立性。中国表意文字是卜筮术，具有神学的地位。文言首先纯粹是一种卜筮工具，很快它就超越了占卜术的范畴，被提炼成语言工具。④

汪老以他者的外部眼光研究中国文化，能够发现中国文化人没有注意到的特点。结合中国占卜性文字起源的特点，他认为"卜"表达的是一种通过占卜仪式所显示的"形而上"的真实，只有中国形成了带有科学性的占卜学。这种认知逻辑反映的不是因果关系，而是相关关联，即"通过事物之间有共同结构而相互感应的道理来解释事物变化的规律"。中国的"形而上学"与西方的"物而上学"是完全不同的两种认知哲学，前者是基于占卜学的关联律逻辑，后者是基于物质理学的因果律逻辑。⑤ 汪老引用《周易·系辞》中的"形而上者谓之道"，认为这种"道"其实讲的是宇宙的万物变化，形而上者仍旧存在于宇宙之内，"其超越的维度只是占卜学维度，是一种内在性的超越"。汪老提出一个重要概念，即中国思想的"宇宙相关性"，它是"宇宙而上"的，不是"形而上"的。中国儒学信奉"天人合一"，因此"天与人之间的绝对超越观念是陌生的"，对于中国思想来说，主观唯心主义也同样是陌生的。⑥

西方人认为中国传统没有哲学，中国思想家用文学来表示哲学。汪老

---

① 参见张清俐:《当代法国汉学研究旨趣多样》,《中国社会科学报》2015 年 12 月 7 日。
② 汪德迈著, 金丝燕译:《中国思想的两种理性——占卜与表意》, 北京: 北京大学出版社, 2017 年, 第 142 页。
③ 同上。
④ 参见曹丹红译《汪德迈: 汉文化圈的新聚合》, 法国《争鸣》杂志专访。
⑤ 汪德迈著, 金丝燕译:《"形而上"与"物而上": 两个概念、两种世界观》,《民俗典籍文字研究》2017 年第 1 期。
⑥ 金丝燕:《文化转场: 汪德迈对中国思想的研究》,《跨文化对话》2016 年第 36 辑。

《中国文化思想研究》一书也指出:"中国没有哲学,哲学是西方的东西。"①汪老指出,庄子用文学的语言解释了最深的哲学问题,是人类历史上伟大的哲学家。中国传统里没有宗教,所以只能称为"准宗教"或"半宗教"。中国文化基础是"文",西方文化基础是宗教,宗教之后是哲学,不是"文","文"只是第二位的。但在中国,"文"是第一位的。中国文化基础不是宗教,是占卜学,中国也有宗教,比如上古时代中国其他宗教,但是它们都没有占卜学的力量大。中国文字是从占卜演变而来,与西方文化有不同的发展方向。②

汪老《中国思想的两种理性——占卜与表意》分析说,中国文字是表意文字,而西方文字则来自于标音;中国文学与占卜有不解的渊源,而西方文学则来自于口述传统。这些差异都将两个文明后来的发展、各自的逻辑带上了不尽相同的道路。③基于长期以来对中国思想史的系统深入研究,汪老认为,21世纪的中国可以以其悠久而丰富的思想与经验为世界寻求新的社会模式提供参照。④

饶公的长处是文献学方面,从甲骨文研究中国文化,寻找甲骨文里具体字的解码,即字的构成、字义与字形等,注重的是字的意思,与别的文字有什么区别。汪老的研究有些地方与饶公不同,汪老首先要明白字的意思,依靠饶公的研究成果,在他的基础上研究占卜学,注重甲骨文对中国思想形成产生什么影响、文字如何演变成概念、如何成为哲学概念。中国有不少学者研究占卜学,汪老也重视中国学者的成果,但是他将占卜学与甲骨文结合在一起研究,这是他的独创,中国专家是分开的:一方面研究占卜学,一方面研究表意文字。表意文字的来源是占卜时代,这是汪老个人观点,做的是两者之间的关系研究,特别强调占卜的"卜"字,是龟甲上裂开后纹路的图的形象。汪老从占卜学角度入手,对中国古代表意文字进行溯源,指出汉字的特点在于"表意",这是汉字与其他文化中表音文字最大的不同。他援引甲骨文中的文字例证,表明表意文字最早的来源与

---

① 汪德迈:《中国文化思想研究》,北京:中国大百科全书出版社,2016年,第51页。
② 李永群、王远:《汪德迈:用毕生精力研究汉文化》,《汉学家,助中华文化四海生根》,《人民日报》2017年2月15日。
③ 汪德迈著,金丝燕译:《中国思想的两种理性——占卜与表意》,北京:北京大学出版社,2017年,第1-7页。
④ 同上书,第142页。

占卜学有关，借助甲骨卜辞释读文字原始内涵。汪老解析汉字与《易经》的文化密码，认为一定程度上，中国早期的文字是比较独立的，是一种书写语言。汉字本身像一种书写算法，是把事物理性化的符号，有点类似于一种哲学工具，文字是完美传递思想的媒介。①汪老由法入儒，学术巨著《王道》基于甲骨文、金文溯源先儒思想，饶公《王道帝道论》一文推崇这部巨著为继法国马伯乐之后欧洲汉学家研究中国上古史中最佳者。②汪老将文字研究提升到科学、哲学高度。

四

饶公非常重视接受西方先进的学术研究方法，接受法国汉学家影响，十分仰慕早期法国汉学大师，尤其是沙畹（Édouard Chavannes）、伯希和（Paul Pelliot）、葛兰言（M. Granet）和马伯乐（H. MasPer）几位巨擘，认为他们拥有世界上最好的科学方法，伯希和研究敦煌学，饶公也受其影响。饶公传承了这些汉学先驱的精神，认为法国汉学家的长处是古典学（philologie），中国也有古典学，是传统文化，法国的古典学更科学。饶公从沙畹那里学到西方古典学（philologie）和考古学（archéologie）的方法论。饶公说，看外国人做学问，却是要求贯通的，儒莲是一个例子。日本抓"小题目"的学风对饶公也有很大影响。饶公穿越多种科学，并开拓新的交叉学科。1982年，饶公提出从田野考古、文献记载和甲骨义研究相结合来研究夏文化的"三重证据法"，至2003年，归纳为尽量运用出土文物的文字记录，作为"三重证据"的主要依据，这是继王国维"二重证据法"的一大进步。杨向奎又加一重"民族学的材料"，饶公主张再加上异邦古史资料（如西亚楔形文字的研究）。他强调文献与实物互相印证，溯源、求真和补缺三者统一，新知与旧识交融，将地下东西（地下之实物）、书本上东西（纸上之遗文，包括异族、故国之故书与旧籍）以及最新出土文物（实物与典籍）合在一起进行考察，地下文物与纸上文献互证、异族故书与中国旧籍印证、外来观念与民族学术融合，"五重证据"相互抉发和证明。他的《符号・初文与字母——汉字树》一书植起"汉字树"，可见这

---

① 桂涛：《"汉字美在哪里？"——专访法国知名汉学家白乐桑》，新华社2017年6月18日。
② 饶宗颐：《饶宗颐二十世纪学术文集》卷14《文录、诗词》，北京：中国人民大学出版社，2009年，第20页。

种创新方法的具体运用。①

饶公善于会通研究，即触类旁通，上下左右，各领域学问打通。他发现古印度河谷图形文字与中国古代陶文、甲骨文有许多类似迹象，于是将其与汉语系材料进行比较分析，这为揭示该古老文化演进秘密和中印文化交流历史开辟了新途径。西方先进学术理念、理论方法、研究工具，饶公很快吸收掌握，注重考古新发现，新材料一出现，马上做出反应。饶公研究文学史亦多"五重证据法"，如据甲骨文讨论卜辞文学，据出土简帛讨论孔子诗论、秦代散文、稗官、唐勒赋等问题，据域外材料讨论世界范围内"发问"文学、拜火教等宗教对中国古代文学的影响、谢灵运等诗人对梵文的接受等。②饶公注意中外交流史，讨论印度文化对中国语言及宗教的影响、中外天文学知识的联系、中外马车异同、中外史前刻画符号比较等，译介近东史诗和古印度吠陀文献，为国内学人提供重要域外材料。长期关注"汉前丝绸之路"，最早提出"海上丝绸之路"概念，并持续研究。对中国与南亚、东南亚诸国文化交流也多有研究。③饶公和季羡林一起创办《华学》，深得国际学术界重视。饶公眼中，"华学"打破限域，超越国界，无问西东。④饶公向世界传播中国文化，帮助世界认识中国文明，将中国文化置于古代世界伟大文明大背景中研究。⑤

汪老对中国系统思维有深入研究，客观看待中西思维方式异同优劣。《中国特有的相对应性思维论之源起：龟卜术》一文认为，龟卜术是中国特有的相对应性思维论的源起。西洋思维完全不受到印欧语言的语义系统限制，因其为字母文字，可以任意创造所需的概念，但易陷入空虚概念的语言游戏；中国思维受到文字系统限制，不创造文字以外的概念，然则不

---

① 参见施议对：《为二十一世纪开拓新词境，创造新词体——饶宗颐形上词访谈录》，《文学遗产》1999年第5期。郑炜明：《论饶宗颐先生的华学观》，林伦伦主编《饶宗颐研究》第1辑，广州：暨南大学出版社，2011年，第110–112页。

② 参见曾宪通：《古文字资料的发现与多重证据法的综合运用——兼谈饶宗颐先生的"三重证据法"》，《古文字研究》第26辑，北京：中华书局，2006年；陈民镇：《饶宗颐先生古典文学研究述略》，《饶学研究》第3卷，广州：暨南大学出版社，2016年。

③ 参见荣新江：《饶宗颐教授与丝绸之路研究》，《饶宗颐教授百岁华诞国际学术研讨会论文选集》，香港：香港紫荆出版社，2016年；陈民镇：《交错视界中的中外交通——饶宗颐与中外交流史研究》，《社会科学辑刊》2017年第5期。

④ 参见郑炜明：《饶宗颐先生的理论建设》，《中华文化报》2018年2月26日。

⑤ 参见欧明俊：《论饶宗颐与法国汉学家的学术互动》，"文化创新与人类命运共同体国际学术研讨会"暨首届深圳大学饶宗颐文化论坛论文，2018年11月22日。

容易进行改革,可是有客观性保证。中国传统科学(尤其是医学)的特性乃相关性系统思维,西方传统科学(尤其是物理学)的特性乃因果关系性系统思维。① 法国"年鉴学派"注重拓宽历史研究领域,不仅注意政治史、军事史,也注意社会其他方面历史,打破过分专门化研究的狭隘性,视野开阔,多学科交融研究。汪德迈《中国文化思想研究》导言《关于汉学研究方法若干意见》自称注重运用"年鉴学派"和福柯知识考古学方法。② 但他也强调任何研究方法都不是事先预设的,研究方法应该从研究对象出发,慢慢发展出来。根据研究对象的性质,可以采取特殊的研究方法,但无论如何,开始还是应该依靠一种方法。③ 现在把方法看得太重,研究是畸形的。研究应该从问题出发,该用什么方法就用什么方法,毕竟,客观决定主观,主观应该符合客观。汪老《中国文化思想研究》说:"要解释中国文化的特征,就应该用中国文化自身提供的现象去解释。"④ 这是汪老"一以贯之"的学术理念,强调要用中国的材料来研究中国的思想,不要用西方的思想来研究中国的材料,并指出很多西方学者,包括近现代很多中国学者,都在用西方的思想来研究中国的材料,这是错误的。汪老用跨文化学理论、方法研究汉学,综合研究,涉及语言学、哲学、政治学、历史学、经济学、艺术学、比较文学与世界文学等多学科。在《天》一书里,汪老梳理了西方人眼中的"天",并与中国人眼中的"天"做对比。汪老谈到中国文学的研究方法,指出《诗经》是很古老的文学,精神现象不可能用考古学的方法去研究,但可以考虑使用民俗学的方法,世界各地都有很多相似的民俗,用民俗学的研究方法有时能够弥补考古学的不足。人文科学研究还需要使用其他方法,包括跨文化学的方法,这要从资料实际出发。

饶公是用文学来表达思想,《文辙·小引》自称平生所做学问,均以吾国精神史作为重要研究课题,并将有关论著纳入"中国精神史探究"系列。饶公以多元文化观念来体认和重新阐释传统儒家文化、道家文化、中国化的佛教文化以及印度佛教文化、西方基督教文化和伊斯兰教文化,形成自己的学术思想体系和宗教式的超越精神,他对生命终极意义有深刻感

---

① 汪德迈著,李晓红译:《中国特有的相对应性思维论之源起:龟卜术》,饶学国际学术研讨会论文,2013年7月28日。
② 汪德迈:《中国文化思想研究》导言,北京:中国大百科全书出版社,2016年,第1页。
③ 同上书,第10页。
④ 同上书,第13页。

悟，对人类精神史做了深入思考。西方的科学精神、科学方法，他都吸收了。对中国儒、道、释三家，饶公说："我也是不偏不倚，没有偏袒任何一家。现在中国讲构建和谐社会，我把三家都容纳了。中国讲同中有异，这一点非常好，中国是以德领先的，咱们是不骗人的。现在发生的金融海啸就是因为他们不诚信不讲德，他们就是在榨取别人，现在也祸害到自己身上，造成今天世界性的灾祸。人要时常自我反省，问自己安不安心？能不能这样做？对得住人家吗？"① 汪老非常佩服饶公中国传统文化的修养。

饶公具有学术情怀，胸襟开阔，学术理念新，志愿宏大，为学"从高处着眼"，有国际大视野。在接受《天下潮商》采访时，他特别强调做学问要站在世界的立场来看问题，看大脉络。他能充分应用和吸收国外研究方法和成果，通晓西方和东方一些国家的历史文化，在古今中外文化的交汇比照中，互动认知，不断发明，从各个方面、不同层次拓展、突显中国学术文化的特色。向世界传播中国文化，又向中国传播世界各国学术文化。饶公处处表现出首创精神，不断开辟新的学术领域，如提出文字人类学和文学人类学新课题。《梵学集》中《佛国集》小引曰："鸿爪所至，间发吟咏……非敢谓密于学，但期拓于境，冀为诗界指出向上一路，以新天下耳目。"② 此处表达的虽是其诗学追求，实际上也是其学问上的追求。他编译《近东开辟史诗》，为研究开辟神话、探索人类文明起源，提供第一手数据，并为中国精神之探究提供借鉴。③

饶公足迹遍及世界各地，用心感受世界各个国家不同文化差异，关注、理解并尊重这种差异，摆脱某些成见，重新认识、诠释本国文化，还与其他民族文化"对话"，积极主动吸收其精华，中西兼通，而又坚守民族文化本位。他的世界里，东方与西方没有鸿沟，没有裂罅，门庭轩敞，规模格局宏大。饶公从世界范围角度和人类文明高度审视中外文化交流与融合，对推动海外汉学研究及弘扬中华文化贡献至巨，为国学及东方学争得地位，进而影响西方学界，因此被西方汉学界誉为"世界汉学的导师""亚洲学术的骄傲"。饶公学术思想，会中西之学，气象博大，长期引领国际汉学研

---

① 陈少斌、王小燕：《饶宗颐：求是求真求正》，《天下潮商》2009年6月9日。
② 饶宗颐：《饶宗颐二十世纪学术文集》卷14《文录·诗词》，北京：中国人民大学出版社，2009年，第302页。
③ 参见《饶宗颐：我的词心，与整个宇宙是相通的》，《文汇读书周报》2011年7月27日。

究新潮流，对未来中国及世界学术，皆具有极其重大的启示意义。①

汪老也善于会通研究，《中国文化思想研究》选取甲骨文占卜、易经象数、礼治制度研究，展现出中国文化固有的生命力和走向未来的动力。用中国文化特色认清中国文化道理，用整体观点考察中国思想的特殊性，特别考察中国文化的基本特点"礼治"。认为汉字是中国文化的基础，对汉字的书写和应用，是中国文化思想产生和发挥影响的背景。由于汉字生成（造字系统）主要靠会意字和形声字，中国文化思想也就具有同源相生、自成一体的特点，与西方文化思想根本不相干，也不相同。

汪老《中国教给我们什么》认为制度不同决定中西方社会有本质差别。中国是"宗法"社会，西方是法治社会。中国科举制是中国对欧洲的重大影响之一，西方没有科举，直到19世纪，英国印度公司为了招聘人才，才使用类似"科举"的选拔制度，后来到经济、政治领域也都采取这个办法。欧洲汉学家与历史学家过度套用西方理论，而没有重视中国历史的独特性。

汪老呼吁中国学人应该肩负起保护本民族文化的重任，应有传承中国文化的责任感与使命感，增强文化自信心。同时要开拓见识，放眼世界，让世界文化因为中国文化而更加多彩，也让中国文化因为世界文化而更加厚重。汪老说，中国文字本身承载了很多概念，承载着中国人的思维方式，中国传统绘画从书法而来，也从文字而来，这是中国画与西方艺术绘画的不同。现在中国某些艺术活动模仿西方艺术模式，但不应该单纯模仿西方，丢掉自己的东西，而是要在自己的历史中寻找符合自己的发展与出路。②他认为，每个文化都有自己的优点，每个国家都有自己的长处，汉文化应"现代化"而非"西洋化"。③ 2017年，汪老说自己近年来感觉到一种变化，就是"西方越发希望中国文化能开辟出一条新的道路，帮助人类社会发展

---

① 参见欧明俊：《会通之学——饶宗颐先生学术的博大气象》，郑炜明主编《饶学与华学——第二届饶宗颐与华学暨香港大学饶宗颐学术馆成立十周年庆典国际学术研讨会论文集》，上海：上海辞书出版社，2016年。

② 汤一介、汪德迈著，陈力川、金丝燕译：《谈中西文化的互补性》，《跨文化对话》2012年第30辑。

③ 《汉文化应现代化而非西洋化——专访法国汉学家汪老教授》，潘耀明主编《国学汉学名家访谈》，澳门：中华出版社，2013年。

得更好"①。认为最主要的应在中国本土加强对中国文化特有价值观的支持和推介，包括文学艺术创作、政治、道德等方面，对教育、媒体以及当今所有的社会活动和行为给予正能量的支持。②汪老长期深入研究中国历史和文化，又能在中国外看中国，故能更清醒、清楚地看到中国历史和文化深处的特质，客观理性地评价其长短优劣。

结　论

饶公和汪老相互学习、借鉴、帮助、提升，特别是中法学术、文化之间相互借鉴，都做得非常好。互鉴是作为大师具有的包容气度，乐于并善于学习对方长处。古今会通，中外会通，跨学科、跨国界、跨时代会通，研究不局限于某个学科、某个领域或方向，各门学科打通。饶公除通晓英、德、日、印度、伊拉克等国语言文字外，还精通希伯来文和巴比伦古楔形文字，进而研究西亚历史文献；汪老懂法语、英语、德语、日语、中文、越语。两位大师有很多相同处，都从语言学特别是从甲骨文入手研究中国学术文化。相异之处，饶公主要从语言学、目录学入手，从文献学视角研究，看真假，求"真"；汪老从语言文字尤其是古文字入手，从思想史和哲学史角度研究，看是非，评优劣高下，求"善"。他研究儒家和法家思想、中国古代政治制度、中国思想史以及汉字文化圈国家历史文化，认为中国文化有缺点有优点，西方文化也有缺点有优点，主张西方要学习中国的优点，中国要学习西方的优点。按照传统治学四条路径，饶公重点是考据学，汪老主要是义理之学。饶公与汪老，学术博大精深，融会贯通，这种研究学术路子应该宣传、表彰、发扬。汪老用毕生精力研究汉文化，解释中国文化对世界的重大贡献，揭示长期拥有人文社会科学话语权的西方学界需要反思的中国文化教益的基本问题。汪老从文化学、宗教学、语言学和社会学角度，指出欧洲人应该增加对中国历史传统和社会文化的理解。一个法国学者，那么热爱中国文化，作为一个中国人，有什么理由不热爱自己老祖宗的文化呢？要请进来，又要送出去，开拓国际视野，在学习和借鉴西方文化的同时，充分开掘传统文化的潜力。世界两大文化体系：一

---

① 李永群、王远：《汪德迈：用毕生精力研究汉文化》，《汉学家，助中华文化四海生根》，《人民日报》2017年2月15日。

② 欧明俊、李晓红：《汪德迈学术访谈》，2018年10月28日。

个是西方文化体系,即从希腊、罗马一直到今天的欧美文化;一个是闪族、印度和中国的东方文化体系。在人类几千年历史上,这两大文化体系相互学习、渗透、提高,互动创新。一种文化或文明,如果只是自我感觉良好,自我欣赏,墨守成规,故步自封,表示已经丧失了创造活力,不可能有光明的未来。

"文明通鉴与文化创新"

第二届深圳大学"饶宗颐文化论坛"综述

深圳大学　王顺然

11月26—27日，由深圳大学饶宗颐文化研究院主办的"文明通鉴与文化创新"国际学术会议暨第二届深圳大学"饶宗颐文化论坛"在深圳举行。来自法国、比利时、日本、韩国等国的专家以及中国香港、澳门、台湾和内地部分高校、研究机构的专家学者、师生，文化机构与企业代表等百余人参加此次论坛。

深圳市委宣传部常务副部长陈金海，深圳大学党委书记、深圳大学饶宗颐文化研究院创院院长、教授刘洪一出席会议并致辞。陈金海表示，在全国上下深入学习贯彻党的十九届四中全会精神、全力推进粤港澳大湾区和中国特色社会主义先行示范区建设之际，"文明通鉴与文化创新"国际学术会议暨第二届深圳大学"饶宗颐文化论坛"隆重召开，这是一次国际性学术盛会，也是深圳的一件文化盛事。深圳大学饶宗颐文化研究院自成立以来，取得大量优秀成果，成为深圳市研究中华优秀传统文化和中外文化交流的重要平台，产生了重要的国际影响力。刘洪一表示，饶宗颐文化论坛有几个突出特点：一是融会国际视野，二是跨学科的理论方法，三是历史纵深与前沿研究相结合，四是问题导向、经世济用。狭隘视野里的自说自唱，只能是自娱自乐，旧有的学科范式已经远远不能应对和解决新问题。如果没有历史的深度，难以辨识当下问题的本质和未来的走向。象牙塔里的学究式研究虽然精致，却有负人文学者的责任担当，也有负时代的热切期望。他说，在面对百年未遇之大变局的历史时刻，本届论坛强调当代的人文学者要对不同的文明体系、文明阶段、文明形态和文明思想等要素进行贯通参照，求同存异，集合优质要素，以文化创新淬炼提取有效的文明之药，才能应对文明发展的复杂难题和最新挑战。

本届深圳大学"饶宗颐文化论坛"以"文明通鉴与文化创新"为主题，围绕"中外人文传播与互鉴""科技与人文的对话融通""先行示范区与人文湾区建设"等议题，开展多角度跨学科的理论研讨。论坛上，与会专家学者阐述了各自研究领域的最新学术成果和见解。

中外人文传播与互鉴

在时下错综复杂的国际政治、经济、文化条件下，如何促进不同文化间的有效交流与融合，以彰显中华优秀传统文化的世界价值与当代意义、推动中华优秀传统文化"走出去"、构建人类命运共同体的精神纽带，这是当代人文学者所要面对与解决的重要问题。

其一，当代人文学者可以从文化交流的历史经验中汲取营养。经历长达70年研究和传播中国文化，法兰西学士院通讯院士、法国远东研究院院长、被国际汉学界誉为"法国大儒"的汪德迈教授表示，自己始终被中国文化的魅力感染，"它让我情不自禁地为它的传播而尽心尽力"。中国的诗歌、书法、绘画和建筑都魅力无穷，"像一幅美丽的画卷无比生动地展示在世人眼前，这是世界上其他任何文化都无法比拟的"。

比利时皇家科学院终身院士、泰国国际佛教大学校长魏查理教授以中国传统士人山水画为切入点，讨论了中印文化的交流互通。他说，印度传统中的人体计量规则，对中国绘画理论产生了重要的影响。作为深研中印佛教交流史的汉学家，魏教授认为很多士人山水画的取材、情节甚至绘画技法中都能看到中印文化交流、互鉴的线索。深圳大学印度研究中心主任余龙郁教授谈到，中国文化能够长盛不衰，在于其自身的创新、更新能力非常强。中国文化善于向其他文化传统学习、汲取精华。像近现代的季羡林、徐梵澄、金克木、刘安武、黄宝生等，都是在中印文化交流中产生的大师。

对于中、西、印等多元文化的交流、互鉴，中华美学学会会长、中国中外文论学会会长、深圳大学特聘教授高建平认为，文明对话是多元的。所谓差异，只是不同的国家、不同的文化通过不同的路径走向现代。各人走着自己的路，却也是一个共同的发展之路。这就要求我们能够"和而不同"。中国传统讲"和而不同",就是说炒一个好菜,必须要有不同的味道调和。文明对话就要求我们博采众长,调自己的羹,形成自己的发展、自己的未来。商务印书馆总经理、编审于殿利则从"文字起源"的角度入手,在世界上两大文字体系的字母文字起源演变中,找到文明互鉴和文化创新的证据,并认为语言文字的创新与发展是文明互鉴与文化创新的生动示范。

其二,中华优秀传统文化的传承与复兴是展开文化交流与互鉴的基础。韩国檀国大学哲学系金周昌教授认为,中华传统文化所强调的"人本""民生"等重要问题,对当今世界也有着重要的指导作用。只有民生得到切实保障、物质得到稳定的供给,人民才能安居乐业。深圳大学国学院院长景海峰教授认为,人类命运共同体是一个多维的概念,其中文化共同体是最为重要的基础。如果没有相近的文化观念和文明意识,很难设想有牢固的共同体形成。在多文明对话之中,中国传统儒家文化具备其自身的特点,能够在新的时代大放光彩。其包容性在今天的交流中具有重要的价值,可以扮演独特的角色。

其三,文化的交流与互鉴促进传统文化的创造性转化和创新性发展。深圳大学人文学院郭杰教授认为,"孝"作为中华优秀传统美德,其起源是以农业文明为基础的、强调家族血缘与社会组织关系的氏族制度。而现在,传统的生活世界早已发生了转型,如何实现传统价值观念的创造性转化,是今天进行文化建设要面对的问题。深圳大学人文学院执行院长沈金浩教授则从文明通鉴、文化复兴的大视域来看中国文学的现代发展。他说,文化复兴应该是群星璀璨、百花齐放。当代的文学作品不仅要为中国人民所赞赏,更应该有相当多的作品走向世界,为世界人民所赞赏。

科技与人文的对话融通

在人工智能"列车"滚滚驶来的今天,我们应当如何应对其带来的风险和机遇?高新科技的技术属性和社会属性如何实现融合?基因工程又会对未来社会造成怎样的冲击?这一系列问题的出现,促进科技与人文的融通和互动。

"一个文科学者,不能只知道有一个阿尔法狗、阿尔法元,就宣称人类将来会出现危机,很多人会失业。你必须先了解算法是怎么回事。做伦理的、做隐私的、做法律的、做道德的人文学者不能站在外面来评论人家,你要走进去",南方科技大学讲席教授陈跃红分享道,"科技向善要有人文学者的参与,没有文化作为生产要素的介入,一部手机只能打电话、拍照,而不能成为生活的必需产品"。

科幻作家、中国科幻文学银河奖终身成就奖获得者王晋康认为,科技带来很多眼前没有解的难题,人文学者、文化作家都要面对、回应这样的问题。对于后人类文明的问题,深圳大学人文学院江玉琴教授则着重讨论了科技人文建设视野下的后人类理论生成机制,认为科技文明的发展必然会引起人文学科相应的思考,人文学科应该建构起新的理论,对科技文明的发展做出指引。

先行示范区与人文湾区建设

新时代,深圳肩负着特殊的使命。如何将深圳建设成为高质量发展高地、城市文明典范,这是深圳作为中国特色社会主义先行示范区建设的目标和方向,是新时代赋予深圳的重要任务。

回顾亲身经历的深圳40年发展历程,文艺理论家、深圳大学胡经之教授说,深圳未来的发展既要注重物质文明、经济发展,又要推进社会文明、精神文明、生态文明建设,使大湾区的生产、生活、生态得到全面协调的发展。

谈到示范区建设,深圳市社会科学院副院长王为理研究员说,人类文明集中体现在城市里面。中央要求深圳建设为全球标杆型城市,而成为标杆城市,就离不开创新、流动、文化这三个关键词。深圳大学城市文化研究所所长吴俊忠教授补充道,深圳应该具有享誉世界的城市精神特色,对深圳而言就是创新与包容。改革创新是深圳的根、深圳的魂,不创新就不叫深圳。深圳作为移民城市,包容更是非常必要。同时,要体现深圳的文化示范效应,应该注重三个统一,即全球视野与本土实践的统一、理想主义与实干精神的统一、家国情怀与个体利益的统一。深圳市社会科学院文化研究所所长陈长治研究员说,深圳要成为文化示范区,就要做区域的文化引领先锋,要成为区域文化合作中心。这就要求深圳应该注重如何在多元文化总汇的基础上,推动"深圳特色"的发展。

香港教评会主席、香港国史教育中心校长何汉权站在整个大湾区文化教育的角度,认为对于大湾区的文化发展而言,"根"的传统要重新播种。

这个"根"来自汉语、来自传统文学、来自中国历史。喜欢中国文化，才能是一个中国人；熟悉中国历史，才能有民族认同与自信。

饶学研究的时代价值

国学大师饶宗颐先生与深圳大学、深圳大学饶宗颐文化研究院有着深厚的学术渊源。本届"饶宗颐文化论坛"上，不少学者分享了向饶宗颐先生求教、学习的经历。

汪德迈教授早年受教于饶宗颐先生。谈到饶先生，他回忆说："我深深地记得饶老师和我讲'他山之石，可以攻玉'，如果想要对自己的文化传统有深入的了解，就不能局限在自己的文化传统之中。了解其他文化传统，会带来对自己文化传统更深刻的理解。"汪德迈先生的弟子、法国阿尔多瓦大学李晓红教授进一步通过追忆饶宗颐先生与汪德迈先生的交往故事，生动地讲述了两位大师对中西文化交流做出的突出贡献。

福建师范大学人文学院欧明俊教授以"互鉴与会通：饶宗颐与汪德迈学术思想比较"为题发表演讲。他说，饶、汪两先生在研究中互相帮助、互相提升，他们的学术视野不局限于某个学科、某个领域或者某个方向，而是在各门学科当中打通。在两位大师的身上表现出的"文化互鉴与会通"是具体的、形象的。说到两位大师的异同，欧教授认为，包容的气度是两位大师共有的人格魅力。而饶公从语言目录学入手重视"求真"，汪老从语言文字入手重视"求善"，这种差异又进一步促进两位大师的学术交流形成良性的互鉴。

结合饶宗颐先生在甲骨文、简帛学、敦煌学、佛学、道学、史学、哲学、古文字学、西亚史诗等治学领域"无家可归"的特点，刘洪一认为，此次论坛是对饶宗颐学术风范的一次传承。饶宗颐先生学问博大精深，中西贯通，不被学科、领域所局限，是集大成者。传承饶学风范，就要避免旧有学科范式的限定，应该打开视野，积极地回应时代的热切期望。

文明通鉴与人文话语的创新表达

值得注意的是，本届论坛的参会学者还从深圳大学饶宗颐文化研究院的重要学术成果《两界书》出发，探讨了该书对于文明通鉴与人文话语创新表达的启示。

日本福冈国际大学国际交流学院院长海村惟一教授认为,《两界书》尝试构建一套崭新的人文话语体系,这将成为沟通汉字文化圈与字母文化圈的新人文桥梁。他从《两界书》关键概念的翻译问题出发,认为若要建构人类共通、共享、共惠的文明新体系,《两界书》的"天、地、合、正"思想及其"六言"的行为方式是极为合适的,如此便能有一个人类与自然和谐共处的环境和氛围。江玉琴教授在发言中也提到,要建构后人类理论的批评范式,我们的关注点应该在两者之间而不是二元对立。《两界书》所提倡的、基于人类命运共同体的整体思维模式,对于构建新的批评范式具有指导性。

苏州大学文学院院长王尧教授以《两界书》为例,讨论了学术话语的创新表达和文学创新问题。他认为《两界书》的视域囊括古今、融通中西,从学科上讲很难归类。而《两界书》的表达形式更值得关注,它体现了汉语学术思想表达形式的创新。

闭幕式上,刘洪一总结了此次论坛的七个特点:一是高水准,演讲学者均是所在领域的顶级专家或有影响力的学者,包括国际学界德高望重的权威;二是大跨度,所涉论题在空间、时间两个维度以及文化体系和文化传统上都体现出极大的跨度;三是多学科,论坛跨越文学、文化、哲学、宗教、科技、文明史、思想史、区域发展等不同学科,突破传统研讨会的学科边界;四是广视域,论坛涉及论题广泛,从古至今,从中到外,从宏观、中观到微观,既有传统的人文论题,也有文化共同体、学术共同体及其话语表达、人文与科技、湾区文化建设、饶学研究、香港青年国家认同等;五是新方法,学者们突破旧有的方法论,采用科技整合的创新方法;六是新思想,论坛内容具有前沿性、前瞻性,学者们提出了大量具有启发性的新观点;七是新问题,学者们提出了诸如科技与人文、后人类等方面的诸多重要的、有待深化的新问题。刘洪一希望,在大家的共同努力下,将"饶宗颐文化论坛"打造成具有鲜明气质、特点的高端学术平台。

饶宗颐论坛的举办,为在世界多极化、多元化国际文化背景下构建人类命运共同体,提出了富有积极意义的文化创新观点;对继承饶宗颐精神具有现实的示范和推进作用;为繁荣深圳的学术文化搭建了高层次学术平台,营造了浓厚的学术氛围。

图书在版编目(CIP)数据

文明通鉴与文化创新研究：第二届饶宗颐文化论坛文集 / 刘洪一主编. — 北京：商务印书馆，2021
ISBN 978-7-100-19821-9

Ⅰ. ①文⋯ Ⅱ. ①刘⋯ Ⅲ. ①文化研究－中国－文集 Ⅳ. ①G12-53

中国版本图书馆CIP数据核字（2021）第064582号

权利保留，侵权必究。

文明通鉴与文化创新研究
——第二届饶宗颐文化论坛文集
刘洪一　主编

商　务　印　书　馆　出　版
（北京王府井大街36号　邮政编码100710）
商　务　印　书　馆　发　行
艺堂印刷（天津）有限公司印刷
ISBN 978-7-100-19821-9

2021年7月第1版　　　开本710×1000　1/16
2021年7月第1次印刷　　印张14
定价：68.00元